武当赵堡承架太极拳阐秘（上）

李万斌　罗名花　著

人民体育出版社

自序

吾自幼喜爱体育，对武术更是痴迷，上小学时即入选业余体校。1977年高中毕业时，恰逢恢复高考制度，有幸以优异的成绩考入西安体育学院运动系武术专业班。四年后，我刚走出校门不久，或许是专业的原因，或许是我又特别喜欢太极拳的原因，又让我有幸结识了赵堡太极拳大师侯春秀和他的高徒刘会峙、刘晓凯、赵策、王喜元、侯战国、侯转运，同时结识了刘瑞、李随成、宋蕴华等名家高手，在拜在刘会峙先生门下的同时，还有幸接受这些高手名家的指导培养，由此，产生了一种责任感，几十年练功不辍。

由于众所周知的原因，使得赵堡太极拳的真正历史和技击核心长期埋没，能使其发扬光大，是我一直以来的心愿。这两个任务即促成了撰写此书的目的。

首先我想说说，现在太极拳源流研究的基本情况。

早在2000年12月15日星期五《人民日报》的第10版“体育天地”栏目，发表了蒙一丁先生“集体智慧的结晶——纪念邓小平‘太极拳好’题词22周年”一文，这是一篇极好的文章，说出了各派太极拳的心声。他讲道：

太极拳作为中华民族的一种优秀传统文化，不是某一位宗师的独创，更不是所谓神仙的传授，而是经历了十几代几十代乃至更久远的中国人长期揣摩、辛苦砥砺的结果，是勤奋、勇敢、善良、聪明的中国人群体智慧和汗水的结晶。

太极拳有着极其悠久的发展历史。据史料记载，唐代的许宣平、李道子都练“太极功”，共37式，其功法练起来犹如长江流水，滔滔不绝，又名先天拳。后梁时代，有个安徽人程灵洗，曾师从韩拱月学得“太极功”14式，其各式名称大多流传至今，这可谓太极拳的雏形。

现代太极拳，既是中国古代太极拳文化的间接传承，又是现代人们不断创新和现代发展的新成就。没有古太极拳文化的深厚基础，就没有现代太极拳的博大精深。而没有现代人们的继承、发掘和再创造，也就没有太极拳文化光辉灿烂的今天。在现代太极拳形成和发展的过程中，有两位功不可没的太极拳宗师，一个是杨露禅，另一个是武禹襄，他们对现代太极拳的形成和发展作出了具有划时代意义的贡献。

河南温县陈家沟人陈王廷于明末清初创太极拳之说曾盛极一时，而王宗岳《太极拳谱》公之于世之前陈氏拳留下来的所有资料中都未提及过太极拳字样，更未提及过太极拳“八法”之要领。由此可见陈氏拳本非太极拳的判断乃事实无疑。从最近河南温县发现的资料证明，王宗岳乃明万历年间山西太谷县小王庄人，其师承有待进一步考证。河南温县赵堡镇小留村的蒋发曾随王宗岳学艺7年，艺成归里，代有传人。可见，赵堡拳乃是王宗岳太极拳的直接传承。遗憾的是由于保守思想的禁锢，无论是陈氏拳还是赵堡拳，都长期不能被世人所了解，乃至发展甚微，几近失传。直到19世纪中期，河北省永年县人杨露禅学得了陈氏拳后，才在社会上公开传授。同一时期，杨露禅的同乡人武禹襄爱其术，学得大概，再拜陈青萍（清平）学习赵堡太极拳，得王宗岳《太极拳谱》。武禹襄按照《太极拳谱》的理论深入研究陈氏拳和赵堡拳，备悉理法，融会贯通，更有发悟，遂将王宗岳《太极拳谱》传抄公之于世。

拳谚云："理无拳不明，拳无理不精。"自从太极拳和《太极拳谱》公之于世后，社会上出现了一个用《太极拳谱》指导、研究陈氏拳的新热潮。可以说，现代太极拳，无论杨式、武式、吴式、陈式等各种流派，都与陈氏拳的练法和《太极拳谱》的理论密切相关。现代太极拳是二者结合的再创造、再加工、再升华。而在这个过程中，又凝结了数不清的太极拳家的辛勤汗水和聪明才智。我们说太极拳是中国人群体智慧的结晶，实在是名副其实，当之无愧。

这基本阐述了太极拳的真正历史！

再有周荔裳先生在台湾《太极学报》1995年第4期发表"赵堡太极拳考源——太极拳源流考之一"的论文，她讲："在职任《中华武术》杂志副主编兼记者期间，结识了不少太极拳名家，涉猎了不少流派的太极拳，参加了一些太极拳的学术活动并就太极拳的源流、技术特点等问题与各流派太极拳传人进行过探讨。还于一九九三年八月亲赴河南温县的陈家沟及赵堡镇进行过采访和调研。在赵堡镇与赵堡太极拳总会的核心人物及赵堡镇一些太极拳传人进行座谈；深入各老拳师、各太极拳辅导员家，在赵堡学校观看了赵堡太极拳、械的表演，阅读了他们各自保存的赵堡太极的重要资料，如陈鑫《太极拳图画讲义》的手抄本、杜元化所著《太极拳正宗》，观看了《永安寺碑记》，并对以上情况做了摄影和报道。"

她的考察研究结果也认为，赵堡太极拳不是陈氏太极拳新架，为蒋发所传，传承脉络清晰，有据可考。得出三点结论：1. 赵堡太极拳由蒋发所传。2. 蒋发所传之太极拳是老子太极拳式、张三丰太极拳——即道家太极拳，而不是陈沟太极拳。3. 陈王廷是陈氏太极拳之创始人，而不是太极拳之创始人。

还有，于志钧教授在这方面的研究，则更加具体和深入。他完成了《中国太极拳史》一书的编著和出版，填补了这项历史空白，作出了巨大贡献。书中的结论大约包括如下内容：

1. 陈家沟除“陈氏拳手有战大刀可考”“闯来时造拳”以外提供不出任何证据。

2. 研究太极拳源流，不需要过多的行政干预。

3. 所有关于陈王廷的“造拳”史料，全部都是出自戚继光。

4. 如果说《拳经总歌》是太极拳理论，那么太极拳的发明人就是戚继光而不是陈王廷。

5. 陈家沟只存有族谱，没有拳术传承谱。

6. 陈家沟长拳就是山西洪洞通背拳，显然是从外面传入的。

7. 赵堡太极拳的传承，得到陈家沟陈氏的部分验证。

8. 陈家沟陈氏对于其拳术的历史本来就有多种说法。

9. “明末抗清战将”，是有人处心积虑为陈王廷捏造的。

10.《长短句》的真正作者是陈鑫，说的“蒙恩赐”实际上说的是他的父亲陈仲甡。

11. “黄庭一卷随身伴”实际是指陈鑫自己。

12. 是陈鑫自己在“造拳”。

13. 写《长短句》的确非陈王廷，实乃陈鑫也。

14. 画像随意变化几易其稿，就是为证明武艺高超的蒋发从陈王廷的友人变徒弟。

15. 陈家沟《拳经总歌》是抄袭戚继光《纪效新书·拳经捷要篇》之作。

2012年3月《太极拳源流与发展研究》一书出版发行，书中在第八章“赵堡太极拳的历史功绩”的第一节即讲 “赵堡太极拳的拳史无可非议”，并认为其是我国太极拳最早的门派，是现代太极拳六大派的母派。

其次，通过本书揭示赵堡太极拳技击核心的不传之秘。赵堡太极拳以其古老、实用、追求技击而著称。当代赵堡镇人侯春秀（1904—1985）所传的拳术，就是这一古老太极的一根主脉，它那丰富而细腻的技击方法深受西安太极拳界的称颂，被称为太极拳中的“土特产”。他所传拳架为七十五式，极讲究拳架、推手、散手三合一，故谱云“太极三合一，承架传授稀”。就推手而言，即讲究上中下三盘明暗48字秘技（掤捋挤按，採挒肘靠，攦扣锁撅，叠挫扯掷，起落进退，腾闪圆转，含拔通挺，环管吞吐，缠跪挑撩，劈壁挂蹬，勾掰截点，绷踹滚踐），其技法十分丰富。此外更有四门捶、五十捶之秘传散手和鞭杆、刀、枪、剑、棍、长杆、大刀等器械套路。是赵堡太极拳技击运动的一枝独秀。

然而，在太极拳的技击功理功法的传授上，历来有“宁传一斗金，不传一口真”“宁教一手，不教一口”的门规祖训。所谓“一口真”，指的就是成就功夫和高效率的练功方法。它被各门派视为生命，是立足武林的法宝，绝不肯轻易丢失和泄露，甚者达到“传子不传女”的程度。所以，这些秘籍，即便是谈及，也是只言片语，零散无绪，使学者无从下手，极难很快获得太极拳技击真功夫。

为了进一步深入细致地探索赵堡太极拳技击训练入门的高效方法，我们经过几十年的不断努力，以自己的实践经验体会，并继续结合众多太极拳同好、专家、先辈们的真实体验和诸多论述，在《武当赵堡太极拳技击秘诀》一书的基础上，撰写了这本《武当赵堡承架太极拳阐秘》。撰写本书的目的是：在技击方面揭示“一口真”，力求更加系统论述太极拳的理法概念和练功层次及其方式方法。追求真功夫训练的高效率，打破传统的师父带徒弟几十年难成材的老路。为太极拳技击爱好者寻求练功秘本和金钥匙，并成为广大武术爱好者及武术专业工作人员的参考书。

“实践是检验真理的唯一标准”。这部分内容基本都是“实践者”的质朴语言，诚望太极拳同行踏踏实实身体力行，注重对抗实践，重视技击方法上的实效训练，以真实的对抗为出发点。只有这样，才能在实践中不断总结有效的经验，真正地为太极拳的挖掘、继承和发扬光大作出贡献。

当然，这方面的工作，我们还要进一步尝试。由于资料的缺乏和作者实践经验的不足，加之技术水平和理论水平不高，致使书中的某些提法和观点不一定妥当，甚至是错误的，这将有待于我们今后进一步实践探索和研究。总而言之，笔者真诚希望不断听到读者的批评和斧正。毫无疑问，多方面的批评指正本身就是我们学习的过程，有助于学术思想的进步，有利于开拓我们的视野和思路，帮助我们纠谬补缺，为太极拳运动继承和发展作出应有的贡献。

总目录

《上部》

卷一　拳史源流阐秘

卷二　理论信念阐秘

卷三　承架要求阐秘

〈下部〉

卷四　追求武技阐秘

卷五　技术方法阐秘

卷六　先贤练功阐秘

卷七　功技训练阐秘

卷八　拳经歌诀阐秘

卷九　承架当代传人

卷一

拳史源流阐秘

传统太极　一条老根

——赵堡太极拳源流

在中华武术史上，太极拳不但是著名的拳种，而且是一个较大的门类，研究它的历史源流有助于了解中国武术发展史，揭示太极拳在技击、健身以及训练方法上的奥秘，更好地继承和发扬民族文化的优秀遗产。

北崇少林，南尊武当。太极拳即武当内家拳。正如著名太极拳研究专家顾留馨指出的："太极拳是中国武术著名的拳种之一，属于短打型的内家拳。"关于内家拳的源流，明学者黄宗羲在《王征南墓志铭》中明确肯定"起于宋之张三丰"。1930年武术史学家唐豪先生在《少林武当考》一书中也认为，张三丰为内家技击之祖者，李瑞东在《太极拳谱·序》中所讲"本门乃张三丰祖师内家嫡派真传，后有宗谱可证"，均是言而有据的。

传统的说法认为太极拳由张三丰所创。张三丰传王宗岳，王又传蒋发，蒋随王学拳七载，悟太极真谛，蒋先师又将武当太极传至河南温县赵堡镇的邢喜怀与陈家沟的陈王廷，从此，武当太极拳在赵堡镇与陈家沟扎根落户，代代相传。后来并由此而衍生出杨、武、吴、孙、李诸家太极，即被称为太极北派。

近年来，关于太极拳为何人所创及承传关系有了进一步的研究确认：

陈王廷不是中国太极拳术的创始人。

王宗岳的太极拳早于陈氏族人所沿袭的太极拳。

原来陈沟的两种打手歌均是由王宗岳《打手歌》转化而来的。陈沟的四句《打手歌》之所以少两句，那是由于陈氏族人当时未能得全之故。

王宗岳传蒋发。

蒋发把太极拳术传给了陈氏族人之后，陈氏族人们结合自身实践加以改进、创新，从而形成风格独特的陈氏太极拳。

从上述可见，在太极拳史上，蒋发是一位具有丰功伟绩的显赫人物，他对太极拳的承传和发扬作出了卓著的贡献。有关他的传拳情况，各派太极拳历代传人均有记载。今年是蒋发先师诞辰444周年，因而开展对蒋发问题的学术讨论，将有深远的历史意义和现实意义。

蒋发，河南温县赵堡镇小留村人，生于明万历二年，即公元1574年，曾赴山西太谷县（有说为山西晋阳县）随王宗岳（讳林祯）学艺，得太极真传，技艺超群，名闻乡里。明万历三十二年（1605），蒋发把武当太极拳始传于赵堡街的邢喜怀，后传给陈家沟人陈王廷。

民国二十四年（1935），河南开封出版了杜元化（字育万）先生所著《太极拳正宗》一书。该书作为当时河南省国术馆太极拳的教科书（石印本），因限内部使用，故流传极少。但该书在太极拳的源流及有关理论方面，却给我们提供了很有参考价值的史料。

《太极拳正宗》首页便是当时河南省国术馆馆长陈泮岭先生为该书所作的序言，其中写到："河南温县赵堡镇之太极拳也，余观其拳系师承怀庆府温县蒋先生发。蒋发生于明万历二年，学拳于山西太谷县王林祯。王之师曰'云游道人有歌曰：太极之先，天地根源，老君设教，宓子真传。宓子而后代有传人，因姓氏未传，不克详征'，至三丰神而明之，发扬光大，号曰武当派。"

该书之“太极拳溯始”曰：“余先师蒋老夫子，原籍怀庆温县人也，生于大明万历二年，世居小留村，在县之东境，距赵堡镇数里之遥。至二十二岁，学拳于山西太原太谷县王老夫子讳林祯，事师如父，学七年，礼貌不稍衰，师亦爱之如子……归家后，其村与赵堡镇相距甚近，赵堡有邢喜槐者，素慕蒋老夫子拳术绝伦，因素无瓜葛，无缘从学，每逢蒋老夫子到镇相遇，必格外设法优待，希图浃洽，意在学拳。如此，蒋老夫子阅二年之久，见其持己忠厚有余，待人诚敬异常；察知其意，如以此术传之，其中奥妙无不尽泄。其后，有张楚臣者，邢先生之同盟弟也。想其人不卜必端，所以，邢先生又尽情授给之。张楚臣先生原籍山西人也，初在赵堡镇以开鲜菜铺为业，后骏发，改作粮行，察本镇陈敬柏先生人品端正，凡事可靠，所以，将此术全盘授之。其后，陈先生欲扩张此术，广收门徒至八百余，能得其一技之长者十六人，能得其大概者八人，能统其道者，惟张宗禹先生一人，其后，传给其孙张先生彦，先生又传给陈先生清平……”

陈家沟十六世陈鑫也曾明确地记载了杜先生所传蒋发受山西师传拳诀，被收录在他的名著《陈氏太极拳图说》一书内，标题为“杜育万述蒋发受山西师传歌诀”。该诀之首行为“筋骨要松，皮毛要攻，节节贯串，虚灵在中”。后有四句歌诀，每句之后加注详文解释，歌曰：“举步轻灵神内敛，莫教断续一气研，左宜右有虚实处，意上寓下后天还。”由此歌诀每句后的解释合为一篇，可证其的确与张三丰有关。因为它正是久已广泛流传的张三丰所著《太极拳论》。此论各家均有承传，所以直到今天赵堡、武、杨、吴、孙、李诸家均尊张三丰为祖师，特别是杨家，昔日还供奉有张三丰祖师神位，这不是没有道理的。正如孟乃昌教授所说：“中国各门学术技艺，师承有自，流传有绪，决不会错认宗系。”

刘会峙先生在《武当赵堡太极拳的源流及特点》一文中，亦详述了武当赵堡太极拳的传递关系，并列出了《武当正宗赵堡太极拳源流表》，说明其系赵堡张彦先生之子张应昌所传至他恩师侯春秀一系。这一情况并且已得到西安杨式太极拳传人赵幼斌、路迪民二人在其《杨氏太极拳源流辨》一文中的证实。该文其中这样写道：

赵堡太极在郑悟清、侯春秀及郑伯英老师的传授下，广泛流传于西北地区。二郑所传为陈清平弟子和兆元一支，在西安称为和式太极。侯春秀所传为陈清平师兄弟张应昌一支。我们从侯老师的入室弟子罗及午工程师那里，早已见到侯师所传赵堡太极传人表。其中以张三丰为祖师，王宗岳为宗师。后有蒋发→邢喜怀→张楚臣→陈敬柏→张宗禹→张彦一脉相承。张彦之下分为张应昌与陈清平两支并列。张应昌一支，后有张汶→张金梅→张敬之→侯春秀；陈清平一支，后有和兆元→和敬之→和庆玺→郑悟清。

此外，《武林》杂志在1986年第2期上亦曾发表了黎锦忠先生《太极拳起源探讨》一文，该文不但据理提出了自己对陈沟创太极拳说的质疑，而且也公布了一份赵堡太极拳史料，文中说：“近几日，我在恩师宦大海书房中，还抄录了一份河南省赵堡镇传拳系统表（俗称赵堡架太极拳传人表）感到颇值得研究。据此表所志，陈王廷原是跟蒋发学的太极拳。而蒋发者，有这么一段传文：蒋发，祖居河南温县东乡刘村，后迁水运村，曾至山西，于王宗岳处学艺十余年后际遇事败，隐入陈沟，匿名为仆，传弟子陈王廷（河南温县陈沟村人）、邢喜怀（河南温县赵堡街人，传张楚臣）。王宗岳：山西晋阳城县七里堡人，人称华北大侠，业客店。”

蒋发是否“隐入陈沟，匿名为仆”，暂且不论，但“传弟子陈王廷”，则有陈沟“村人所言，蒋为奏庭之师”（见唐豪，顾留馨《太极拳研究》163页）为证。“村人所言”，当更说明“蒋发先师也曾被陈沟陈王廷请到其家求蒋发先师传授武当太极”一事，是真实可信的。

蒋发生于明万历二年，为明末人，而非像有人所言为乾隆时人。《武林》杂志1988年第11期上刊登的陈旭东《山西“鬼扯攒”》一文便是旁证。该文中有“此拳为河南名拳师蒋发所创”。并据“鬼扯攒”传人讲，鬼扯攒三字各有讲意。“鬼”字为诀法，即要计谋多端，千变万化，神鬼不测；“扯”，是要扯开牵引；“攒”，为河南古县名，为纪念蒋发祖师而定。此拳是在“清朝康熙年间，定襄县小王村”一个青年铁匠叫宋本意的人，因“叔父宋老二误伤人命被判流放河南开封府三年，为报答叔叔养育之恩，以免叔叔再遭不测之祸，宋本意跟随叔叔一直护送到河南开封”，并住下来一面行艺，一面等待叔叔期满同归故里。宋本意落脚于开封普济寺，一次深夜解溲，意外发现寺内和尚集体练功，很是喜爱，后几经曲折，历十年之苦，终于学得寺内“秘传拳法鬼扯攒”。该文表明此蒋氏就是后来传习太极拳的蒋发。由此证明，康熙以前确有蒋发其人其事，这与明末蒋发生辰年代的记载是吻合的。

唐豪先生的考证与杜元化在《太极拳正宗》中的记载相同，均认为蒋发生于明万历二年（1574），而陈王廷约生于1600年（见陈小旺《世传陈氏太极拳》），陈鑫笔记认为“其九世祖陈奏庭为康熙（1662—1723）时人”（见唐豪、顾留馨《太极拳研究》163页）。1600年蒋发已26岁，1662年已经88岁，已得王宗岳太极拳“名闻乡里”。所以，陈氏家谱认为陈王廷后来只是“精于太极拳”而不是创始了太极拳。

陈氏十四世陈长兴生于清乾隆三十五年（1771），他晚于蒋发197年之遥，其间相隔已有多代人，是不可能直接学于蒋发，有言陈长兴学于蒋发显然是误传。所以，只能是蒋发传给陈王廷之后，再经陈氏家族下传五代到陈长兴，这才是符合实际的。为了更进一步说明这一点，请看下表中赵堡镇与陈家沟两处太极拳传递关系（年代辈份顺序），以及各个时期代表人物的吻合情况，便会一目了然。

蒋发（1574—？）

	（赵堡镇）		（陈家沟）		
①	邢喜怀		陈王廷		九世
②	张楚臣		陈所乐		十世
③	陈敬柏		陈正如		十一世
④	张宗禹		陈善志	陈节	十二世
⑤	张彦		陈秉旺	陈公兆	十三世
⑥	张应昌	陈清平	陈长兴	陈有恒	十四世
⑦	张汶	和兆元	陈耕耘	陈仲甡	十五世
⑧	张金梅	和敬之	陈延熙	陈鑫	十六世
⑨	张敬之	和庆玺	陈发科	陈子明	十七世
⑩	侯春秀	郑悟清　郑伯英	陈照奎	陈照丕	十八世

陈长兴生于乾隆36年，《陈序》的写作时间记为“嘉庆元年菊月”，而此时陈长兴仅25岁，若以《陈序》曰：“余在先生门下学艺二十载”，可知长兴拜师学艺时也仅仅是个5岁的髫童，只会“但念梨与粟”，怎么能够修习传统的内功太极拳呢？这种情况，恐怕在今日的简化太极拳教学史上也是没有的，更何况学拳重在实用的昔日？

陈鑫子明武澄清　首肯赵堡真传承

——陈、武两家权威及较多文献均证陈清平之前赵堡太极拳多代传承的存在

笔者查阅了大约二十多个版本的权威著作和工具书，有关对赵堡太极拳和陈清平，以及和氏太极拳的条目记述，几乎都是“据唐豪考证”，都形成了譬如“陈青萍（平）……陈式……主要传人……新架代表人物”“陈清萍得有本新架之传，而创赵堡……”“陈清萍……赵堡镇一系皆出其传”“和兆元是陈青萍的入室弟子……将其所传拳架名之为和式太极拳”等的文字。都懒得动脑筋去研究，从而掩盖了在陈清平之前赵堡太极拳即有多达六代人传承的历史事实。

一、权威著作和工具书掩盖事实的缘由

为什么会这样呢？经查，前因应该是陈鑫于1928年左右写的《陈氏家乘》，其中说：“有本习太极拳，尤得骊珠……有本门人陈清平、陈有伦……均有所得，清平传赵堡镇和兆元、张开……”（其实，陈鑫在已有《家谱》的情况下另写《家乘》是为了争夺太极拳的发明权，在陈家的人名后加入“太

极拳”字样，因为此前所有的记载都没有）。后果就是唐豪在明知造假的情况下，为了利用陈家沟的武术资源为自己服务，确立“发现太极拳创造者的地位”，所以，就对陈鑫的说法采取了“取舍”的态度。譬如，不采陈鑫“陈卜创拳或带拳”说，却采所谓只“精太极拳”的陈王廷及其“遗诗”（实为陈鑫写自己），以及所谓“有本门人陈清平”（目的很清楚，就是为了截断和掩盖赵堡太极拳的真史）为自己挖空心思树立的“陈王廷创拳说”“陈沟发源地”所服务。硬是对为好友陈子明《陈氏世传太极拳术》一书写入“太极拳源流考”时，明知书内“陈清萍传”中表述为“陈清萍为陈有本张炎门徒”（张炎即张彦，实为陈清萍之前赵堡派的第六代掌门——笔者注）而不顾，视而不见地强行提出“十五世陈清萍得有本新架之传，而创赵堡派”。（见1932年12月版（民国二十一年）陈子明著《陈氏世传太极拳术》76页）

（一）唐豪、顾留馨身居要职说话居高临下

因为唐豪在中华人民共和国成立前身居中央国术馆并任编审，又被视为研究中国武术史的“权威”，中华人民共和国成立后又身居国家体委专门从事体育史和武术史的研究，甚至被尊为中国武术史研究的“拓荒者”，其崇拜者和追随者随后大多都是体育界武术界的权威，或权威加老革命，更有师生、好友之谊，唯唐豪是从。这其中最为典型的要算顾留馨，这位老革命兼地下党出身的政府官员以太极拳权威自居（唯一一个被党和国家选中，派送越南专门教授胡志明主席太极拳的人），自称为唐豪的好友（就像结拜兄弟），对唐豪的说教不但全盘继承而且随意发

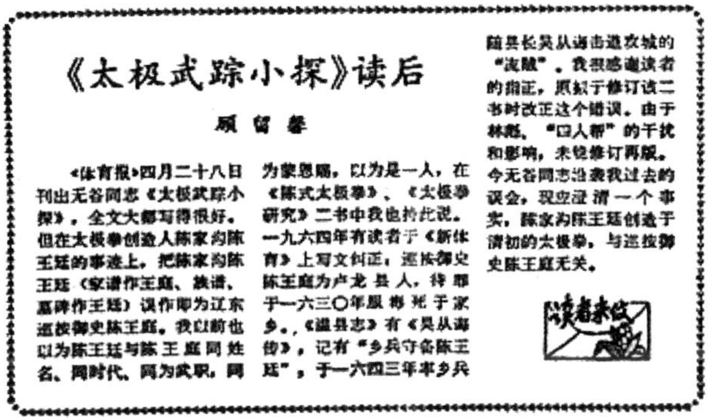

《太极武踪小探》读后

顾留馨

《体育报》四月二十八日刊出无谷同志《太极武踪小探》，全文大都写得很好。但在太极拳创造人陈家沟陈王廷的事迹上，把陈家沟陈王廷（家谱作王庭、族谱、墓碑作王廷）误作即为辽东巡按御史陈王庭。我以前也以为陈王廷与陈王庭同姓名、同时代、同为武职，同为蒙恩赐，以为是一人，在《陈式太极拳》、《太极拳研究》二书中我也持此说。一九六四年有读者于《新体育》上写文纠正，巡按御史陈王庭为卢龙县人，待罪于一六三〇年服毒死于家乡。《温县志》有《吴从诲传》，记有“乡兵守备陈王廷”，于一六四三年率乡兵随县长吴从诲击退攻城的“流贼”。我很感谢读者的指正，原拟于修订该二书时改正这个错误。由于林彪、“四人帮”的干扰和影响，未能修订再版。今无谷同志沿袭我过去的误会，现应澄清一个事实，陈家沟陈王廷创造于清初的太极拳，与巡按御史陈王庭无关。

读者来信

挥。譬如，在唐豪逝世（1959年）后，1964年顾留馨即以他们二人（唐豪名字在前）的名义出版了《太极拳研究》一书，书中不但推崇虚假的“陈王廷创拳”说，而且为了加大陈王廷的功名，把其吹捧成像戚继光那样的战将，为了有更大的说服力，搜肠刮肚，绞尽脑汁地在《明史》里面对号入座弄出了一个“战将陈王廷”，把人家一切的功绩一股脑地全套扣在了陈沟的陈王廷头上。其实，此人为文官，是河北人，与陈沟毫无关系，这事被人揭穿了老底，弄出了天大的笑话，弄得后来不得不登报纠正说自己弄错了，所以他在1982年著《太极拳术》时，不得不放弃原来的说法。他说：“……《拳经总歌》和其遗词‘闷来造拳’都未明言其所造拳名为‘太极拳’，陈氏后裔从何时采用‘太极拳’名称，有待继续考证。”（见《太极拳术》396页）此为其一。其二是顾还随意捏造陈清平“赘婿”说，以顺理成章地截断和掩盖赵堡太极拳真正的传承史，更为“陈王廷创拳说”服务，以稳固“天下太极出陈沟”的谎言。还利用执笔《中国大百科全书·体育卷》“太极拳”条的机会，将其谎言塞进其中。

（二）中国武术研究院专家的定调

在顾留馨之后，就职于国家体委武术研究院的康戈武先生，是恢复高考制度后首批武术专业研究生，师从可尊为当代中国武术泰斗的张文广教授。先是主研八卦掌史，后又涉足太极拳史的研究，可谓真正的专家学者。20世纪80年代曾亲自去过陈家沟赵堡镇考察过太极拳的情况，对太极拳在当地的历史传承是清楚的。他在《中华武术》杂志发表“全面梳理太极拳发展脉络”一文，说“唐豪、顾留馨的考证虽在是否确有‘王宗岳’其人等个别问题上有待进一步研究，但在总体上来说，其结论是可信的”。为此，他还提出了一个惊人的论点——“王宗岳是位查无其人的托名符号”！他还利用执笔《中国武术大辞典》《中国武术史》及重要著作的机会，继续维护“陈王廷创拳说”“陈家沟（温县）发源地说”，有意掩盖赵堡太极拳的真正传承史，除了继承唐顾的说教外，还用“早期传人为陈青萍”之语掩盖和截流赵堡陈清平之前已有的蒋发、邢西怀、张楚臣、陈敬柏、张宗禹、张彦六代人的传承。（这里特别要说明的是，仅邢西怀、张楚臣、张宗禹、张彦这四代太极拳大师，在陈家沟和赵堡镇一带尽人皆知，他们与陈家沟不管是宗亲还是拳术传承，都没有任何关系，康先生就是避而不谈）同时又把唐豪说的“赵堡派”挤压为“拳架的一种”，且说其只“散见于各地”……

二、唐豪、顾留馨、康戈武一脉相承

下面我们就来看看唐、顾、康三位在书中的表述及其演绎递进情况。

（1）唐范生著《太极拳源流考》（见1932年12月版陈子明著《陈氏世传太极拳术》76页）：

十五世陈清萍（平）得有本新架之传，而创赵堡派。

（2）唐豪在《武术运动论文选》一书（1958年11月版）中，所著"太极拳的源流及其发展"一文：

……赵堡新架……第二套称为"圈"的为陈沟所无，我判断第二套是陈有本的传人陈清平编的。

（3）唐豪、顾留馨著《太极拳研究》1964年3月版（18页）：

有本的学生、族侄青萍（清平），也创造了一套架式，小巧紧凑，动作缓慢，练会后逐步加圈，以至极为复杂；在不改变套路的原则下，由简入繁，逐步提高技巧。因为青萍赘婿于距陈家沟不远的赵堡镇，遂在赵堡镇教拳，因此人们称作赵堡架。

（4）顾留馨执笔《中国大百科全书·体育卷》"太极拳"条目（1982年12月版）：

陈式新架套路也有两种，一种是陈有本（陈家沟拳师）编创的，……陈家沟村人称之为"小圈拳"，把老架称为"大圈拳"……新架另一种套路是由陈有本的弟子陈青萍（清平）创编的……因为是在河南温县赵堡镇首先传开的，故人们称为"赵堡架"。

（5）康戈武编著《中国武术实用大全》1990年8月版（185页）

赵堡太极拳是太极拳架的一种，因流传于河南温县赵堡镇一带，故名。此拳架早期传人为陈青萍（清平）……

"关于陈青萍师承的说法有两种，一说认为其师承张彦，溯其技源自张三峰（见杜元化《太极拳正宗》）；一说认为其继承陈有本，溯其技源自陈王廷（见顾留馨《太极拳术》）。这两种源流说，都有待进一步考证。"

“1933年，沁阳人杜元化著《太极拳正宗》，叙述赵堡太极拳练法及源流。”

和式太极拳“源于赵堡太极拳”。

（6）康戈武执笔《中国武术史》“太极拳”条目（1997年9月版）

296页：

……曾从杨露禅和陈青萍（清平）学得陈氏拳械的儒塾师武禹襄……

319页：

赵堡太极拳早期传人为陈氏十五世拳师陈青萍（1798—1868年）。青萍师承于其族叔有本……青萍得传后创编了一套架式小巧紧凑、动作缓慢的套路，传于陈家沟邻镇赵堡，后人遂称之“赵堡架”或“赵堡太极拳”。

综上情况，可以看出，唐豪说赵堡太极拳为一个“派”，而到了康戈武却仅仅成了“拳架的一种”；唐豪称“第二套称为‘圈’的为陈沟所无，我判断第二套是陈有本的传人陈清平编的”，而到了顾、康时，“陈沟所无”“我判断”都不讲了，完全成了肯定语；“赘婿”更是毫无根据地无中生有，只讲到“早期传人为陈青萍”，完全截流和掩盖了赵堡陈清平之前已有六代的传承，这与2008年1月山西科学技术出版社再版陈子明《陈氏世传太极拳术》时，特别怕人知道陈清平也是“张炎门徒”，特意费尽心机，将“张炎”二字篡改成“得意”二字，即完全成了“有本得意门徒”的字样（只因为张炎传陈清萍的事实成了“陈王廷创拳说”和“陈清平创赵堡架”的绊脚石、克星也），完全违背原著意愿，这不仅仅是道德问题，其性质都是一样的——做贼心虚！

与此同时，也产生了一个奇怪的现象，即真真假假，真假参半，使人难辨，不知为了说明什么！譬如，从上述康戈武1990年到1997年两段文字的变化中可以看出，1990年在自己的专著中说的“关于陈青萍师承的说法有两种，一说认为其师承张彦，溯其技源自张三峰（见杜元化《太极拳正宗》）；一说认为其继承陈有本，溯其技源自陈王廷（见顾留馨《太极拳术》）。这两种源流说，都有待进一步考证”。“1933年，沁阳人杜元化著《太极拳正宗》，叙述赵堡太极拳练法及源流”、和式太极拳“源于赵堡太极拳”都不再讲了。

然而，一年后的1998年版《中国武术百科全书》由陈式太极拳名家阚桂香执笔的“赵堡太极拳”条，却仍然采用：

赵堡太极拳，太极拳流派之一。因流传于河南省温县赵堡镇一带，故名。此拳架早期传人为陈青萍（1795—1868）。关于陈青萍师承的说法有二：一说其师承张彦，追其技源自张三丰；一说其师承陈有本，追其技源自陈王廷。这两种源流传说，至今均无定考。

赵堡太极拳较陈家沟流传的太极拳架小巧紧凑，动作缓慢柔和。……1933年，河南沁阳人杜元化著《太极正宗》，述及赵堡太极拳练法与源流。

……源于赵堡太极拳的“和式太极拳”……

2006年1月版，余功保著《中国太极拳辞典》在85页介绍陈清平时写道：

【陈清平】（1795—1868）著名太极拳家。有作“陈清萍”或“陈青平”。……以陈姓族侄从学于陈有本。陈鑫《陈氏家乘》中记载：“有本习太极拳，尤得骊珠……有本门人陈清平、陈有伦……均有所得，清平传赵堡镇和兆元、张开……”，……世称“赵堡太极拳”。

也就是在同一版本同一本书中的497页，再介绍到“赵堡太极拳”时，又写到：

【赵堡太极拳】太极拳重要流派。因主要传承于河南温县赵堡镇，故名。赵堡太极拳尊王宗岳为师尊，由陈清萍广传于世。流传的赵堡太极拳分高、中、低三种架式，除拳法外，还有各类推手以及太极剑、太极六合刀、太极十三把棍、春秋大刀、九节鞭等器械。……在技击方面擅长拿、跌、掷、打、靠等功夫，又有各种擒拿与反擒拿动作融于套路中，使其技击特点甚为突出。

以致形成了雾里看花……

三、有关文献和传人对赵堡太极拳传承的明确记述

那么，到此，人们不仅要问，难道与此同时就没有较为明确的文献或者赵堡的太极拳传人来肯定地表述过其真正的传承史吗？回答肯定说是有的！下面二则就是有力的证明！

一则是杜元化先生于民国二十二年（1933）为陈鑫编定出版《陈氏太极拳图说》一书时，附录了《杜育万述蒋发受山西师传歌诀》，此即说明由蒋发所传的赵堡太极拳是由山西传来的，与陈沟无关。随后，杜元化先生又于民国二十四年（即两年后的1935年）出版的个人专著《太极拳正宗》一书，更加详细地阐述了赵堡太极拳的由来及其各代主要传人的情况。在该书中，首先是时任河南省国术馆馆长的陈泮岭先生为之所作的《序》，其《序》中也写道：“河南温县赵堡镇之太极拳也。余观其拳，系师承怀庆温县蒋先生发。蒋生于明万历二年，学拳于山西太谷县王林祯。”

其次是杜元化先生在书中的《太极拳溯始》部分，其较为详细地写道：

王老夫子讳林桢……学于云游道人，学时即告以此拳之来历久矣。……蒋老夫子学成归家之后……赵堡有邢喜槐者，素慕蒋老夫子拳术绝伦……无不尽泄。

其后，有张楚臣者，邢先生之同盟弟也。想其人不卜必端，所以，邢先生又尽情授给之。……察本镇陈敬柏先生人品端正，凡事可靠，所以，将此术全盘授之。

其后，陈先生欲扩张此术……能统其道者，惟张宗禹先生一人。

其后，传给其孙张先生彦，先生又传给陈先生清平。清平先生传给其子景阳及本镇其少师张应昌、和兆元、牛发虎、李景颜、李作智、任长春、张敬芝，历代传人很多，不能备载。

以上所录老夫子，皆有事迹可考，另注有册。

二则是和有禄先生于1998年发表在台湾《太极拳》杂志第116期的《赵堡和式太极拳源流特点及其传人》一文，其中写道：“河南省温县赵堡镇是近代太极拳发样地之一。太极拳传入赵堡镇近四百年，代代承传：由武当山张三丰辗转传至山西王林贞（字宗岳），文武兼备、学识渊博的王宗岳继承了张三丰的太极拳经典，学而后化，创作了著名的《太极拳经》等理论。到明朝万历中叶，由王宗岳将太极拳传给温

趙堡和式太極拳源流特點及傳人

附图1　刊载于台湾出版之《太极拳》杂志1998年4月　第116期

县小留村人蒋发，再由蒋发将太极拳传给赵堡镇的邢喜怀。以后邢喜怀→张楚臣→陈敬柏→张宗禹→张彦等绳绳不绝历经近二百年。赵堡镇王圪垱村人陈清平，久慕张彦先生“拳艺非凡”，号曰“神手”，遂迁居赵堡拜师学艺（赵堡素有非赵堡人不传之门规）。清平勤奋好学，经张彦悉心传授，有继承、有发展，成为赵堡镇一代太极拳名师。

和少平在《武当》杂志1991年第2期发表的“太极拳探源——兼谈和式太极拳源流”也证实说：“据和式太极拳传人抄本所知，有一段师承记载：‘蒋先师太极受山西之师传，于万历末年授吾镇邢公喜怀，喜怀为人殷勤，蒋师乐之，始得此拳，邢将此术传本镇张楚臣，张又传陈敬柏，敬柏有骁勇之名，义愤打死山东强客之举，陈公传张宗禹，张传其后张彦。张彦乃拳林高手，曾披钱褡独创山东，大闹僧寺，留下神手威名。王圪垱小村陈清平，自小酷爱拳脚，久慕张公功夫绝伦，为学此术，遂迁居吾镇，拜张为师，得其真谛，陈公乃是吾恩师也。’”

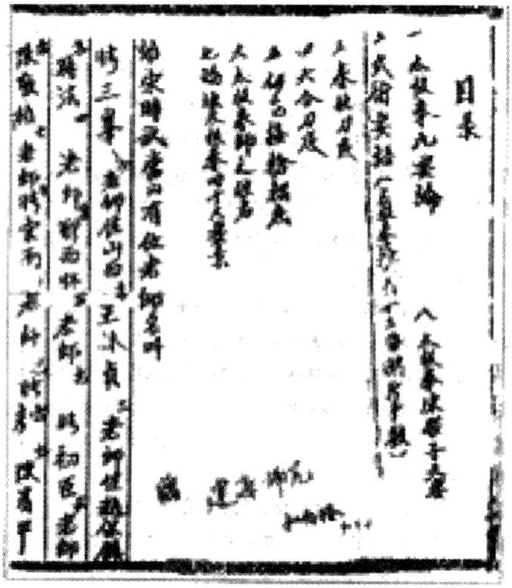
目录

这一情况同时也得到了戚建海先生的证明。他说：“和有禄先生1990年赠寄笔者和氏家族秘传《和氏拳谱》之复印本。首页的《太极拳师之姓名》笔录：‘始宋时，武当山有位老师，名叫张三峰。次、老师住山西，名王林祯。三、老师住赵堡镇，

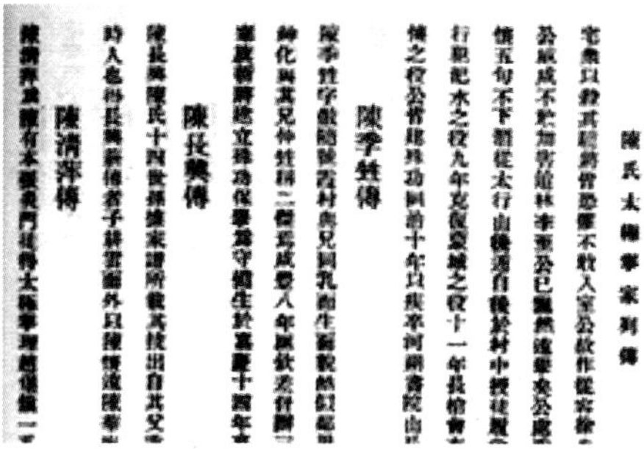
陳氏太極拳家列傳

陳季甡傳

陳長興傳

陳清萍傳

名蒋法（发）。四、老师名邢西（喜）怀。五、老师名张初（楚）臣。六、老师名陈敬柏。七、老师名张宗雨（禹）。八、老师名张彦。九、陈清平’”。

其实，更有力的证明、比赵堡上述拳家更早表述赵堡陈清平之前有多代太极拳传人的却是陈沟的权威陈鑫、陈子明师徒。

陈子明早在其民国二十一年（1932）出版的《陈氏世传太极拳术》一书中写“陈清萍传”时，认为陈家不敢独占陈清萍的功名，而表述为“陈清萍为陈有本张炎（彦）门徒”！

陈鑫更早在民国十七年（1928）农历九月初二撰文《辨拳论》（参见《和式太极拳谱》第271页）时即写道：“前明有父女从云南至山西，住汾州府汾河小王庄，此事容或有之。至言陈氏拳法得于蒋氏，非也。陈氏之拳不知仿自何人，自陈氏迁温带下，就有太极拳。后攻此艺者，代不乏人，如明之奏庭（王廷）、清之敬柏、季（甡），好手不可胜数。后有赵堡邢西（喜）怀、张宗禹，又后陈清平、牛发虎皆称名手。陈必显不摸原由，谓学于蒋氏，大为背谬。”

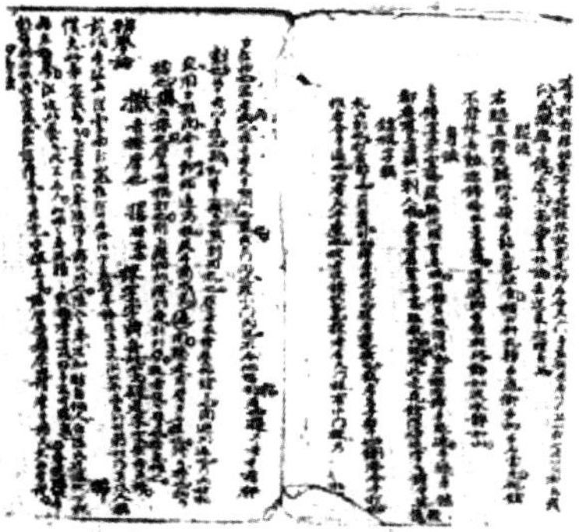

陈鑫在此即明确表明：王宗岳、蒋发为前明人氏，早于陈王廷；陈王廷是太极拳“后攻此艺者”，不是创始人；承认赵堡太极拳派的存在，已证实赵堡的邢喜怀、张宗禹、陈清平、牛发虎

等名师。

陈沟的广大村民，以陈必显为代表，证明蒋发是陈王廷之师。他们遵照前辈人留下的遗训，如实反映历史，没有私心干扰，比较真实。陈鑫为了维护陈氏的面子，否定村民的真话，但也无法掩盖真相。在20天后，即农历九日二十日，在文修堂抄本上留言，诫村人不得再说蒋发为陈王廷之师，因为蒋发是乾隆人，陈王廷是明末人，人不同时，不能为师。仅仅二十天，蒋发便由前明人变成清乾隆人，暴露了陈鑫的矛盾心理，也反衬出以陈必显为代表的村民所言真实。1930年左右，唐豪去陈家沟调查也说："村人所言，蒋为奏庭之师"（见唐豪，顾留馨《太极拳研究》163页），则更可为证。

这里顺便也可以说说，对于陈王廷曾向蒋发学过拳的事，还是有一份资料可以佐证：

《武林》杂志在1986年第2期上亦曾发表了黎锦忠先生《太极拳起源探讨》一文，该文不但据理提出了自己对陈沟创太极拳说的质疑，而且也公布了一份赵堡太极拳史料，文中说："近几日，我在恩师宦大海书房中，还抄录了一份河南省赵堡镇传拳系统表（俗称赵堡架太极拳传人表），感到颇值得研究。据此表所志，陈王廷原是跟蒋发学的太极拳。而蒋发者，有这么一段传文：蒋发，祖居河南温县东乡刘村，后迁水运村，曾至山西，于王宗岳处学艺十余年后际遇事败，隐入陈沟，匿名为仆，传弟子陈王廷（河南温县陈沟村人）、邢喜怀（河南温县赵堡街人），传张初（楚）臣。王宗岳：山西晋阳城县七里堡人，人称华北大侠，业客店。"

这份《河南省赵堡镇传拳系统表》见右：

《武林》杂志1988年第11期上刊登的陈旭东《山西"鬼扯攒"》一文也证明了蒋发的存在。该文中有"此拳为河南名拳师

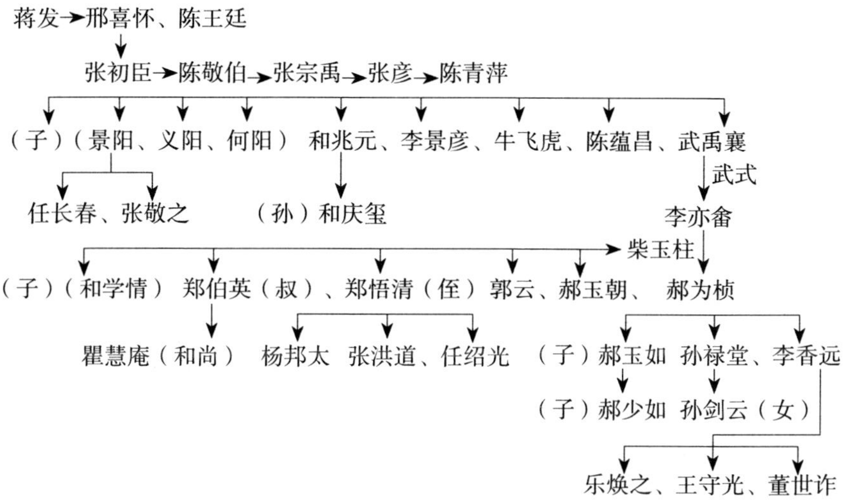

蒋发所创”。并据鬼扯攒传人讲，鬼扯攒三字各有讲意。“鬼”字为诀法，即要计谋多端，千变万化，神鬼不测；“扯”，是要扯开牵引；“攒”，为河南古县名，为纪念蒋发祖师而定。此拳是在“清朝康熙年间，定襄县小王村”一个青年铁匠叫宋本意的人，因“叔父宋老二误伤人命被判流放河南开封府三年，为报答叔叔养育之恩，以免叔叔再遭不测之祸，宋本意跟随叔叔一直护送到河南开封”，并住下来一面行艺，一面等待叔叔期满同归故里。宋本意落脚于开封普济寺，一次深夜解溲，意外发现寺内和尚集体练功，很是喜爱，后几经曲折，历十年之苦，终于学得寺内“秘传拳法鬼扯攒”。该文表明此蒋氏就是后来传习太极拳的蒋发。由此证明，康熙以前确有蒋发其人其事，这与明末蒋发生辰年代的记载是吻合的。

还有一个佐证就是谭大江先生在《武当》杂志2005年第9期发表的“赵堡太极古传一支惊现天津”一文中介绍的情况：

……会中，路迪民先生带天津喻承镛先生来访，不经意间，喻先生向我们披露出了赵堡太极拳古传一支新信息。喻老师的赵堡太极拳是他于20世纪60年代调新疆工作后，在同一工作系统认识了一位从陕西彬县来的岳绍羲同志，岳因羡慕喻的“杨班侯大功架太极拳”，于是便以自己秘承之赵堡太极拳交换。二人以后成为挚友。但当时喻老师所得之赵堡太极拳并不叫“赵堡太极拳”。其名为“武当真传正宗太极”，是从河南赵堡传出。他当时给我列了一个大概的传承关系表，名《武当真传太极正宗》，传承关系如下：

王林祯→蒋发→张楚臣→陈我阳→张宗禹→霍文毅→霍秉昌→霍金龙（陕西彬县东西安干裁缝活）→岳绍羲→喻承镛。喻老师说，岳绍羲传给他这套拳时，按历代传承名字就叫“武当真传正宗太极”，关于“赵堡太极拳”这一说法只是现在顺应大家约定俗成的说法而言的。

那么，按照这个传承关系表，这一支赵堡太极拳应是从赵堡太极拳第四代传人张宗禹这里分支传承到了陕西的。按照本刊2004年第12期欧达宁《赵堡太极拳前贤生卒年探析》，张宗禹（一作张仲禹）生卒年约为公元1673—1753年，此时正是清朝康熙、雍正和乾隆时代，说明赵堡太极拳在清朝前期就由第5代传人霍文毅带到了关中，且在自己家门中下传了两代人，而后又外传。

喻老师所传承的赵堡太极拳为108式，其中有一部分式名如“翻掌”“铁扇一挥”“雀地龙”“三步捶”“霸王敬酒”“跌叉”“当头炮”等，与现行赵堡太极拳的式名有所不同。当时房间里正好有西安赵堡太极拳界的几位朋友在场，喻老师便演示了几个式子，大家认为，果与现行赵堡太极拳的一些式子有所不同，但属大同下的小异。通过这些，我隐约意识到，这一支系赵堡太极拳的发现，应是赵堡太极拳史研究上的活化石，值得重视。

赵堡太极拳家郑钧先生曾于1994年5月向张杰提供过陈鑫80岁时写的手稿，内言“蒋发受山西师传”一语（见张杰“陈王廷与太极拳无关”《武当》2002年第6期）。

一般认为蒋发生于明万历二年（1574），而陈王廷约生于1600年（见陈小旺《世传陈氏太极拳》），陈鑫笔记认为“其九世祖陈奏庭为康熙（1662—1723）时人”（见唐豪、顾留馨《太极拳研究》163页）。1600年蒋发已26岁，1662年已经88岁，已得王宗岳太极拳“名闻乡里”。所以，陈氏家谱认为陈王廷后来只是“精于太极拳”而不是创始了太极拳，这才比较切合实际。

赵堡镇位于河南省焦作市温县县城之东部9公里处，北依巍巍太行山，南傍滔滔黄河水，东通郑州，西达洛阳，至今已经有2500多年的悠久历史。在春秋时期，晋昭公封大卿赵公食邑于温县，在温县东15里的地方挖地筑堡居住，因此称赵堡。古赵堡有宏伟的城池，有众多的古建筑等丰富的人文资源。不仅如此，在古代赵堡还是山西会馆的所在地。赵堡仅就其古城而言就有九里十三步，其共有四门四阁，另有四大天王像。至今在赵堡仍流传着一首民谣：“铁三关，杨裹槐，金银二，风火台，浚梁庙，舍身台。”故就其古代之建筑状况而言，当今赵堡人就说，它并不亚于今天的嵩山少林寺。

赵堡在明清时期，不仅是一个大集镇，而且是一个水旱码头。它两天一个集市，四面八方的人都到这里来赶集，如当时的怀庆府所在地河内县（今沁阳市）、郑州市的荥阳县，还有巩县的人们都到这里来做生意，另外，今在赵堡还流传有“赵堡街摆簸箩，南北孟迁卖甜瓜，东西水银织白货（粗布），甫保串卖竹货，南北孟封蹲台洼，大小黄庄光出渣（制作豆腐）”的说法。

赵堡太极拳由来已久，早在清康熙年间，四皇子胤禛（雍正皇帝）曾慕名来到赵堡，为褒扬赵堡太极拳技，特为赵堡之关帝庙题写了“乾坤正气”四个大字。

从上述情况可以看出，赵堡自古以来，不仅交通便利、商贾云集、拳家辈出，出现过一批批将军、武举、侠客义士，这种尚武的风俗延续至今，而且是个兵家必争之地。

翻开《近代史资料》总八十一号，就可以看到其收录有一篇《太平军攻怀庆府实录》（原名《粤匪犯怀实录》）。作者田桂林，字小山，本地人，是“候选教谕”。清咸丰三年（1853年）太平天国北伐军围攻河南怀庆府期间，他负责“督守西域”防务，事后著有《粤匪犯怀实录》，其中作为日记的二十九日载：“……贼人大怒，领大队到赵堡街……放火焚烧……”就是真实发生过的事情。

武式太极拳的创始人之一武澄清，字霁宇，晚号秋瀛老人。是武禹襄的长兄，酷爱太极拳，其功夫造诣也较高，为太极拳的发展作出过不可磨灭的贡献.

1834年（道光十四年）武澄清中举，时年35岁。先主讲秀铭书院，后又担任乐亭县的教育主管。1852年（咸丰二年）武澄清中了进士，二年后补授舞阳县。在舞阳任上，他联络乡团，亲练壮勇，与犯境之捻军作战，入山剿捕，督率民勇困守危城，先后两次击退捻军的万人攻城。后因协同拿获捻军头领张文成，奉旨赏蓝翎并加同知衔。

武澄清一生读书稽古，经世致用，文武兼备，才德相济，是一个很能干的人，“司教则称人师，出宰则能为健令，及其归田养母，则不愧为孝子，为高人”（史梦兰撰墓志铭，李鸿藻撰传、武勋朝撰墓表略同，转引自庞大明著《武式太极拳阐秘》第268页）。

武澄清热衷习练太极拳，从政余暇研习太极拳，颇有所得，写出《释原论》，以阐发王宗岳《太极拳论》的精义，这是存世最早的清代人诠解王宗岳《太极拳论》的文章。此外，武澄清还写了《搂字诀》《释名》《打手论》《太极拳跋》等有关太极拳的文字，其中《释原论》《打手论》是很重要的拳论，时有高见，而太极拳《跋文》则是极其珍贵的太极拳史料。

这篇作于光绪九年（1883）的《跋文》，是存于永年人李子实在1932年为赠原永年国术馆长先师韩钦贤先生的工楷手抄本。《跋文》附于《太极拳谱》之后。

《跋文》第一段记载："明季山右王宗岳传于怀庆府武陟县赵堡镇蒋姓、蒋氏父子艺皆精越，数传有张宗禹、张言（彦），叔侄俱有盛名。"

《跋文》第三段记载："近日赵堡镇等村，习是拳者尚夥……"

《跋文》说明："咸丰年间武陟县赵堡镇还是太极拳的活动中心。"

由此看来，赵堡所传绝无虚言！

四、对赵堡太极拳源流史中有关人事的调研

赵堡镇人王海洲，为此也做过专门的调研，他发表在《武当》杂志2006年第1期"对赵堡太极拳源流史中有关人事的调研"，就是一个很好的说明。譬如，他说："我是赵堡人，从小听前辈讲说赵堡太极拳的很多的故事。长大后，在赵堡太极拳前辈的指导下练习赵堡太极拳，到现在已有40年。"在调研到"赵堡太极拳"名称时，情况如下：

在赵堡镇，自太极拳传入后，后人对太极拳有这样评说；“软十三，不敢粘。”由此推知，当时的名称为“十三势”。另外，口头上也有“十三手，你学了几手”的问法。“十三手”也是历史上对太极拳的一种通俗的说法。总之，“十三势”“十三手”等，这是太极拳在赵堡古老的名称。后来，随着时代的变化，“十三手”“十三势”在赵堡逐渐演变为“赵堡太极拳”的称谓。而在正式出版的文字里，第一个记载和提出“赵堡太极拳”这个称谓的是原河南省国术馆馆长陈泮岭先生。他于1935年为杜元化《太极拳正宗》一书写序时有这样一段话：“世传太极拳精微奥妙，名同实异者是繁有，徒令尚有湮没弗彰河南温县赵堡镇之太极也。”这是作为一个省的武术领导者对赵堡太极拳的称呼和评价。而《太极拳正宗》里正式使用的是“赵堡镇太极拳”。从口传和文字记载，赵堡太极拳的历史上一贯使用的称呼是“赵堡太极拳”，从蒋发到陈清平七代，没有以个人的名义或者以姓氏称呼赵堡太极拳的。

在调查到蒋发时，情况如下：

根据赵堡历代师传，特别是根据河南沁阳人、赵堡拳第九代宗师杜元化的调查记载，是蒋发将太极拳传入赵堡的。

蒋发生于明万历二年，出生于赵堡镇东面两里地西水运村，父亲去世后，与母亲一起在母亲老家赵堡镇西边两里地的小留村（现小刘村）居住。山西人王宗岳经商路过小留村，认识蒋发并将他带回山西。蒋发在王宗岳家学拳七年，得到太极拳和各种功法要诀的传授。王宗岳只有一个女儿，因王师经常外出，蒋发长时间与王宗岳的女儿也就是他的师姐一起练拳，所以很多动作是模仿师姐的。因此，在赵堡镇也有人说赵堡太极拳是“大姑娘拳”。在拳谱中，也有一些与女性有关的名称，如“玉女穿梭”“单摆莲”“双摆莲”“束手解带”等。

关于蒋发先师，尽管如今太极拳界有不同的说法，但赵堡人几百年来直到现在，都没有改变自己的说法。

蒋发先师在赵堡传播太极拳时，明确地讲了三点：

一是他的老师王宗岳说，这个拳是云游道人所传，说明赵堡太极拳是道门所传的一种拳术。二是赵堡太极拳是以无极、太极、阴阳、八卦的原理作为指导理论的。三是遇得可以传授的人要广传。

以上有赵堡太极拳历代传承的拳谱作证明。

蒋发根据老师的要求，在赵堡镇选择传人，以后就这样一代一代将太极拳传了下来。

关于蒋发在赵堡镇的七代传递，其情况是：

（一）蒋发传邢喜槐（怀）

蒋发学成回家后，与当地的拳师较艺，无人能敌过他，于是他的太极拳艺开始在赵堡镇远近闻名。赵堡镇上有一个叫邢喜槐的，蒋发经过长时间的考察，感到邢喜槐为人忠厚，在赵堡镇口碑很好，于是将自己所学对邢喜槐倾囊相授。不但传授了太极拳的绝艺，还将王宗岳所传太极拳秘诀、论著等也传给了邢喜槐。邢喜槐的后代在赵堡镇繁衍到现在已经是19代。

（二）邢喜槐传张楚臣

张楚臣原籍山西，从山西到赵堡镇经商，开始是开鲜菜铺，后来生意有所发展，改为开粮行。由于他品行端正，在赵堡镇备受尊敬。他和邢喜槐接触后，两人结拜为异姓兄弟，邢喜槐将太极拳全部传授给了他。张楚臣的后代现在还居住在赵堡。

（三）张楚臣传陈敬柏

陈敬柏的家族系由其祖父陈文举开始在赵堡镇落户，陈敬柏的父亲陈来朝出生在赵堡，陈敬柏“敬柏”是他的字，他的名字叫陈基。张楚臣见陈敬柏人品端正，办事可靠，就收他为徒，传他太极拳。陈敬柏武功高强，他广传了赵堡太极拳，跟他学拳的有800多人，其中得授一技之长的有16人，得到他基本传授的有8人，能全面继承他拳艺的只有一人。陈敬柏去世后，安葬在赵堡村西北，坟内埋有他生前使用过的各种兵器两箩筐。陈敬柏的孙子陈鹏是赵堡镇太极拳名家，陈敬柏在赵堡镇至今还有两支传人。现任赵堡太极拳总会副会长的陈学忠是陈敬柏的后人。

近年在陕西铜川发现了张楚臣的另一位传人王柏青保存和传下的赵堡太极拳历代先师王宗岳、蒋发、邢喜槐、张楚臣等人和他自己所写的关于太极拳的论著《太极秘术》。王柏青在雍正六年（1728年）所写的序言中说，他跟张楚臣学太极拳学了40多年。从王柏青的太极拳论文中有赵堡太极拳“以神打人”“以气打人”“以形打人”的绝妙论述看，王柏青是一个武功非常高深的太极拳专家。从《太极秘术》看，在张楚臣年代，王宗岳《太极拳论》等著作已经在赵堡太极拳门人中流传。现在无法考证到王柏青是哪里人，如果不是赵堡镇人，那么说明赵堡太极拳在蒋发所传的第二代就已经打破了赵堡太极拳不出村的规矩。

（四）陈敬柏传张宗禹

张宗禹，赵堡镇人，关于他的拳史记载留下来的不多。张宗禹后裔现在还生活在赵堡镇，他们对自己先人的情况很熟悉。

（五）张宗禹传张彦

张彦从小跟爷爷张宗禹习拳。在赵堡，人们称张彦为“神手”“神掌”。张宗禹在临终前将太极拳的拳谱和绝艺传给了张彦。张彦下苦功练拳，太极拳功夫达到了登峰造极的地步。张彦一生行侠仗义，好抱打不平，流传于世的故事很多。例如流传他在山东曹县为民“除三害”，被当地人奉为神来供奉。张彦的后人现在仍居住在赵堡。

（六）张彦传陈清平和张应昌

张彦传陈清平。据陈敬柏的后人陈学忠家传资料记载，张彦与陈敬柏的孙子陈鹏是朋友，陈鹏介绍陈清平给张彦，说陈清平为人正直，年轻好学，并且十分喜爱太极拳艺，请张彦收他为徒。张彦听从了好朋友的建议，将太极拳传给了陈清平。张应昌是张彦的儿子，他生前身后被尊为“少师”，得到家传。

关于对陈清平家世的考证，也比较明确，是赵堡人，练的也是赵堡拳，也无“赘婿”一说。情况如下：

陈清平是赵堡太极拳历史上一个具有改革、开拓精神的太极拳专家，他把赵堡太极拳进一步发扬光大，使赵堡太极拳的传播超越了上几代的传人。他除了将拳艺传给儿子陈景阳、陈汉阳外，还教了很多徒弟，并且因材施教，后来形成了赵堡太极拳的代理、领落、腾挪（权拖）、呼雷四种练功方法。这四种练功方法虽然在外形上有所不同，但是其内劲转动、内丹修炼、拳理拳法的运用，都是一致的。陈清平所传的有和兆元、牛发虎、李景颜、李作智、任长春等人。和兆元擅长代理练法，任长春精领落练法，腾挪练法李作智最著，而李景颜长于呼雷架。

河北永年人武禹襄仰慕陈清平的太极拳术，亲自到赵堡镇找到陈清平要拜师学艺。恰逢陈清平面临官司危难，武禹襄通过在舞阳县当县令的哥哥武澄清帮助疏通官场关系，使陈清平幸免于难，陈清平对此十分感激，于是将赵堡太极拳的精要练功方法教给了武禹襄，并传他太极拳秘诀。后来，武禹襄将陈清平所教发扬光大，创编成了武式太极拳。

现代有一些人士考证赵堡太极拳，将陈清平在赵堡的太极拳活动归纳为“陈清平19岁招婿赵堡吴家，在赵堡经商、教拳”，因此认定赵堡太极拳是某式太极拳的一个支流，称之为“赵堡架”，这跟历史真实性是不符的。

关于陈清平的家世，赵堡村党支部和村领导近年安排专门人员进行了广泛、深入的调查和考证，得到以下几点结论：

（1）陈清平家族第一次迁徙是陈清平祖上从山西洪洞县搬迁到河南温县赵堡镇小刘村。

（2）陈清平家族第二次迁徙是陈清平的爷爷陈万拔、叔爷陈万选兄弟两人从小刘村迁入王圪垱村。

（3）陈清平的家族第三次迁徙是陈万拔的长子陈锡辂又从王圪垱村再迁入赵堡镇，陈锡辂是陈清平的父亲。陈清平的叔叔、陈万拔的二子陈锡章仍住王圪垱村。陈清平的父亲在赵堡镇上开粮行、棉花店、酒作坊，于道光二十五年（1845）冬病逝。

（4）陈清平1795年生于赵堡。

（5）陈清平的父亲在赵堡镇去世并安葬在赵堡。1997年12月12日，赵堡村人在村西南自留地挖出陈清平父亲的墓碑一块，一面写着：

“皇清处士陈公讳锡辂字记民德配任氏之墓。

子太学生清平……道光二十五年冬月谨志”。

这块墓碑现在放在陈清平的后人陈通处。

陈清平父亲去世后，由他继承家业至1868年去世。

（6）陈清平有三房夫人：朱氏、侯氏、王氏，没有其他姓氏的夫人。

（7）关于过去招婿的风俗。赵堡所在的地方，凡是被招为上门女婿的必须将自己原来的姓氏改变。比如，如果陈清平被吴家招为女婿，必须将陈清平的名字改为“吴清平”。但是陈清平为自己父亲立碑时还是以陈清平的名义。

2003年，赵堡村民张虎家拆老房建房子时，发现旧房的梁上写有：

“大清道光二十五岁次乙已八月十六日申戌吉时宅主太学生陈清平暨第从九品清光、安男增广生河阳侄经未人流泾、河、阳孙化男创建上房三间，自己立木之后永保合家清吉谨志”。

这是陈清平51岁时建的房子，是第三侧院，土改时分给了现在的房主。这说明陈清平在晚年的时候也没有改变自己的姓氏，他绝不是像某些人说的招婿赵堡。

（8）陈清平的后代对自己家世的认定。

陈清平的第五代孙子陈忠森于2000年元月19日书面对自己的先祖陈清平的生平经历作出了说明：

“我从小听我祖母陈李氏和父亲陈乃芳说，我祖上是陈氏家族人，从13世陈万拔、陈万选开始由温县小刘村迁入王圪垱村，在乾隆末叶，14世祖陈锡辂也就是我的直系祖由王圪垱村迁入赵堡镇，置门面店房开粮行、棉花店、酒作坊等。14世叔祖仍留王圪垱村。在道光25年冬，陈锡辂在赵堡镇病故后，由15世祖陈清平也就是我的直系祖继承家业。陈清平生于乾隆60年，卒于同治7年，享年74岁。陈清平在赵堡取妻三房朱氏、侯氏、王氏，有两个儿子陈河阳、陈汉阳。陈清平在赵堡镇关帝庙西邻建造房屋数十间，围村田地数百亩。16世祖汉阳有一子。也就是我的爷爷，我爷爷是个哑巴，所以，执掌家业全由我祖母一人。我祖母从小就到我家做童养媳，我曾祖父请教书先生教我祖母读四书五经，学管家本领，并将家史情况告诉她。祖母一生乐善好施，加上遭受荒年、战祸，家境逐渐贫困。爷爷饿死后，祖母将房屋变卖所剩无几，随领全家逃荒到山西运城县。为活命糊口，在民国年间，祖母含泪将祖上陈清平传下的拳谱卖给本镇张瑞南老师收藏。祖母经常说，咱祖上陈清平的武艺是经北头（村北）神手张彦教成的，师父是张彦。那时，咱家的徒儿东头有和兆元，南头有牛发虎，辛庄有任长春，南张羌村有李作智，陈辛庄村有李景颜，西头有张敬芝，还有河北武禹襄等人。叮嘱我们千万不要忘了我家的历史，更要记住练拳。近年来，我不断听到社会上有人说我祖上陈清平是赘婿赵堡，经商赵堡，学拳于陈家沟。这些言语纯属对我祖上不敬，我希望以后社会上和武术界人士慎言。"

陈忠森1939年11月生于河南温县赵堡镇，1956年3月从温县入伍，1982年2月转业到河南焦作市，在市司法局工作，曾任市司法局政工科长、法律顾问处副主任、律师、劳改大队政委等职，2000年元月退休在家。

根据上面的对陈清平家世的考证，陈清平不是赵堡人的"倒插门"的女婿。

由此，有以下几点应引起太极拳界和当今武术管理人员注意：

（1）陈清平是陈氏大宗族的人，但是没有在陈家沟居住过。

（2）陈清平的父亲已在赵堡居住，陈清平出生于赵堡、长大于赵堡。

（3）陈清平的太极拳活动主要在赵堡，他学拳传拳于赵堡，他的太极拳老师是张彦。陈式太极拳名家陈子明于1932年出版的《陈氏太极拳术》一书中也说到陈清平是张彦的"门徒”。陈清平所教的弟子、学生，从现有的资料中看，没有陈家沟的学生。

（4）一些没有经过严格的考证或出于其他目的的人，硬说陈清平招婿赵堡而在赵堡传授陈式太极拳小架，将赵堡太极拳称为“陈式小架”、陈式“赵堡架”等，是没有任何根据的。

（5）我诚恳希望太极拳界有关专家和国家武术管理部门的人员对我上面所说的事实进行考察，其中如果有不实事求是的地方，我可以负任何责任。

文后即附蒋发后人的证词！

五、众多学者的相关研究

事实上，类似的情况，早在20世纪80年代，即《武当》杂志1986年第1期发表的署名为澄史、求实的文章《浅谈赵堡太极拳源流及流传》一文，对此亦有同样的论述，特别是关于陈清平的证辩：

陈清萍（平）赘婿于赵堡镇，此说不能成立。原因是：一、在当时的封建社会，入赘后是必须改变原姓氏的。但陈清萍陈姓未改，子孙后代亦姓陈。二、历代把袭入赘都是贫家子弟，但陈清萍并非贫寒。有人就此问及陈清萍的后人，其后人说：一、从未听说前辈人说过是入赘的。二、俺家还姓陈。三、先人陈清萍是从王圪垱村迁入赵堡的，那时置有全砖瓦房数十间，并有裙房、耳房，为当时一般农家所无。再者，陈姓有规定，赘婿的、过继的，家谱上均不记载，而先人陈清萍与后代家谱上皆有名。（据了解，当地无论何姓，续家谱都是如此规定。——作者注）

或云：陈清萍是为教拳而迁入赵堡的，陈清萍到赵堡以后赵堡才有了太极拳——赵堡架。此种说法有何根据？曰：无。史料证明，陈清萍以前，太极拳在赵堡已传六代，现以陈敬柏的有关资料为证：陈敬伯（柏）家谱记载，陈敬伯家由其祖父陈文举从陈伯庄迁入赵堡。家谱中有《敬伯公传》曰："陈堪，又名敬伯，字长青，生于康熙丁亥年（1707），卒于乾隆辛亥年（1791），理精太极，已达妙手神化境也。"由此可证，陈清萍以前赵堡即有太极拳。

除了上述所提及的有关文献资料、论文和调查报告所揭示出赵堡太极拳真实传承外，许许多多的专家学者和有识之士，几十年来也从未曾间断过辩证、揭示、公告赵堡太极拳真史的努力，这其中较有代表性的有：

薛纪峰发表在《汴梁武术》杂志1983年第5期的"和式太极拳简介"；

刘会峙发表在《武当》杂志1987年第1期的"武当赵堡太极拳的源流及特点"；

戚建海发表在《武当》杂志1987年第1期的"武当派和式太极拳简介"；

刘会峙发表在《武当》杂志1987年第2至1988年第1期的"武当赵堡传统三合一太极拳"；

戚建海发表在《中华武术》杂志1987年第7期的"鲜为人知的和式太极拳"；

戚建海发表在《中华武术》杂志1988年第8期的"武当赵堡太极拳探源"；

戚建海发表在《气功与科学》杂志1988年第10期的"蒋发传拳之说"；

李万斌发表在《武当》杂志1989年第2期的"一心扑在太极拳事业上的人——记武当赵堡太极拳第十四代传人刘会峙先生"；

张朝和、和少平发表在《少林与太极》杂志1990年第2期的

“和式太极启秘”；

戚建海发表在《武当》杂志1990年第6期的“蒋发秘传太极拳经典——兼谈王宗岳、陈清平”；

吴文翰发表在《武当》杂志1992年第2期的“初识赵堡太极拳”；

刘会峙、屈马龙、李万斌发表在《武当》杂志1992年第3期的“太极拳源流新探——纪念武当太极拳一代宗师蒋发诞辰417周年”；

吴文翰发表在《武术健身》杂志1992年第5期的“赵堡艺传播大西北”；

谭大江发表在《武当》杂志1992年第6期的“太极拳之乡赵堡镇见闻”；

王海洲《中国太极拳》杂志1993年第1期的“赵堡太极拳源流及其特点”；

张杰发表在《中华武术》杂志1994年第1期的“献身太极名垂千古——中国近代著名太极拳家杜元化”；

张杰发表在《武当》杂志1994年第5期的“赵堡与赵堡太极拳之概况”；

张满宏发表在《武魂》杂志1994年第11期的“也谈陈清平与赵堡太极拳——兼与李滨先生商榷”；

刘瑞发表在《武当》杂志1995年第3期的“神手张彦”；

周荔裳发表在台湾《太极学报》1995年第4期的“赵堡太极拳考源——太极拳源流考”；

李师融发表在《中国太极拳》杂志1995年第6期、1996年第1、2、3期的“王宗岳、蒋发年代考”；

路迪民发表在《武当》杂志1996年第5期的“陈清平身世考略”；

张满宏发表在《武当》杂志1996年第5期的“坦荡无私扬太极 艺理俱精德高洁——写在太极拳大师陈清平诞辰二百周年之际”；

梁宏达发表在《精武》杂志1997年第10期的“六出太极法自然——六派太极拳源流考”；

王震川、谭大江发表在《武当》杂志1998年第8、9期的“孤本残卷秘典 隐世历劫重光——记评赵堡太极拳历史文献的重大发现”；

原宝山、李师融发表在《精武》杂志1998年第11期的“太极宗师蒋发小传”；

罗名花发表在《武当》杂志1999年第4期的“武当赵堡太极拳技法阐秘——仅以此纪念侯春秀大师逝世十四周年”；

《精武》编辑部发表在《精武》杂志2000年第5期的“武当赵堡太极拳专辑”；

蒙一丁发表在《人民日报》2000年12月15日星期五第十版“体育天地”栏目的“集体智慧的结晶——纪念邓小平‘太极拳好’题词22周年”；

罗名花发表在《武当》杂志2003年第1、2期的“陈式太极拳新架子与赵堡太极源流考”；

欧达宁发表在《武当》杂志2004年第12期的“赵堡太极拳前贤生卒年探析”；

戚建海发表在《武当》杂志2005年第9期的“武当赵堡太极拳脉系”；

谭大江发表在《武当》杂志2005年第9期的“赵堡太极古传一支惊现天津”；

李师融、李永杰发表在《武当》杂志2006年第1期的“陈敬柏传拳陈沟考”；

林泉宝、张长林、张顺林发表在《武当》杂志2006年第10期的“赵堡太极拳李作治脉系拳法阐秘”；

路迪民发表在《武当》杂志2009年第4、5、6期的“王宗岳蒋发考辨——兼与康戈武先生商榷”；

李万斌发表在《武当》杂志2010年第4期的“陈家沟不是太极拳的发源地”；

李万斌发表在《太极》杂志2010年第5期的“太极拳史研究的最新突破——明代山西王宗岳家族谱系被发现”；

李万斌发表在《武当》杂志2010年第10、11、12期的“与陈家沟无关的太极拳述列”；

刘会峙著《武当赵堡传统三合一太极拳》陕西科学技术出版社1991年3月第1版；

宋蕴华著《赵堡太极拳图谱》陕西技术出版社1991年5月第1版；

王海洲、严翰秀演整《秘传赵堡太极拳》广西人民出版社1991版；

李万斌、罗名花著《太极拳技击实践》陕西科学技术出版社1992年7月第1版（内收《赵堡太极拳推手上中下明暗四十八技法》）；

刘瑞著《武当赵堡和式太极拳》，广东高等教育出版社1995年6月第1版；

赵增福、赵超著《武当赵堡大架太极拳》陕西科学技术出版社1995年8月第1版；

刘荣淦、杜甲辰编著《精义太极拳——赵堡太极拳健身、养生、技击法》北京体育大学出版社1996年6月第1版；

王海洲、王长青、严翰秀编著《赵堡太极拳械合编》广西人民出版社1996年7月第1版；

赵增福著《中国赵堡太极》世界图书出版公司西安分公司1997年9月第1版；

王海洲、严翰秀编著《杜元化〈太极拳正宗〉考析》，人民体育出版社1999年10月第1版；

原宝山编著《武当赵堡太极拳大全》世界图书出版公司1999年11月第1版；

郑悟清传授、郑瑞、谭大江编著《武当赵堡太极拳小架》人民体育出版社2000年2月第1版；

李师融著《北派太极拳源流揭谜》，武当杂志社出版2000年5月第1版；

郑琛、山新楼著《太极拳道》（赵堡太极拳），陕西科学技术出版社2001年1月第1版；

王海洲、严翰秀著《赵堡太极拳诠真》，人民体育出版社2003年2月第一版；

戚建海著《太极拳技击和炼丹术之奥秘》，台湾逸文出版有限公司2005年9月第二版（内收《杜元化〈太极拳正宗〉论述选录》《顾留馨“赘婿”之说不能成立》《和氏拳谱》《王柏青编著〈太极秘术〉》；

李师融、李永杰编著《古今太极拳谱及源流阐秘》，台湾逸文武术文化有限公司2007年6月出版；

林泉宝著《武当赵堡侯氏太极拳与行功心悟》，台湾逸文武术文化有限公司2007年12月第一版；

王海洲著《赵堡太极秘传兵器解读》，人民体育出版社2008年1月第一版；

艾光明、张昱东著《侯氏太极拳》（赵堡太极拳），陕西科学技术出版社2010年6月第一版；

刘晔挺著《太极拳圣王宗岳考》，台湾逸文武术文化有限公司2012年3月第一版；

李师融、李万斌、刘晔挺著《太极拳源流与发展研究》台湾逸文武术文化有限公司2012年3月第一版。

六、周荔裳先生发表《赵堡太极拳考源》

这其中，最有说服力的就是周荔裳先生的《赵堡太极拳考源》。该文发表于1995年，她时任人民体育出版社编审。在该文的一开始，她即说："太极拳究竟创于何时、何人，至今是太极拳界争论的热点之一。自本世纪30年代始，不少太极名家均参与了这一论争。都由于史料匮乏，致众说纷纭，莫衷一是。"

接着，她就说："在职任《中华武术》杂志副主编兼记者期间，结识了不少太极拳名家，涉猎了不少流派的太极拳，参加了一些太极拳的学术活动并就太极拳的源流、技术特点等问题与各流派太极拳传人进行过探讨。还于1993年8月亲赴河南温县的陈家沟及赵堡镇进行过采访和调研。在赵堡镇与赵堡太极拳总会的核心人物及赵堡镇一些太极拳传人进行座谈；深入各老拳师家各太极拳辅导员，在赵堡学校观看了赵堡太极拳、械的表演，阅读了他们各自保存的赵堡太极的重要资料，如陈鑫《太极拳图画讲义》的手抄本、杜元化所著《太极拳正宗》，观看了《永安寺碑记》，并对以上情况作了摄影和报道。"

下面就是她的调查研究的过程和结论：

她首先讲道：赵堡太极拳不是陈氏太极拳新架！

从河南省国术馆馆长陈泮岭为杜元化《太极拳正宗》所写的序言（以下简称"序"）及其为陈鑫《陈氏太极拳图说》所写的"太极拳谱的题词"（以下简称"题词"）比较分析，说明赵堡太极拳不是陈氏太极拳新架。

“序”曰：“余观其拳系师承怀庆温县蒋先生发”；“其术由来之久矣，其术神理奥妙，通天地人而成一家——技也近乎道矣！余酷嗜拳法，历访名家，冀得其精秘，不料今得杜先生育万所著，秘而不传太极拳图解十三样，公之同好，方觉太极拳名实相符”。

“题词”曰：“吾宗温人，天纵英义，实辟拳宗，悉本太极，其嗣昌之，推阐以易”。陈泮岭认为赵堡太极乃“师承怀庆温县蒋先生发”，是“名实相符”的太极拳；而陈家沟太极拳（实）则是由（温人）陈（英义）所（辟），悉（本）太极，推阐以（易）的一种拳术。陈泮岭先生亦为武术名家，当时，他是河南省国术馆馆长，也是中央国术馆副馆长，是教育部及军训部国术编写委员会主任。他“酷嗜拳法，历访名家”，他十分明确地指出杜元化所著的太极拳“其术由来之久矣”，是“师承”“蒋先生发”的，是“名实相符”的太极拳，却只字未提此太极拳是陈氏拳之宗派，是陈氏所创；而陈英义之拳，只是“本”太极，以“易”推理与阐述的一种拳术。

“序”中还写道“其（指杜元化所写的拳）最妙者，始由天道起，中抱六十四势，每势能够十三样手法，即一圆、两仪、四象、八卦是也，末以天道终”。赞赏、欣喜之情跃然纸上。

“题词”中陈泮岭先生只说“愚耽国术，所见多矣，功用之神，莫若此极”。只赞赏了陈家拳的“功用之神”。

其次，她认为：赵堡太极拳为蒋发所传！

据《太极拳正宗·太极拳溯始》称“余先师蒋老夫子，原籍怀庆温县人也。生于万历二年（1574年），世居小留村。至22岁（1596）学拳于山西省太谷县王老夫子讳林祯；其后蒋发传邢喜槐，邢传张楚臣，张传陈敬柏，陈传张宗禹等八百余人。其后传其孙张先生彦，先生又传给陈先生清平，清平先生传给其子景阳及本镇其少师张应昌、和兆元、牛发虎、李景颜、李作智、任长春、张敬之，历代传人很多，不能备载，以上所录诸老夫子皆有事绩可考”。

这段文字说明：

（1）赵堡太极拳为蒋发所传。

（2）蒋发之师是山西太谷县人王林祯（王林祯是否是王宗岳，由于资料匮乏，不敢断言。但据考“王宗岳1791年曾居洛阳，后又设馆于汴……”；而蒋发生于1574年，顾然，蒋发不可能师从晚出生于已一百多年的王宗岳。王林祯虽也是山西人，但他是太谷人；而王宗岳则是绛州人）。今新降县，在山西汾城县之南。

（3）赵堡太极拳传承脉络清晰，有据可考。

《太极拳正宗》中提及的邢喜槐、张楚臣、陈敬柏等在“太极拳溯始”一节中均有具体介绍。陈清平、陈敬柏、和兆元等人的后裔至今仍居住在赵堡镇，习练赵堡太极拳。任长春之徒，即《太极拳正宗》的作者杜元化（万育，1931年考取河南国术馆武士，后留该馆任教）之孙杜太玺，现住在北京，他曾目睹其祖父杜元化撰写该书。

其中陈敬柏在《陈氏家乘》中虽有记载，但只用了“好太极拳”四个字。而《太极拳正宗》中却有较具体的记述：

“陈敬柏先生，人品端正，凡事可靠，所以（张楚臣）将此术全盘授之。其后陈先生却扩张此术，广收门徒至八百余，能得其一技之长者十六人；能得其大概者八人；能统其道者，惟张宗禹先生一人”。这段话说明陈敬柏既是受教于张楚臣习赵堡太极之传人，又是推广此术之功臣。

据我去赵堡镇调查，得知陈敬柏虽也是陈家沟人，但从其宗族第十代陈文举起，即迁至赵堡镇做生意，陈敬柏出生于康熙二十六年（1688年）的赵堡镇。

又据赵堡太极拳总会提供的情况称：在张楚臣、陈敬柏时代，赵堡太极拳名声很大，致引起当时康熙的四皇子胤祯的关注。因此，他曾亲自去过赵堡镇，并在关帝庙题写了“乾坤正气”之匾额。

据笔者去赵堡调研发现，至今赵堡习太极拳之风仍十分兴盛，不仅各家各户都练太极拳；赵堡学校（一座上千人的含中、小学制的全日制学校）还将赵堡太极拳列为体育课、课间操的内容，还可随意组织几个班的数百名学生集体表演，其气势之恢宏，参与者之众多是相当可观的，说明赵堡镇习拳之遗风尚存。

像陈敬柏这样一位在太极拳推广方面卓有成效的人，在《陈氏家乘》中竟只有“好太极拳”四个字；在陈氏太极拳主要传递系统表中亦无记载。是陈沟有意冷落他，还是另有原因？是否也可据此说明陈敬柏习练的确非陈家拳，而是蒋发所传之太极拳？

接着她又说：“从杜育万订补陈鑫《陈氏太极拳图说》，说明蒋发是将太极拳传入陈家沟和赵堡镇的重要传人！”

陈鑫所著《陈氏太极拳图说》版权页上有“订补者沁阳杜元化育万”的字样。据了解杜元化为该书订补了“任脉督脉论”“重要穴目并歌”及“蒋发受山西师传歌诀”三章，并将该书原名《太极拳图画讲义》易名为《陈氏太极拳图说》。杜补之前二章已列入卷首篇；第三章则列入该书的附录部分。总目录上名之为“研手法”，篇中名之为“杜育万述蒋发受山西师传歌诀”。

杜育万为何要将此歌诀放在该书的附录里，为何将《太极拳图画讲义》易名为《陈氏太极拳图说》？这里反映了杜育万用心之良苦。杜的《太极拳正宗》当时也已成书，不知何故当时未能出版，当局却请他为陈鑫的《太极拳图画讲义》增补内容。杜在其《太级拳正宗》的首篇“太极拳溯始”中，已明确说明赵堡镇所传之太极拳是由蒋发所传的源自“老君设教、宓子真传”的太极拳，而不是由陈家沟传来的太极拳。为正视听，他有意在陈鑫的太极拳书名前加了一个“陈氏”太极拳的界定，以区别于由蒋发所传之太极拳。为了说明蒋发不是师承于陈家，而是师承于山西师传家，故将“蒋发受山西师传歌诀”附录在陈鑫的书内。当时编者亦未提出异议，陈氏族人亦无异议，这就在客观上承认了蒋发是传拳于陈家沟和赵堡镇的太极传人，而不是像陈家宣扬的蒋发是师从陈王廷的。

通过比较，她再次肯定地说：“从《陈氏家乘》所载陈王廷之事迹者，蒋发不可能从陈王廷习太极。”

“公遇一敌手，公追之三过，御寨未及”“李际遇事败，有蒋姓仆于公，即当日所追者，其人能百步赶兔，亦善拳者也”。有人说此蒋姓仆即蒋发。从以上描述可见蒋之技高于陈王廷，而蒋乃太极高手。是否由此又可作蒋不是师从陈王廷之旁证？

综上所述，可见赵堡太极非陈氏太极之支派，而是“老子设教，宓子真传（宓子即宓喜，号尹文，老子之徒）”，由“云游道人”传经数世至张三丰，三丰次传王宗，再传王林祯，传蒋发，再传赵堡镇及陈家沟。此派太极之传承脉络至王林祯前，虽不甚清晰，但从王林祯至蒋发→邢喜槐→张楚臣→陈敬柏→张宗禹及八百余门徒→张彦→陈清平→张应昌、陈景阳、和兆元、牛发虎、李景颜、李作智、任长春、张敬芝、武禹襄，则是清晰可见，有据可考的。

她最后得出切实的三点结论，即：

（1）赵堡太极拳由蒋发所传。

（2）蒋发所传之太极拳是老子太极拳式，张三丰太极拳即道家太极拳，而不是陈沟太极拳。

（3）陈王廷是陈氏太极拳之创始人，而不是太极拳之创始人。

看到这里，人们都会明白，这就是事实！

七、使中国太极拳史及其赵堡太极拳正本清源的代表性著作

事实上，从20世纪30年代唐豪抛出拟设的“陈王廷创拳说”、陈清平传或创“赵堡”说至今，质疑、驳斥、揭露、批驳的声音，即从未间断过。据不完全统计，从各门各派的专家学者及其主要传人所出版和发表的调查报告、公布的文献资料、文章、论文、著作来看，不下千条，鉴于目前互联网的发达，那就更多了，都是一致要求太极拳史“正本清源”，不要再“冤枉古人、欺骗今人、贻误后人”！

这其中，最具有代表性的著作就是：

刘晔挺著《太极拳圣王宗岳考》，台湾逸文武术文化有限公

司2012年3月第一版；

李师融、李万斌、刘晔挺著《太极拳源流与发展研究》，台湾逸文武术文化有限公司2012年3月第一版；

于志钧著《中国太极拳史》，中国人民大学出版社2012年4月第一版；

《太极拳圣王宗岳考》全面系统地考证和阐述了明代山西新绛县（古绛州）成为太极拳发祥地的地理环境和人文条件、王宗岳生平考、对王宗岳墓地的考证、对王宗岳考证证据附录、王宗岳的主要拳谱、王宗岳太极拳在山西的传承及其主要传人等。

《太极拳源流与发展研究》除全面系统地考证和批驳了唐、顾、康虚假的“陈王廷创拳说”“陈沟发源地说”外，专门在第四编第八章论述“赵堡太极拳的历史功绩”，讲“赵堡太极拳的拳史无可非议”“赵堡太极拳是现代太极拳六大派的母派”“赵堡太极拳派对太极拳谱的贡献”“赵堡太极拳的成长历史”，然后附有较为完整的“赵堡太极拳专递表”。

在清光绪三十四年（1908）以前陈家沟没有太极拳一字一物之证。

八、陈清平的太极拳业师是张彦才是准确的

陈鑫《陈氏家乘·陈有本传略》“有本门人陈清平、陈有纶……均有所得”；杜元化《太极拳正宗·太极拳朔史》“先生（张彦）又传给陈先生清平”； 陈子明《陈氏世传太极拳术·陈清平传》“陈清平为陈有本张彦门徒”。 三书的出版时间，前后只相差三年。作者中陈鑫和陈子明是同村同族又有师生关系；杜元化是沁阳县人，属怀庆府籍。对陈清平的师承，是陈

鑫与杜元化两人各执一端，陈子明则是双重承认。究竟谁的说法真实可信？我们认为杜元化之说最具权威性。因为他是陈清平的再传弟子，一代之隔，对他师爷的业师不会不清楚。其师任长春也不可能把自己师爷的名字记错。任长春去世后，杜又随师叔张敬芝深造。因此与赵堡人有过较多的接触，对陈清平的了解比较清楚。杜在《正宗》中写的师承关系，是指赵堡太极拳的历代嫡系传人。他写张彦传给陈清平，当然也是指“嫡传”，不是仅“有所得”的非入室弟子，所以杜对陈清平师承记载的真实性与确切性要超过陈鑫、陈子明之说。

赵堡忽雷架太极拳家张满宏先生在《武魂》1994年第11期发表的“也谈陈清平与赵堡太极拳——兼与李滨先生商榷”一文，在陈清平的太极拳业师是谁的问题上，做了较为详尽的调研和辩证。他讲，陈鑫的说法，需要做具体研究。陈鑫出身于太极拳世家，平生主要从文，他晚年将家传太极拳整理成册流传后世，确实为太极拳的继承与发展作出了一定贡献。然而，作为一个封建文人，由于受时代的局限，从其所著《图说》中不难看出，他具有较强的宗族门户观念，特别是在太极拳的渊源历史及师承方面牵强附会失实之处颇多。对陈清平师承的记载便是如此。陈清平住的赵堡村距陈家沟只有五六华里，作为同族晚辈，曾经向陈家沟太极名家陈有本请教问艺是极有可能的，但不能因此就说陈有本是陈清平的业师，陈清平也可能只是受过陈有本的指点而已。陈鑫在《陈氏家乘》中并未为陈清平立传，叙其师承实情。但因陈清平技精名高，为了提高自己家族的名声，才在其祖父有本的传略中提及陈清平为“门人”，而对张彦却只字未提。如果陈清平在有本处仅仅是“有所得”，而无其他名师精心传授，恐难成为一代太极名师！从“有所得”还可以看出，陈鑫已经明确陈清平并非有本的入室弟子。有本嫡传弟子，陈鑫认为是其父仲甡、叔季甡，因此，才为二人立传，介绍业绩。《图说》与《正宗》虽然都记载了陈清平的师承，但记述的情节及所反映的师徒关系程度却大不一样。因此，谈陈清平的师承不能将有本与张彦相提并论。张彦是陈清平的业师，陈有本有可能只是指点过陈清平而已。

陈鑫在《图说》中有关师承的不准确记载，并非只此一例。譬如，陈清平的弟子李景延，曾先向陈仲甡及陈有纶短暂学艺，因二人保守才拜陈清平为师，后来成为陈清平弟子中的佼佼者，晚年创编“忽雷架”，有“铁胳膊李盾（乳名）”之称。陈子明在《世传》中也承认陈清平“弟子中以李景延为最”。杜元化在《正宗》中把李景延列为陈清平的七位著名弟子之一。现在不管是“忽雷架”传人，还是陈家沟、赵堡镇的老拳师，均公认李景延的业师是陈清平。可是陈鑫是如何记载李景延的师承呢？《家乘》写道“有纶传李景延、张大洪；景延兼师仲甡”。对李景延的业师是陈清平的事实，只字未提。可见，陈鑫为了宣扬自家前辈的太极拳成就，在《家乘》中却做了不确切的记载。所以陈鑫之说，不能视为信史。

至于陈子明在书中同时承认陈清平有两位老师的说法，自有其特殊的原因和一定的历史背景。陈子明之父陈复元，系陈仲甡的弟子。陈子明自幼随父习拳，后又师于陈鑫。在二三十年代曾创办“中州粹武学会”，并在上海教过拳，是一位比较开明的拳师。他编著的《世传》一书，在拳理、拳史方面参考了陈鑫《图说》手稿，《图说》中与事实出入甚大之处也作了修改。在《太极拳家列传》中，专门介绍了陈清平“为陈有本张彦门徒……弟子中以李景延为最”。陈子明是陈家沟陈氏族人中公开承认张彦为陈清平之师的第一人。他之所以承认陈清平有两位老师，是因为当时陈家沟与赵堡镇在太极拳的渊源以及太极名家陈敬柏、陈清平的身世等问题上都是清楚的。他作为陈氏后裔，又曾师于陈鑫，不是不明白陈鑫有意不写张彦的用意。但当自己著书立说时，他是会权衡利弊的。如果完全按《图说》的记载不写张彦，与事实出入太大，恐怕会受到知情者及陈清平传人的指责。如果只写张彦，不写陈有本，与《图说》的记载不符，会招致族人指责，对师对己都不太合适。于是就来了个“陈清平为陈有本张彦门徒”的双重承认。试想，假如陈有本是陈清平的业师，而张彦是非正式老师的话，那么陈子明完全可以尊重乃师陈鑫的说法，不提张彦。陈子明的双重承认，反而证明张彦是陈清平的业师。

我们在考查陈清平的师承关系时，不仅要重视文字资料，还应尊重陈清平传人的口传资料。陈清平在赵堡村以及外村所传弟子的传人一致公认陈清平的业师是张彦，而且还能讲出许多有关张彦武功轶事的传说，而对陈清平是否曾师于陈有本，则多数传人不清楚。张满宏先生曾拜访过王圪垱村陈清平的本家后代陈印新老人。他直言相告“从小就听大人们说我老爷爷陈清平的老师是张彦”，还曾向前去向他考证陈清平师承的赵堡拳师按指印作证。这些宝贵的活资料岂能忽视！

如果说“陈清平从陈有本学太极拳而有所得，后迁居赵堡镇，遂在那里教授太极拳”，当然也不对。陈清平的第五代嫡孙陈运通，至今还藏有他家一百多年前的《分单》（系旧时弟兄分家另居时由中证人写的文书）。《分单》上记载了清同治六年，由陈清平的弟弟陈清光主持为陈清平弟兄三人的子侄三分家产的情况。《分单》上写有“将祖遗房院地土”等话。当时陈家已“人口渐多，日日不足”，走向衰落，但仍有房屋38座，坟地约16亩，麦地约65亩。如果说这些资产是陈清平迁居赵堡后经商所置，那么陈清平的弟弟及侄子是没有理由分这些资产的，所以，陈家这些资产，至少是从陈清平的父亲就已迁居创置。陈清平是迁居赵堡的第二代，已是赵堡人了。既然陈清平是赵堡人，本村又有著名的拳师张彦，他不可能舍近求远先从陈有本学，“有所得”后，再投师张彦，更不可能随陈有本学“有所得”后，就立即在著名拳师张彦的村里“教授太极拳”。

九、赵堡太极拳在现代的发展

赵堡太极拳在民间代代相传，在20世纪赵堡太极拳经历了三个历史发展阶段。

第一阶段。19世纪末叶，外族入侵，社会内部震荡，动乱不断，赵堡太极拳的发展受到了影响，转入了低潮。在20世纪20～30年代才得到了一次较大的发展。在这个发展阶段，其主要标志是张敬芝、和庆喜授拳和杜元化《太极拳正宗》的出版。

张敬芝是张应昌的太极拳传人，他长期坚持在赵堡传授太极拳，将太极拳传给了村人侯春秀和王连清等人，在赵堡镇影响较大。和庆喜是和兆元的孙子，他从小得到父辈太极拳传授，到中年因家庭困难而弃拳经商。到他70岁左右，国家提倡武术强种救国，他在师弟陈桂林的协助下重新教授太极拳。当时向和庆喜学拳的有郝玉朝、郭云、郑伯英、和学敏、郑悟清等人。郑伯英曾参加了1931年在开封举行的国术比赛，并勇夺冠军。

杜元化是任长春的传人，他青年时接触赵堡太极拳，就被这一绝艺所折服，以后在老师的指导下刻苦练拳，终于掌握了太极拳的精髓。在他被聘任为河南省国术馆教授时，他将老师所传和自己的体会，以及在赵堡名师张敬芝的帮助下所收集的资料进行综合，以极大的热情整理成赵堡太极拳划时代的著作《太极拳正宗》一书。这本书的内容有赵堡太极拳的源流、理论、练法、架式以及有关秘诀，保留了赵堡太极拳一些已经失传的理论和秘法，是全面系统地反映赵堡太极拳全貌的太极拳著作。这本书在当时就产生了很大的影响，就是在当代太极拳界，也对太极拳运动有指导意义。他与河南省国术馆馆长陈泮岭等人参与了陈鑫《陈氏太极拳图说》一书的订补工作。

在赵堡太极拳进入较好发展时期，日本发动了对华战争，并占领整个河南。同时，黄河泛滥，淹没了家园，蝗虫连年发生，毁灭了庄稼。赵堡太极拳传人被迫流离失所，到处逃荒。赵堡太极拳的发展又进入了低谷。

第二阶段。20世纪五六十年代，是赵堡太极拳的恢复阶段。

20世纪30～40年代是中国社会动乱的年代，赵堡太极拳的各地传人无法在较大范围内传授太极拳。新中国成立后，国家大力推广和发展传统武术，赵堡太极拳获得了新的发展机会。在20世纪30年代末逃荒到陕西西安的赵堡太极拳传人郑伯英、郑悟清、侯春秀等人在西安开始传授赵堡太极拳，并参加了一些国家组织的比赛。

郑伯英于1938年逃荒到古城西安后，不久被聘为赵寿山部下第四集团军总部武术教官。新中国成立后，任西安市武术协会会员。1952年5月，他参加了西北五省武术观摩大赛，表演了赵堡太极拳，在社会上引起了关注。以后他在西安公开传授太极拳，并以太极拳功夫再次闻名于世。赵堡太极拳传人郑悟清、侯春秀也在西安广泛传授赵堡太极拳。居住在西安的赵堡太极拳传人首先在西安将太极拳推向社会，并辐射到西北数省。

在这一时期，赵堡太极拳在赵堡镇也得到了逐步恢复。赵堡太极拳名师王泽善（在县体委工作）和另一位太极拳老师陈照丕一起在温县举办太极拳培训班，较早地推广了太极拳。王泽善老师在赵堡任学校武术教师，主要是教授赵堡太极拳和各种器械、太极拳对练。他曾率赵堡镇武术队参加了省、市举办的武术表演赛。时逢节假日，他带领武术队在赵堡镇各乡村表演赵堡太极拳等。著名太极名家刘士英此时也由僧人还俗，传授村人赵堡太极拳。在赵堡村，村民们也对自己祖先所传的太极拳进行了回忆和整理，出现了一批认真练武青年。在西安的赵堡太极拳传人也纷纷回到赵堡，传授指导赵堡太极拳的练习，特别是向赵堡的后起之秀传授赵堡太极拳的技击要领，对赵堡太极拳在赵堡镇的中兴起到了关键性作用。

正当赵堡太极拳蓬勃发展时，“文革”不期而至，太极拳不能公开练习了，大量过去传下的太极拳资料、遗物、兵器等被当做“四旧”销毁，太极拳名师、爱好者被批斗，太极拳的传播又一次遭受挫折。但是，很多赵堡人认为，太极拳是祖上留下的宝贵文化财富，他们在夜深人静时偷偷练习，使得赵堡太极拳在赵堡得以继承下来。

第三阶段。20世纪八九十年代是赵堡太极拳获得发展的高潮期。

改革开放以后，国家对太极拳运动非常重视，提出了挖掘整理民间武术的号召，为赵堡太极拳的发展提供了新的机遇。全国各地的赵堡太极拳传人迎来太极拳发展的春天。几十年来，赵堡太极拳在国内外得到了较为广泛的传播。

1. 在赵堡成立了赵堡太极拳总会，对赵堡太极拳的发展作出了整体规划

1980年，改革开放不久，在赵堡乡党委、政府的支持下，成立了赵堡太极拳总会，会长由赵堡村领导吴金增担任，副会长有侯魏邦、王海洲、陈学忠、王庆升、郑钧等人，秘书长刘耀森。总会联络了散居在全国各地的赵堡太极拳传人，提出了“进一步弘扬赵堡太极拳、为造福人类作出贡献”的口号。在赵堡村设立13个太极拳授拳点，在中小学设立太极拳课程，安排专人负责收集社会上赵堡太极拳历史上遗留下来的资料、遗物等。并对赵堡太极拳的历史进行系统的整理，拨出经费，成立赵堡太极拳武术队，培养赵堡太极拳人才。

2. 打破赵堡太极拳不出村的村规

过去，赵堡镇有“赵堡太极拳不出村”的村规，多少年来，除了特殊情况外，赵堡太极拳一般不外传，致使赵堡太极拳得不到较大范围的传播，影响了赵堡太极拳的发展。90年代，赵堡太极拳总会对凡是到赵堡镇学拳的人都热情接待，安排拳师教授，并向居住在赵堡镇的太极拳拳师颁发证件，鼓励他们走出赵堡，到全国各地授拳。

3. 出版太极拳著作

赵堡和各地的太极拳传人在国家挖掘整理武术遗产的号召下，将各自得到传授的赵堡太极拳的套路、理论、秘诀整理成书出版。在1991年出版赵堡太极拳著作的有西安侯春秀传人刘会峙的《武当赵堡传统三合一太极拳》，随后就有王海洲的《秘传赵堡太极拳》《杜元化〈太极拳正宗〉考析》《赵堡太极拳诠真》《赵堡太极秘传兵器解读》，郑悟清传人宋蕴华的《赵堡太极拳图谱》，刘瑞的《武当赵堡和式太极拳》，郑伯英传人赵增福的《武当赵堡大架太极拳》《中国赵堡太极》，以及刘荣淦的《精义太极拳——赵堡太极拳健身、养生、技击法》，原宝山的《武当赵堡太极拳大全》，郑瑞的《武当赵堡太极拳小架》，郑琛的《太极拳道》（赵堡太极拳），戚建海的《太极拳技击和炼丹术之奥秘》（赵堡太极拳），林泉宝的《武当赵堡侯氏太极拳与行功心悟》，艾光明、张昱东的《侯氏太极拳》（赵堡太极拳）等。据不完全统计，赵堡太极拳传人陆续出版了近20多部著作，其中王海洲的《赵堡太极拳、太极剑、太极棍、太极单刀、太极春秋大刀、太极散手合编》是赵堡太极拳兵器的代表著作。一些赵堡太极拳的传人也出版了太极拳光盘，人民体育出版社出版了王海洲和他的儿子王长青的赵堡太极拳和兵器的光盘，作为中华武术系列展现工程的项目向全国推荐。这些赵堡太极拳著作和光盘教学片广泛地传播了赵堡太极拳，方便了广大太极拳爱好者和专家对赵堡太极拳的研究和学习、演练。

4. 在国内、国际太极拳赛场和会议上对赵堡太极拳的传播

多年来，全国各地举行了各种太极拳的会议和赛事，赵堡太极拳总会组织赵堡太极拳名家和选手参加。这些名师在各个场合宣传了赵堡太极拳独特的理论和技击方法，引起了国内外太极拳人士的关注。全国有不少省市建立了赵堡太极拳的组织。美国、日本、德国、葡萄牙、韩国、泰国、新加坡、马来西亚等国家和香港、台湾地区的太极拳爱好者来到赵堡镇学拳，一些国家和地区还成立赵堡太极拳研究会。赵堡太极拳的选手在各个级别的比赛中也获得了优异的成绩。早在2000年河北邯郸国际太极拳联谊会上，赵堡太极拳选手一次获得了15枚金牌、24枚银牌、24枚铜牌。目前，赵堡太极拳联盟网站也已网上开播，赵堡太极拳在国内、国际上得到了前所未有的广泛传播。

十、对赵堡太极拳及其陈清平的真正传承史应广而告之

至此，问题就再清楚不过了，问题根本不像一些权威著作和工具书说的那样，甚至还有一些院校的教科书，都是不假思索地一概“据唐豪考证……”。问题出在哪里呢？问题就出在有关武

术行政主管部门及其所谓官员专家的干预，正像于志钧先生在其《中国太极拳史·自序》中讲：

研究太极拳源流，有很多不好处理的问题。最不好处理的问题是，有关武术行政主管的干预，定调“太极拳是明末清初河南省温县陈家沟陈王廷创造的”，酝酿向联合国教科文组织申报“世界非物质文化遗产”，所以不愿意听到不同声音。更严重的问题是扣政治帽子，把不同意见说成是“附会仙、佛、圣人”“封建士大夫”“御用文人”“毒害劳动人民”。我们想“太极拳源流”这样的中性题目，应该回归学术研究来解决，不需要过多的行政干预。

最典型的例子就是由国家有关文化和武术行政主管部门于2007年强行认定，为陈家沟或温县悬挂“太极拳发源地”的匾牌，致使陈家沟弄虚作假建起了“中国太极拳博物馆”，并广泛发展“传承人”和肆意进行“中华太极拳杰出传承人评选”（收费敛财）活动……

假话说千遍，自然就成真的了。由于长期并定调“陈王廷创造太极拳说”，致使一些不明真相的人信以为真，加之又有意掩盖事实、挑拨离间等。譬如再版陈鑫《陈式太极拳图说》时，故意删掉了《杜育万述蒋发受山西师传歌诀》；再版陈子明《陈氏世传太极拳术·陈清平传》时，故意删掉了“张炎”的名字；挑拨离间以和有禄为代表的所谓“和式太极拳”默认归于陈家沟系统之下等。所以，对虚假的揭穿除了要不断进行外，还要大力、广泛宣传，让广大民众都知道真相。

参考资料：

[1] 和有禄，和定乾. 赵堡和式太极拳源流特点及传人[J]. 太极拳（台湾），1998（4）.

[2] 张满宏. 也谈陈清平与赵堡太极拳——兼与李滨先生商榷[J]. 武魂，1994(11).

[3] 周荔裳. 赵堡太极拳考源——太极拳源流考[J]. 太极学报(台湾)，1995(4).

[4] 王震川，谭大江. 孤本残卷秘典 隐世历劫重光——记评赵堡太极拳历史文献的重大发现[J]. 武当，1998(8)(9).

[5] 贾朴. 武秋瀛拳史《跋文》考——兼谈太极拳的创造人[J]. 中华武术，2005(7).

[6] 谭大江. 赵堡太极古传一支惊现天津[J]. 武当，2005(9).

[7] 王海洲. 对赵堡太极拳源流史中有关人事的调研[J]. 武当，2006(1).

[8] 陈子明.陈氏世传太极拳术[M]. 1932.

[9] 王海洲，严翰秀. 赵堡太极拳诠真[M]. 北京：人民体育出版社，2003.

[10] 于志钧. 中国太极拳史[M]. 中国人民大学出版社，2012.

[11] 李师融，李万斌，刘晔挺. 太极拳源流与发展研究[M]. 台湾；逸文武术文化有限公司，2012.

陈氏“新架”与“赵堡架”太极拳源流研究

陈氏新架太极拳说，始于唐豪先生。1930年他在陈氏族人陈子明的陪同下去陈家沟访问，撰写了“太极拳的发展及其源流”一文，其中讲：

陈沟新架十三势的编者是陈氏十四世陈有本，他和陈长兴同辈。这个上承老架而又发展为新架的传拳世系如下；

<table>
<tr><td rowspan="3">……陈公兆</td><td>陈有恒</td><td></td><td></td></tr>
<tr><td rowspan="2">陈有本</td><td>陈伯甡</td><td>陈森</td></tr>
<tr><td>陈仲甡
陈季甡</td><td>陈鑫—陈春元</td></tr>
</table>

表中的陈春元就地查出，其余诸人在《陈氏家谱》上都注有拳师等字样。

这里唐豪先生既没有说明陈有本编新架的依据和理由，也没有提到还有何人创编新架，但时隔仅仅四五十年的功夫，新架的编者又相继出现了陈长兴、陈清平、陈有平等多人，这究竟是怎么回事？为了弄清太极拳的源流、“新架”的继承和发展，本文将作一考察，以求教于方家。

一、“新架”编者说

（1）新架据说是陈有本所创，架式与老架一样宽大，逐渐扬弃了某些高难度的动作。陈家沟人称为“略”。有本的门徒族侄青萍（清平），也创造了一套架式小巧紧凑，动作缓慢，练会后逐步加圈，在不改变套路的原则下，由简到繁，以致极为复杂，逐步提高拳艺的技巧难度。陈家沟人称为“圈”，因为青萍赘婿于赵堡镇，遂在那里教拳，所以又称赵堡架（见顾留馨太极拳术上海教育出版社，1982；356.）。

（2）陈氏新架套路有两种，一种是陈有平（陈长兴同时代人）编造，架式较老架小，取掉原有某些高难动作，陈家沟人称“小圈架”（老架子称大圈架）。后传至有本族侄陈鑫。另一种是有本的弟子，陈清平创编的……（见顾留馨. 五式太极拳. 武当，1998（2））。

（3）陈式新架太极拳系由河南温县陈家沟陈氏十九世太极拳名师陈长兴，在陈式“老架”太极拳的基础上，去其刚烈、跳跃等动作创编而成。陈式新架太极拳架式宽大低沉，动作柔和平稳，尤其适合年老体弱者习练。后来，陈之族姓陈清萍（清平）又在新架的基础上另创一套小巧紧凑的拳架，为陈式“新架”中的“小架”。又因陈青萍入赘于赵堡镇，故于称之为“赵堡架”（见郝心莲. 中华武术实用百科. 北京体院出版社，1991：262.）。

关于陈长兴是否创编了“新架”，他的一脉承传人陈照奎

（陈长兴的玄孙）先生在其《陈氏太极拳体用全书》[1]中，给了明确的回答——“有人将陈发科所传之拳架称为新架，陈老师认为这是不对的”。陈长兴、陈耕耘、陈延熙、陈发科、陈照奎一脉相传的只有陈氏老架83式太极拳和71式炮捶。

对于陈有平编造“新架”的问题，至今我们还查无实处，现找遍陈氏拳械所有的出版物、拳谱、歌诀、《陈氏家乘》以及顾留馨先生于1982年出版的《太极拳术》和以前出版的《陈式太极拳》《太极拳研究》或陈氏太极拳传递表之类，均找不到陈有平其人，以及编造陈氏“新架”的蛛丝马迹。由此看来，顾先生晚年很可能又犯了一个错误。因为以前亦曾错把辽东巡按御史兼监军御史陈王廷之功名，张冠李戴于陈沟陈王廷名上。后来顾先生不得不于1980年6月9日《体育报》上以题为“太极武踪小探读后”对误合两个陈王廷作了纠正[2]。

尽管唐豪先生80年代仅提陈有本创编“新架”，而没有说明创编的理由，但是陈有本、陈仲甡、陈鑫一脉相传的拳架还是可以找到的，这就是陈鑫用了12年时间所著的《陈氏太极拳图说》一书的拳架。

陈清平是否为陈有本的门人，是否也编了另一套“新架”，以及是否为“赘婿”于赵堡镇，是否教出了“赵堡太极拳”等问题，我们将在后文进行分析。

二、陈鑫架与杜元化架的比较

从上述的分析以及唐豪先生的观点来看，现在只有陈鑫的拳架可以代表陈氏“新架”，陈鑫架现在尽管无人会练，但在他的

《陈氏太极拳图说》中，却给我们留下了文字和图形的记录，已不难考查。那么，被顾先生命名为陈氏“新架”的另一套架子，即所谓陈清平编的“圈”架，也不难考查，这就是陈清平、陈景阳、任长春至杜元化一系，载于杜元化《太极拳正宗》中的拳架。此不但有图解，而且有该拳之源流说明（现在的赵堡传人也都在练）。

本世纪初，陈家沟人陈鑫为阐发祖辈练拳经验写成了《陈氏太极拳图说》一书（以下简称《图说》）。1932年，在河南省国术馆馆长陈泮岭资助下，1933年在开封出版，公开了陈氏“新架”太极拳的内容。

与此同时，在河南省国术馆任教的沁阳义庄人杜元化（字育万），撰成《太极拳正宗》一书（以下简称《正宗》），陈泮岭馆长特为此作序，于1935年春在开封出版，首次公开了部分赵堡太极拳的内容。

20世纪30年代出版的这两本书，是陈氏“新架”太极拳和赵堡太极拳较为原始的记录，为我们研究和探索陈氏“新架”太极拳和赵堡太极拳理法及其渊源关系提供了极为可贵的、最为直接的史料。这两本书中所绘制的拳势图都极为相似，尤其是金刚捣碓、单鞭、白鹅亮翅、搂膝拗步、野马分宗、闪通背、倒卷肱、掩手肱捶、铺地锦、十字脚等拳势动作则完全相同。唯不同的是《正宗》公开了“背丝扣”理论，《图说》出现了“缠丝精”的新概念。

《太极拳正宗》与《陈氏太极拳图说》势名对照

《正宗》太极拳目录		《图说》太极拳十三势分布	
第一节	金刚捣碓，懒擦衣单鞭、变金刚捣碓	第一势	金刚捣碓
第二节	白鹅亮翅、搂膝拗步、斜行拗步、建前堂	第二势	揽擦衣、单鞭、金刚捣碓
第三节	披身捶、合手、出手、肘底看拳、倒卷肱、白鹅亮翅、搂膝拗步	第三势	白鹅亮翅、搂膝拗步
第四节	闪通背、单鞭、云手、高探马	第四势	初收、斜行拗步
第五节	左侧脚、右侧脚抱月蹬根	第五势	再收、堂拗步、演手肱捶、金刚捣碓
第六节	青龙出水、二起、杯中抱膝、踢一脚、蹬一根、 掩手捶、抱头推山、单鞭	第六势	披身捶、背折靠、肘底看拳、倒卷肱、白鹅亮翅、搂膝拗步
第七节	前照、后照、勒马势、 野马分鬃、 探马势、玉女穿梭、背折靠	第七势	闪通背、演手捶、揽擦衣、单鞭

（续表）

《正宗》太极拳目录		《图说》太极拳十三势分布	
第八节	单鞭、云手、跌叉	第八势	上云手、高探马、左右插脚、中单鞭、下演手、二起脚、兽头势、踢一脚、蹬一根、演手捶、小擒拿、抱头推山、单鞭
第九节	更鸡独立、朝天蹬倒捻后、白鹅亮翅、搂膝拗步	第九势	前招、后招、野马分宗、单鞭、玉女穿梭、揽擦衣、单鞭
第十节	闪通背、单鞭、云手、变高探马	第十势	中云手、摆脚、一堂蛇、金鸡独立、朝天蹬、倒卷帘、白鹅亮翅、搂膝拗步、闪通背、演手捶、揽擦衣、单鞭
第十一节	十字脚、单摆脚指裆捶、金刚捣碓	第十一势	下云手、高探马、十字脚、指裆捶、青龙出水、单鞭
第十二节	懒擦衣、铺地锦挽刺行、回头探花	第十二势	铺地锦、上步七星、下步跨虎
第十三节	单鞭、铺地锦、上步刺行、卸步挎弧、转脸摆脚、当头炮、还原	第十三势	摆脚、当头炮

《正宗》13节，共64势，《图说》13势（亦称十三势分节）共66势。两个拳架仅为分节化法和个别名称有差异，整体

上从头至尾是一脉相承，酷似孪生兄弟。除此请再看《图说》与《正宗》拳势图的比较，便会一目了然。

《图说》与《正宗》拳势比较

『正宗』拳势图					
	金刚捣碓	单鞭	白鹅亮翅	搂膝拗步	掩手捶

	倒卷肱	野马分鬃	铺地锦	十字脚	蹬脚
『图说』拳势图	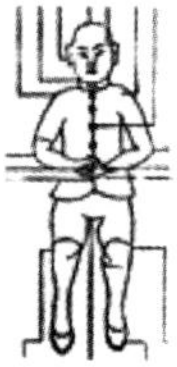				
	金刚捣碓	单鞭	白鹅亮翅	搂膝拗步	演手捶

	倒卷肱	野马分鬃	铺地锦	十字脚	蹬脚

由此已不难看出，《图说》陈有本至陈鑫架，《正宗》陈清平至杜元化架，实宗一师之传无疑，正如太极拳史学家吴文翰先生所指出“可证明他们是同出一源”[3]。

三、陈清平与陈沟、赵堡两处太极拳的关系

陈清平是太极拳史研究中的关键人物，因为他虽不是陈家沟人，但却属陈氏家族，是和陈长兴齐名的一代太极拳宗师，并传拳给武禹襄，武氏又创始著名的武式太极拳。

（一）陈清平和陈沟太极拳的关系

（1）从上述唐豪先生1930年去陈沟调查后所列出的“这个上承老架而又发展为新架的传拳世系”中，看不出陈有本传陈清平。

（2）被顾留馨先生誉为“陈氏太极拳源流最可考信之直接史料”的《陈氏家谱》[4]中，唯独赫赫有名的陈清平既不见其名、又不见其注。请看顾先生下面原文部分：

……三十六页十三世秉士、秉旺旁注：拳手可师。十四世长兴旁注：拳师。十五世耕耘旁注：拳手。四十五页十三世公兆重注：拳手可师、大家。十四世有恒旁注：拳手大家。有本旁注：拳手最高，教侄出众。十五世伯甡、仲甡、季甡、旁注：此三人拳术最优，仲甡、季甡旁合注神手二字。十四世巽旁注：拳手可师。四十六页鹏旁注：拳手可师。五十一页十五世仲甡旁注：武生，文武皆全；季旁注：拳手神妙；二人名下又合注拳师神妙。十六世　旁注：武生。淼、垚下合注：拳师最优。鑫旁注：文武

皆通。末有“我高曾祖父文兼拳最优。森批”字样[5]。

此处就根本找不到森批陈清平的情况。

（3）顾留馨在其《太极拳术》中，曾根据《陈氏家谱》和陈鑫《陈氏家乘》稿本，列出了《陈家沟陈氏拳家世系简表》和“附注”[6]。其中虽将陈清平列于陈有本名下（仅有陈清平一人），但并没有“注以X符号”（顾先生在“附注”中曾云：“本表称《陈家沟陈氏拳》世系简表”者以陈氏后裔浩繁，自陈王廷创造太极拳后，族人累代习其拳，无分男女，谱中凡拳技著名者，始旁注拳手、拳师、拳手可师、拳最好等字样，表中注以X符号）。

（4）唯一能见到陈清平为陈有本门人的只有陈鑫所著《陈氏家乘》。其中讲：“有本习太极拳，尤得骊珠。子侄之艺，皆其所成就。风度谦冲，常若有所不及。当时精太极拳者率出其门。有本门人陈清平、陈有伦、陈奉章、陈三德、陈廷栋均有所得。清平传赵堡镇和兆元、张开、张睾山。”

但是，根据今人的研究结果[7]可证，陈鑫《陈氏家乘》的可信程度极小，因为它是“陈鑫在《陈氏家谱》之外，为了捞取太极拳“陈家传”的功名而“有意加编”的。其理由大致如下：

第一，《陈氏家谱》与《陈氏家乘》的重大差别在于有无太极拳一词。陈氏家谱是1930年唐豪去陈家沟调查太极拳源流时得之于陈氏族人陈槐三家藏，当时陈槐三已亡故。陈槐三（淮三）即陈淼，同治六年（1867）御贼中阵亡。他是陈鑫的堂兄弟。《陈氏家乘》是陈鑫根据《家谱》编写的，是与《陈氏太极拳图说》同时编写的，时间当为1908—1919年或者更晚一些。

《陈氏家谱》：

陈王廷（奏庭），陈氏拳手。陈继夏，拳手可师。陈敬伯（柏），拳手可师。陈鹏，拳手可师。陈长兴，拳师。陈耕耘，拳手。陈有恒，拳师。陈有本，拳师。陈衡山，拳最好。

《陈氏家乘》：

陈王廷（奏庭），精太极拳。陈继夏，精太极拳。陈敬伯（柏），好太极拳。陈鹏，习太极拳入妙。陈长兴，传其父学。陈耕耘，能世其（指其父陈长兴——笔者）业。陈有恒，精太极拳。陈有本，精太极拳。陈衡山，精太极拳。

《陈氏家谱》是陈沟陈氏族人按期接续的，称谓“续家谱”，非出自陈鑫之手。陈衡山曾参加咸丰三年（1853）柳林之役的战斗，据此推算，续到他这里，按三十余年一代人习俗，约在1855年前后。这时陈鑫是个六周岁的娃娃，不可能参与此事。对比两者，我们就发现一个非常奇怪的现象：由历代陈氏族人接修的《家谱》，对陈王廷等人均注为“拳师”“拳手可师”“拳手”“拳最好”等字样；而《家乘》中这些小注一股脑全改成“精太极拳”“善太极拳”“好太极拳”“太极拳入妙”等字样。可见《家乘》提供的是伪证，不可信。

第二，陈鑫不善太极拳而著《陈氏太极拳图》说[8]。

陈鑫编写《图说》的时间是从光绪三十四年（1908）年到民国八年（1919）年，历时12年。这时，他从58岁到70岁。陈鑫曾说过，他既不会太极拳，也不会炮捶[9]。这在他的《自序》中讲得非常明白，他说：“我先大人命我先兄讳垚习武，命愚习文。习武者武有可观；习文者文无所就，是诚予之罪也。夫所可幸者，少小侍侧，耳闻目见熏蒸日久，窃于是艺，管窥一般。虽未通法华三昧，而于是艺仅得枝叶，其中妙理循环，亦时觉有趣。迄今老大已七十有余。苟不即吾之一知半解，传述于后，不且又加一幸哉。”他说现在已七十多岁了，只是一知半解。这不是谦词，实际如此。这种情况，在《图说》中，到处都有暴露。陈鑫既然不习武，编写《图说》必须有人帮助他，而对此他忌讳莫深，绝口不提。证明陈鑫的族系城府之深（有人撰文说杜元化并为陈鑫编著了《陈氏太极拳图说》一书[10]，我们认为不是编著而是帮助）。

第三，《图说》的理论核心“缠丝精”是反经络学说的[9]。

《图说》的理论核心是所谓“缠丝精”。这是陈鑫根据他对“河图”“洛书”的理解提出来的新概念。

陈鑫并不精医术，这在南阳张嘉谋为其写的《墓铭》中讲得十分清楚。然而，他在《图说》中不惜篇幅，大量抄录原理的目的是为了表明他的拳与经络学说的关系。他列出了十二正经和奇经八脉之四，与拳没有任何联系，让人坠入五里迷雾之中。陈鑫在经络之外，提出了“精”的概念。他这个“精”，不循经络而运动，却穿经跳络在人身上缠来绕去（亦看不见，摸不着），有如游丝，于是命名为“缠丝精”。这可是一大“发明”。其实“缠丝精”，陈鑫不是从“河图”中悟出来的，乃是从长拳108式《拳经总歌》中“诸靠缠绕我皆依”得来的启示，套到“河图”上去的。陈鑫说：“太极拳缠丝法也。”他把“缠丝”扩大到整个太极拳，这是以偏盖全，对太极拳的倒退。太极拳的动作，如曲伸、开合、吞吐、收发、进退、顾盼、走化、松弹等，都不能用“缠丝”概括，怎么能说“太极拳缠丝法”呢。

陈鑫杜撰的“缠丝精”完全破坏了人体经络系统，不循经络运行，而从一个经系跳到另一个经系，跳来跳去。试问，气血不循经络运行，那么循的是什么路线？经络是科学而不是迷信。“缠丝精”是什么呢？它貌似是符合经络学说，也确实不惜篇幅抄了一大堆经络学说的原理，但是，它实质是反经络学说的伪说，欺人之谈。

第四，陈鑫远没有理解《易》的本质，去《易》远矣，缘何能说他“以易理说拳理”[9]？

《易》的原理是辨证法。《系辞下》说："易之为书也，不可远；为道也屡迁。变动不居，周流六虚，上下无常，刚柔相易，不可为典要，唯变所适。"说《易》这本书不是永远不变的，《易》作为法则一直在变，不拘形式，变通在爻之间，上下两卦变化无常，刚柔相变换，不可作为死教条，只有随着变化采取适当的对应措施，这正是太极拳的指导思想。王宗岳《太极拳论》中有："懂劲后，愈练愈精，默识揣默（摩），渐至从心所欲。本是舍己从人，多误舍近求远，所谓差之毫厘、谬以千里，学者不可不详辨焉。"陈鑫把三千年前的卜辞当作固定不变的教条，硬往太极拳上套，完全违背了《易》理。

由上述情况，可以认为陈鑫在《陈氏家乘》中，有意列陈清平于陈有本门下，并为第一人，也是为了制造赵堡太极拳"陈家沟传"的假史，与他加编《陈氏家乘》之目的是一致的（同时，所谓陈王廷"遗词"也很有可能出于陈鑫伪造）。

（二）陈清平和赵堡太极拳的关系

（1）《正宗》载，赵堡镇原来就有太极拳名师，其历代传承大系是，蒋发—邢喜槐—张楚臣—陈敬柏—张宗禹等。《正宗·武当太极拳溯始》中说，赵堡镇邢喜槐从蒋发学而传同盟弟张楚臣。"张楚臣先生，原籍山西人也，初在赵堡镇以开鲜菜铺为业，后骏发，改作粮行，察本镇陈敬柏先生人品端正，凡事可靠，所以将此术全盘授之。其后，陈先生欲扩张此术，广收门徒至八百余，能得其一技之长者一十六人，能得其大概者八人，能统其道者，唯张宗禹先生一人，其后，传给其孙张先生彦。彦先生又传给陈先生清平。清平先生传给其子景阳及历代传人很多……不能备载"。

（2）赵堡太极拳不但由来已久，而且经久不衰。

赵堡太极拳由来已久，它始源于明末清初，时王宗岳去郑州经商，路过赵堡之永安寺而收蒋发为徒，带至山西学艺。蒋发从山西学成拳艺归里首传邢喜槐（怀），之后邢又传张楚臣，张又传陈敬柏，陈又传张宗禹，张又传张彦，彦先生又传给陈清平，共计传了七代。之后，陈清平又传给陈景阳、和兆元、任长春、武禹襄等人。任长春、张敬芝则又传杜元化等人，近、现代又有陈应铭、侯春秀、和敬芝、和庆台、陈学忠、侯占国、刘会峙、郑伯英、郑悟清、和学信、和学俭、任之义、张宏道、郑瑞、郑钧、王庆升、刘小凯、赵策、宋蕴华、王海洲、戚建海、刘瑞、李随成、王喜元、侯转运等一大批颇有名望的赵堡太极拳传人。早在清康熙年间，四皇子胤禛（雍正皇帝）曾慕名来到赵堡，为褒扬赵堡太极拳技，特为赵堡之关帝庙题写了“乾坤正气”四个大字。

尤须提及，邢公喜槐（怀），天资聪颖，敏而好学，久练拳艺，深悟其理，将赵堡太极拳练达炉火纯青境地，遂将赵堡太极拳演变成三种架子——代理、领落、腾挪。后，张彦将此三种架子悉心传授于儿子张应昌和高足陈清平。清平传和兆元、李景颜等人。张应昌以领落架最为擅长，和兆元以代理架为最，腾挪架以李景颜而冠其首。

侯春秀、郑悟清、郑伯英等先后在西北地区，尤其在陕西省省会西安市传授赵堡太极拳艺，从学者遍及海内外，脱颖而出者不可胜计。郑悟清之高足宋蕴华在1991年5月出版了专著《赵堡太极拳图谱》，刘瑞于1995年出版了《武当赵堡和式太极拳》。侯春秀之高足刘会峙亦出版了《武当赵堡传统三合一太极拳》一书，张洪道之高足王海洲也出版了《秘传赵堡太极拳》《赵堡太极拳械合编》，赵增福出版了《武当赵堡大架太极拳》

和《中国赵堡太极》，尤其是王海洲已成为全国十大太极拳名家之一[11]。

（3）陈清平并没有自创“圈”架，这是不知实情人的误会。

顾留馨先生以架式小巧紧凑、动作缓慢、练后逐步加圈的拳艺特征，认为陈清平创编了“赵堡架”。这实际上又是一个误会。由《正宗》和上述情况可知，陈清平没有创编“赵堡架”，他所演练的是张彦传授的赵堡太极拳。初学赵堡太极时，拳架开展大方，速度较快，重点练着熟的劲路及活动筋骨。待拳架定型后，随着功夫的纯熟、年龄的增长，可适当地减缓速度，缩小拳架，由外带里，由内达外，在不改变原套路的原则下，按照蒋发秘传《总歌》（一圆即太极，上下分两仪，进退呈四象，开合是乾坤，出入综坎离，领落错震巽，迎抵推艮兑），拳架中每势练够十三个字（一圆、上下、进退、开合、领落、迎抵），亦称十三样手法，逐层加深。当练至第八层“背丝扣”（又称连联）时，“背丝扣”顺逆S形太极图，在全身各大关节自然呈现，即所谓无极而太极，此时拳架极为复杂，是为登堂入室之征象也。旁观者，以为“练后加圈”。看来顾留馨不知赵堡尚有蒋发太极拳《总歌》及“背丝扣”理论的秘传，便以陈清平当年走架风韵与众不同为依据，误以为陈清平创造了新架——赵堡架。

（4）陈清平赘婿于赵堡镇一说与史实不符。

陈清平是温县陈家沟陈卜第15世孙，其父锡辂在其祖父万拔、叔祖父万选时，因故移居陈家沟东邻王圪垱村。

当时，赵堡镇较大，商业较繁荣，又是交通中心，南来北往的客商大都在赵堡镇落脚做生意。陈清平的父亲锡辂，便在赵堡镇租了一个地方做起了粮食生意。其父下世后，清平继承父业，接着做粮食生意。由于他对远来近到的商贩、乡亲，老不欺，少不瞒，生意便兴隆起来。于是便在赵堡镇关帝庙。逐渐置地，建筑房屋60余间，在其周围购置田地200余亩。这样，他就在赵堡镇定居下来。陈清平下世后，其子河阳、汉阳，继续在赵堡经营粮行，现家中仍放着当时用的方斗。

在封建社会里，礼教是相当严酷的。在那个社会中，赘出去的人，倒嫁是要更名换姓的（现在的农村许多地方仍是这样），并且在原籍家中的家谱上不再延续子孙。

陈清平一是没有改名换姓，二是其子孙后代一直在陈氏一脉的家谱上延续。陈清平直系十九代后人陈运通、陈中祥，每年春节都要到王圪垱村祭祖拜年，团聚叙谈。另一方面，在当时被赘出去的人，都是家境贫寒者，娶不上妻子，方才做上门女婿。而陈家产丰厚，娶了三房妻室（朱氏、侯氏、王氏）。众多事实都说明了陈清平不是赘婿赵堡[12]。

（5）并非陈清平到赵堡后赵堡才有了太极拳——赵堡架。

从众多赵堡太极传人的传谱、秘谱、抄本、论谱以及杜元化《太极拳正宗》等材料证明，陈清平以前，太极拳在赵堡已传了六代。现先以陈敬柏的有关资料为证，陈敬柏家谱记载，陈敬柏家由其祖父陈文举从陈伯庄迁入赵堡，家谱中有《敬伯公传》曰："陈堪，又名敬伯，字长青，生于康熙丁亥年（1707），卒于乾隆辛亥（1791），理精太极，已达妙手神化境也。"可证陈清平以前赵堡有太极拳。陈敬柏已是一代宗师，这是尽人皆知的史实。

后以《武当》杂志在1998年第八、九两期连载的王震川献稿、谭大江校评，题为"孤本残卷秘典、隐世历劫重光——记评赵堡太极拳历史文献的重大新发现"的重大消息[9]为证，更可说明问题。这次发掘出的古本赵堡《太极秘术》残本，使人"不看不知道，一看拍案叫"。因为这本古籍秘本不可辨驳说明它是赵堡太极拳极其珍贵的一份历史文献，它填补了赵堡太极拳历史资料的关键空白，为研究赵堡太极拳的源流和有关人物与理论著述，以及与陈式太极拳的关系等问题，提供了极为难得而有力的证据。因为第一，《太极秘术》残本之“原序”的作者王柏青，在开篇第一句便说：“余从师于温州张楚臣。”其中又言到：“余秘而习之已历四十余载。”落款是“雍正六年冬月，愚叟王柏青留示”。雍正六年即公元1728年，“愚叟”之自称，表明作序的王柏青当时已是七八十岁的老人，他的生年则应在公元1653年左右，即清顺治十年左右。这时正是清朝初期，王柏青为赵堡太极第四代传人，以他的生年往前推三代（张楚臣、邢喜怀、蒋发），推至蒋发的生年明朝万历二年（传统一贯的说法），即公元1574年，其间有80年左右，三代间隔平均时间是二十七八年，这非常吻合于蒋发生于明万历二年这个时段事实。这一史料证明了赵堡太极传人对于蒋发生平年代历来的说法，毫无疑义是正确无误的。第二，《太极秘术》残本，保存下来了第二代传人邢喜怀的《太极拳道》《太极拳说》二篇，第三代传人张楚臣的《太极拳秘传》一篇，第四代传人王柏青的《太极丹功义诠》《太极丹功要术》二篇。这些太极拳经的新发现，使赵堡太极的理论体系与承传关系得到了进一步的充实和完善。第三，赵堡太极的历史传承，既不是保守的，也不是单传的。王柏青在《太极秘术》序中明确言道：“余从师于温州张楚臣。老师曰：是术得之于道门，精微□□□不可言传之妙。德不修者不与之，名利重者难成之，才不足□□□之。故择者不易，尔宜慎密勿惰。”此段叙述说明王柏青和陈敬柏一样，同为张楚臣的入室弟子。现在所知，一代蒋发曾传艺给陈沟陈王廷，三代张楚臣传艺给王柏青，四代陈敬柏传艺给陈沟陈秉旺、陈公兆[14]，六代张彦传张应昌和陈清平，七代陈清平传和兆元与永年人武禹襄等均非单传。第四，《太极秘术》的留世是得自于非太极门派的医家，它保证了该史料来源的真实可靠性。

（6）陈清平学的是赵堡太极，传的也是赵堡太极，并非什么“陈氏新架”！

这一点现今陈清平一脉相传下来的众多门徒均可以得到证明，不管是郑悟清、郑瑞的《武当赵堡和式太极拳阐秘》，宋蕴华的《赵堡太极拳图谱》，还是王海洲的《秘传赵堡太极拳》，和少平的《和式太极拳七十二式图说》，以及张彦、张应昌、张汶、张金梅、张敬之、侯春秀一脉相传至刘会峙的《武当赵堡传统三合一太极拳》，无不表明陈清平学的是赵堡拳，教的也是赵堡拳。

如果说陈清平在赵堡传的是陈沟太极（史实是没有），那么，为何陈清平在赵堡传拳时不将赵堡之说推倒，而立陈卜（始祖）、陈王廷（九世祖）为太极拳创始人呢？反而还要传其徒武禹襄说太极拳始自张三丰[9]、传门人说蒋发学拳于山西王宗岳呢？陈清平又未另立门户，自己所传为什么不称为陈氏太极拳或陈氏什么架，而称武当派？武术中所分门派历史已久，却甘愿做赵堡太极拳的一代传人。

再者，古来武林中最重师承，既然杨露禅学于陈沟门中，陈沟在传授太极源流时是怎样说的呢？如陈长兴传杨露禅“陈卜”或“陈王廷”是太极拳的创始人，杨师绝不会违师所传，而尊“张三丰创太极拳”。虽然在拳艺上独具风格可自成一派，但都承认师传，决不会数典忘祖，违背历史事实。这样看来，陈长兴是根据历史传授——张三丰是太极拳的创始人，王宗岳传蒋发，蒋发再传陈王廷，后至陈长兴、杨露禅。不仅如此，而且这也表明，陈长兴以前也是承认上说这一历史的[16]。

（7）陈发科时代亦未见陈清平或陈沟创（编）太极拳说。

1928年，许禹生将陈沟太极拳掌门人陈发科请去北京教拳的时候，正是太极拳声名显赫的时期，并且陈发科的武功亦非同一般，这是当时北京武术界尽人皆知的事。但唯独没有陈发科讲太极拳乃陈家所创和陈清平编赵堡架一说，这在他当时教过的许多学生的言词和态度中，便可以看出一斑。譬如著名的太极拳家、陈发科的学生沈家祯所说“太极拳为张三丰创造”，承认太极拳是王宗岳传蒋发，蒋发传陈沟。请看下面引证：

日本《武术》杂志1986年第1期曾刊载日本学者撰写的“顾留馨老师访问追记”一文[17]。此文中顾留馨讲：

……曾引起了很大的争论。争论是从太极拳起源引起的，有些人说太极拳由张三丰创造，与我合作编书的沈家祯先生，比我年高，学识渊博，亦主张太极拳为张三丰所造之说，我则坚决反对……

沈家祯、顾留馨同为陈发科的学生，此足以证明陈发科并没有讲过太极拳为陈沟或陈氏家人所编（创），对于传统的张三丰、王宗岳、蒋发源流说至少是默认的。

（8）陈清平和赵堡太极拳传人均拥有王宗岳《太极拳谱》，而陈沟却无。

第一，陈清平和赵堡太极拳传人拥有王宗岳《太极拳谱》，现已得到当今赵堡太极拳协会、和氏太极拳第六代传人和有禄珍藏的太极拳古秘抄本的证实。因为其中有：《太极拳论》附“长拳者如长江大海，滔滔不绝也……原注云此系武当山张三峰老师遗论，欲天下豪杰延年益寿，不徒作技艺之末也”。《太极拳经》（附注山右王宗岳遗著）、《十三势歌》《十三势行功心解》《打手歌》《太极拳正宗论五字妙诀》《撒放密诀，擎引松放四字》《走架打手行功要言》及陈清平作《太极拳架六要及歌诀六首》等与武氏抄本对照，可明显看出武氏及其传人对其进行了修改、润色和补充的渊源关系。

第二，陈清平曾传王宗岳《太极拳谱》于武禹襄这一史实，亦可以得到现今武式太极拳传人的证实。著名的武式太极拳传人乔松茂、薛乃印曾发表“武式太极拳的源流及特点[18]”“武式太极拳见闻浅录”[19]等文章，公开说明这一情况。现照录于下，以证史实：

武式太极拳是由清代永年人武河清在原赵堡太极拳的基础上加以改创，由其外甥李亦畬进一步完善。

武式太极拳始祖武河清，字禹襄（1812—1880），永年广府城内东街人。长兄澄清，字秋瀛，官任河南舞阳县知县。次兄汝清，字酌堂，清刑部员外郎。兄弟三人自幼从父习洪拳，家颇富有，并于永年广府城内东西两街各开茶庄一处。后将两茶庄合并，腾出西街市房租给河南温县陈家沟陈姓经售药材，店名太和堂。禹襄和其兄见其店伙计均习太极拳，轻灵巧妙与已所习迥然不同，遂以客东之谊求授。虽习数年，而奥妙难终晓悟。素闻河南赵堡镇陈清平拳艺精湛，禹襄乃于赴兄任所之便访而从学。正值陈师有售出土地未拨丁名之忧和受人诬告入狱杀身之难，禹襄通过在舞阳当知县的兄长武秋瀛，代为奔走而解之。陈师甚感其恩，随倾心授艺相报，体示口解，备极详尽。

陈师所授拳技与禹襄从太和堂学得的拳架大不相同，禹襄边学边练，并将所学拳理、拳诀作出札记，昼夜研习（四十余日），悉得其髓，理法尽知。复将陈师所赠的王宗岳《太极拳论》《太极拳势概要图》《拳论》一并抄绘携归。与其甥李亦畬、李启轩（如获至宝）一同研习，两年后技艺骤进，理法大明，窍要尽能施于身（复在原拳架的基础上加以改创，辗转三载，方成今貌）。

由上述情况看，李亦畬当年在“跋”中讲，王宗岳《太极拳谱》得自于舞阳盐店，现在看来可能是个托词，因为并没有说清盐店的确切位置和详细地址，谁也不可能找到。可想而知，武、李这样做的目的也正是好心保护陈清平，不至于给他带来麻烦！

第三，武氏一脉传人郝少如先生所著《武式太极拳》一书，“附录一”有“李亦畬先生于1881年抄赠郝为真的王宗岳《太极拳谱》全文”的题名，而非命名“武氏《太极拳谱》全文”，这足以证明《太极拳谱》内文应为王宗岳所传流（对照郝和珍藏本的影印件，亦不难看出）。

第四，陈沟除了得王宗岳的《打手歌》不全外，其余王宗岳《太极拳谱》的内容，也都未曾得到。如唐豪先生在“廉让堂本《太极拳谱》考释”中说：“陈沟无王宗岳《太极拳论》及《太极拳释名》，亦无《十三势行功歌》。”

以上足以说明，陈清平是得赵堡之传，而非陈沟。既没有赘婿，也没有创赵堡架，更没有教授什么陈沟“新架”。所有强加于陈清平头上的不实之词，均出于别有用心之人的附会和捏造（这和“误合”两个陈王廷，以捞取功名，和虚张陈沟声势是一个手法）。

四、陈氏“新架”太极拳源于赵堡

近代太极拳新流派、新拳架（能形成一套理论）的产生，有其时代背景和特殊环境相配合，一般都要具备两个条件：第一，新流派创始人的功力与智慧是超人的，多为文武兼备的一代名师，是公认的杰出人物。第二，出师后，善交各门派名流，能博采众长，为己所用。对本门拳术的创新和发展有独特贡献，被传人奉为一代宗师，是推崇备至的人物。

陈有本、陈清平仅具备上述第一条。二陈作为杰出的名师被当时乡人所推崇。可是，他们久居陈沟、赵堡，长期守在父辈或名师身边，受封建伦理门规的制约及师兄弟的羁绊，要创编新架也难以实现。与此相反，近代太极拳各流派的创始人如杨露禅投师于陈沟陈长兴，创杨氏太极拳于北京；和兆元拜师于赵堡陈清平，创和氏太极拳于北京；武禹襄从师于陈清平，创武氏太极拳于永年；吴鉴泉从父学艺于北京、广交拳界朋友，创吴氏太极拳于上海；孙禄堂拜郝为真为师，集形意、八卦之长，创孙式太极拳于北京。著名的内家拳，形意拳和八卦掌新流派的诞生，基本上也都具备上述两个条件。因此，我们认为，所谓陈有本、陈清平创新架之说，既不具备上述的两个条件，又无任何根据，只能是某些人的道听途说和主观臆想而已。

赵堡太极拳传至清乾隆年间，陈敬柏的确是出类拔萃的人物，他巩固、振兴了赵堡太极拳的地位，并将其推向鼎盛时期，被认为是赵堡太极拳的奠基人。据杜元化《太极拳正宗》中记载："张楚臣先生，原籍山西人也，初在赵堡镇以开鲜菜铺为业，后骏发，改作粮行。察本镇陈敬伯（柏）先生，人品端正，凡事可靠，所以将其术全盘授之。其后，陈先生欲扩此术，广收门徒800余人，能得一技之长者16人，能得其大概者8人，能统其道者，唯张宗禹先生1人。"《敬伯公传》也记其"生于康熙丁亥（1707）年，卒于乾隆辛亥（1791）年，理精太极，已达妙手神化之境也"。日本武术学者松田隆智也在其著《中国武术史略》一书中又讲："陈敬伯（柏）12世，字长青，乾隆初人，精太极。去山东做保镖，仅18岁即任抚宪官，多次立功。在青州府曾打败少林派著名拳师王定国，与山东名手几次比武，均未败北，从而名闻远近。"

从上述记载可以看出，陈敬柏在乾隆年间，是位赫赫有名、威振四方的人物，太极功夫已达妙手神化之境，以"盖山东"而闻名远近。为弘扬赵堡太极拳，数十年广收门徒800余人。有关陈敬柏的奇闻轶事，至今在赵堡、陈沟都传为佳话。陈敬柏生于康熙45年，乾隆初已入而立之年，卒于乾隆55年，享年84岁。属乾隆初人应无异议。众所周知，赵堡与陈沟乃属近邻，这位威振四方的太极妙手所处特殊环境，业已构成其将赵堡太极拳传入陈沟的可能，原因如下：

（1）据陈氏家谱反映，乾隆年间陈王廷所传的架子，在陈沟未出现较著名的拳师。时逢陈王廷一系人才断层，出现了低谷，这就促成了陈敬伯太极拳传入陈沟的良好契机。

（2）古人最重师承，赵堡镇的张楚臣是陈敬柏的恩师，邢喜怀是陈的师爷。应当说陈敬柏是清楚的，在当时也是人所共知。在太极拳归宗认祖问题上，赵堡与陈沟是一致的，彼此亦能和睦相处。这一点已得到1930年唐豪先生在陈沟调查时的证实"……果如村人所言，蒋为奏庭之师"[23]。同时证明，赵堡太极拳传入陈沟这一事实，在陈王廷即有先例。"蒋发，河南温县赵堡镇小留村人，生于明万历二年，即公元1574年，曾赴山西太谷县（有说为山西晋阳县）随王宗岳（讳林祯）学艺，得太极拳真传，技艺超群，名闻乡里。明万历三十二年（1605），蒋发把武当太极拳始传于赵堡街的邢喜怀，后传给陈家沟人陈王廷"[21]。据陈沟人陈小旺讲："陈王廷约生于1600年"[22]，陈鑫笔记又讲："九世祖陈奏庭为康熙（1662—1723）时人"[23]。这都可以看出蒋发传陈王廷无误，也说明赵堡太极拳传陈沟是有历史传统的。

（3）陈敬柏与陈沟人又是同宗同族，他的门徒桃李满温县（800人中，不可能没有陈沟人），现据《精武》1997年第8期张杰先生所述，其深入赵堡调查，从陈鑫所著《太极拳图画讲义·序》（原稿）所记陈家沟之陈秉旺（陈长兴之父）及陈公兆

（陈鑫之曾祖父）得陈敬柏之传，促进了陈氏太极拳的中兴[24]。然后，陈公兆又传其子陈有恒、陈有本；陈有本复传陈伯甡、陈仲甡、陈季甡，又再传陈垚、陈鑫。于是便印证了前文唐豪先生所列的“传拳世系表”和陈鑫《图说》中与赵堡杜元化《正宗》中一脉相传的“孪生”拳架。

据此，我们认为，陈沟无人创编新架，所谓陈氏新架就是陈敬柏在清乾隆年间将赵堡太极拳传入陈沟陈公兆的拳架。虽经200余年承传演变，传至本世纪初，杜元化《正宗》与陈鑫《图说》记载的拳架套路拳势名称，几乎完全相同，酷似孪生兄弟，是为证明。陈鑫著述12年，《图说》所绘拳势图解仅限此一套，未将炮捶108势等收入书内。可见，该架也一直沿袭着赵堡太极的传统，也正是陈鑫架源于赵堡的有力佐证。

结　论

陈沟本无老架、新架说，事实上陈沟最早只有蒋发传给陈王廷的部分太极拳理法（王廷太极拳架是蒋发在陈王廷传习戚继光《拳经》32势，汇编成长拳108势的基础上“去其不合，删其繁锁，增加了部分武当太极拳势，定架而成”）的架子，王廷一系后来的某个传人又将该架与炮捶合练，名曰“一路太极，二路炮捶”，两路互相配合，演变成今日快慢相间、刚柔明显、独具风格的架子。所谓陈氏“新架”之陈有本、陈清平、陈有平、陈长兴等创编之说，不仅缺乏根据，而且陈清平“赘婿”于赵堡，遂在里那教拳，所以“又称赵堡架” 之说更无道理。陈鑫一系所传架式与赵堡杜元化所传架式实乃一脉之传，均出自赵堡，其具体传入陈沟的时间大约在清乾隆年间，为赵堡的陈敬柏传陈沟陈秉旺和陈公兆，陈公兆传陈仲甡，陈仲甡传陈鑫，所以，才有上述我们看到的陈鑫架（陈沟“新架”）与杜元化（赵堡架）酷似孪生兄弟的情况，追其源实乃宗师蒋发之传无疑。

参考资料：

[1] 陈照奎，马虹. 陈氏太极拳体用全书. 河北教育出版社，1989.

[2] 顾留馨. 太极拳术 [M]. 上海：上海教育出版社，1982：443.

[3] 吴文翰. 一条与陈沟武术有关的史料 [J]. 少林与太极，1998（4）.

[4] 唐豪于1932年1月访陈家沟时，于陈森“字槐三”处得《陈氏家谱》一册，封面题“同治十二年癸酉（1837年）新正颖川氏宗派”。内自始祖至十九世止。凡配偶、子嗣、流迁、仕宦、拳家、均有注.

[5] 顾留馨. 太极拳术 [M]. 上海：上海教育出版社，1982：360.

[6] 顾留馨·太极拳术 [M]. 上海：上海教育出版社，1982：357-358.

[7] 于志钧. 陈家沟陈氏祖传拳考证. 武当，1993（3）.

[8] 于志钧. 陈氏太极拳图说考证 [J]. 武当，1993（4）.

[9] 吴图南、马有清. 太极拳之研究. 商务印书馆香港分馆，1984.

[10] 《武当》. 1994年第5期.

[11] 张杰. 赵堡太极拳之概况 [J]. 武当，1993（5）.

[12] 陈庆雷，陈庆国. 话说陈青萍 [J]. 少林与太极，1994（2）.

[13] 《武当》1998年第8、第9期.

[14] 原宝山，李师融. 太极宗师蒋发小传 [J]. 精武，

1998（11）.

［15］武禹襄高足李亦畬作于同治六年（1867年）的《太极拳小序》首名曰："太极拳始自宋张三丰，其精微巧妙，王宗岳论详且尽矣。"武禹襄孙武莱绪在其《先王父廉泉府君行略》中亦曰："太极拳自武当张三丰后，虽善者代不乏人。"

［16］澄史. 求实浅谈赵堡太极拳的源流及流传［J］. 武当，1986（1）.

［17］日本《武术》杂志1986年第1期.

［18］乔松茂. 武式太极拳的源流及特点［J］. 中华武术，1994（4）.

［19］薛乃印. 武式太极拳见闻浅录［J］. 武当，1993（3）.

［20］唐豪，顾留馨. 太极拳研究. 人民体育出版社，1992：148.

［21］刘会峙，屈马龙，李万斌. 太极拳源流新探［J］. 武当，1992（3）.

［22］陈小旺. 世传陈氏太极拳. 人民体育出版社，1985.

［23］唐豪，顾留馨. 太极拳研究. 人民体育出版社，1964：163.

［24］《精武》1997年第8期。

注：此文曾获西安市雁塔区1998年学校论文评比一等奖，西安市第八届学校体育论文报告会二等奖。本文参照引用了戚建海、和有禄"赵堡太极与陈氏新架探析"、于志钧"陈家沟陈氏祖传拳考证""《陈氏太极拳图说》考证"，以及李滨"陈青萍与赵堡太极拳"等文，特此致谢。

本是一脉传　何来自创拳

——从比较中鉴别和氏与忽雷太极拳架的渊源

笔者曾于20世纪90年代撰写过一篇《陈氏“新架”与“赵堡架”太极拳源流研究》的论文，此文亦曾荣获西安市雁塔区1998年学校论文评比一等奖、西安市第八届学校体育论文报告会二等奖。其研究结论是：所谓陈氏“新架”之陈有本、陈清平、陈有平、陈长兴等创编之说，不仅缺乏根据，而且陈清平“赘婿”于赵堡，遂在那里教拳，所以“又称赵堡架”之说更无道理。陈鑫一系所传架式与赵堡杜元化所传架式实乃一脉之传，均出自赵堡，其具体传入陈沟的时间大约在清乾隆年间，为赵堡的陈敬柏传陈沟陈秉旺和陈公兆，陈公兆传陈仲甡，陈仲甡传陈鑫，所以，才有上述我们看到的陈鑫架（陈沟“新架”）与杜元化（赵堡架）酷似孪生兄弟的情况，追其源，实乃宗师蒋发之传无疑。

李师融先生发表在《武当》杂志2006年第1期上的“陈敬柏传拳陈沟考”也有类似的研究。如文中讲到“乾隆时代，赵堡太极拳的掌门陈敬柏拥有全套完整的王谱”“陈继夏与陈敬柏为族兄弟，关系亲密”“授陈继夏、陈公兆以太极内功，并授全套王谱”“故陈沟的王谱确由赵堡陈敬柏传入无疑”。

一、和氏忽雷，真实历史，源自赵堡，肯定传承

对于赵堡太极拳的研习吾也有30多年的光景了，对其渊源传承关系还是比较清楚的，尤其是对陈清平的恩师张彦及他的爱徒和兆元、李景延所传承的古老的，由蒋发、邢喜怀、张楚臣一系传下来的赵堡太极拳，于20世纪八九十年代就比较了解。除了师辈的讲述、拳谱著作的学习，还基于和少平、和有禄兄弟及张满宏先生对赵堡和氏拳和忽雷架的多篇文章和论著的介绍。如：和少平“太极拳探源——兼谈和式太极拳源流”（见《武当》杂志1991年第2期），和有禄、和定乾“赵堡和式太极拳源流特点及传人”（见台湾《太极拳》杂志第116期，约1998年），张满宏“太极奇葩——‘忽雷架’”（见《少林与太极》1991年第1期），“也谈陈清平与赵堡太极拳——兼与李滨先生商榷”（见《武魂》1994年第11期），“坦荡无私扬太极　艺理俱精德高洁——写在太极拳大师陈清平诞辰二百周年之际”（见《武当》1996年第5期），“正本清源话‘忽雷’——兼与《太极拳中之奇葩——忽雷架》的作者商榷”（见《武当》2000年第2至3期）等。他们的观点一致，认为陈清平的业师是张彦，其传承的乃是赵堡太极拳。

例如，和少平在“太极拳探源——兼谈和式太极拳源流”一文中讲：

据和式太极拳传人抄本所知，有一段师承记载：“蒋先师太极受山西之师传，于万历末年授吾镇邢公喜怀，喜怀为人殷勤，蒋师乐之，始得此拳。邢将此术传本镇张楚臣，张又传陈敬柏，敬柏有骁勇之名，义愤打死山东强客之举。陈公传张宗禹，张传

其后张彦，张彦乃拳林高手，曾披钱褡独闯山东，大闹僧寺，留下神手威名。王圪垱小村陈清平，自小酷爱拳脚，久慕张公功夫绝伦，为学此术，遂迁居吾镇，拜张为师，得其真谛，陈公乃是吾恩师也。”

和有禄、和定乾在“赵堡和式太极拳源流特点及传人”一文的开始，即开宗明义地讲：

河南省温县赵堡镇是近代太极拳发祥地之一。太极拳传入赵堡镇近四百年，代代承传：由武当山张三丰辗转传至山西王林贞（字宗岳），文武兼备、学识渊博的王宗岳继承了张三丰的太极拳经典，学而后化，创作了著名的《太极拳经》等理论。到明朝万历中叶，由王宗岳将太极拳传给温县小留村人蒋发，再由蒋发将太极拳传给赵堡镇的邢喜怀。以后邢喜怀→张楚臣→陈敬柏→张宗禹→张彦等代代不绝历经近二百年。赵堡镇王圪垱村人陈清平，久慕张彦先生“拳艺非凡”，号曰“神手”，遂迁居赵堡拜师学艺（赵堡素有非赵堡人不传之门规）。清平勤奋好学，经张彦悉心传授，有继承、有发展，成为赵堡镇一代太极拳名师。他打破旧俗，因材施教，除传子景阳外，还教了和兆元、李景彦、李作智、任长春、武禹襄等一大批武林佼佼者，为后来太极拳的传播和发展付出了辛勤的劳动，他的功绩为后人所尊崇。

张满宏在“太极奇葩——‘忽雷架’”一文中讲：“忽雷架”是清末的李景彦先生在陈清萍（清平）先生所传赵堡太极拳的基础上创编的一种独特太极拳。接着张先生又在“坦荡无私扬太极，艺理俱精德高洁——写在太极拳大师陈清平诞辰二百周年之际”一文之“真实的身世与确切的师承”中，进一步讲：

陈公清平，生于1795年，卒于1868年，享年73岁。祖籍温县陈家沟，从其父祖辈始迁入赵堡镇经商定居，曾一度为赵堡镇资产丰厚、颇有名望的商贾大户、精太极拳，师从于赵堡镇太极名师张彦，独得其艺理真传，也曾受到陈家沟太极拳小架名师陈有本的指点传授，对陈氏小架亦有所得。（以上请参阅拙作《也谈陈清平与赵堡太极拳，《武魂》1994年11期）

然而不无遗憾的是，由于种种原因，陈公这些有据可查、经得起考证的身世与师承却很少为外界所知，而一些诸如陈公“入赘”赵堡、否定其师张彦等既有违于史实又损于陈公人格尊严的无稽之谈，至今仍在以讹传讹地误传，如先师有灵不知对此有何感慨。

张先生还于“正本清源话‘忽雷’——兼与《太极拳中之奇葩——忽雷架》的作者商榷”中明确：

关于陈清平的身世与师承，由于以前个别拳史研究者未能深入调查研究，听取一面之说，武断地认定陈清平是在陈家沟随陈有本学习陈式太极后，又招婿于赵堡并在那里传拳。这种错误宣传导致在很长一段时间里，人们对陈清平先生的生平事迹有种种误解。近些年不少有识之士对此提出异议。笔者也曾多次对陈清平的身世、师承、拳艺流传等进行过考查研究。根据陈清平先生后代提供的有关资料，如陈清平弟兄三人当年三分家产的“分单”记载内容，近年挖掘发现的陈清平之父的墓志碑以及陈清平先生后代及传人的一些口头资料，完全证明陈清平先生最晚是从其父辈就从陈家沟直接迁入赵堡经商定居。再根据陈清平再传弟子杜元化《太极拳正宗》及陈家沟著名拳师陈子明的《陈氏世传太极拳术》两书记载和陈清平各地传人的历代口传情况的分析考证，又充分证明陈清平先生所承练的是受山西师传的蒋发宗师在赵堡传下的并在赵堡世代相传的赵堡太极拳。陈清平的太极拳业师为赵堡太极拳第六代传人张彦先生。

二、遮掩真传，宣扬“创拳”，转变态度，伪心虚宣

情况的变化始于2003年，是年6月和有禄在人民体育出版社出版《和式太极拳谱》一书。书中对陈清平的上述真实师承却只字未提，仅仅讲到，兆元公（1810—1890）是河南省温县赵堡镇人，“师承本镇太极拳名师陈清平，是陈清平的大弟子”。但更多的是讲兆元公如何如何创拳，如：

和兆元在李棠阶的影响下，勤于实践，对中华武学精华兼容并蓄，以易理、儒家、道家并结合医学理论来指导、规范拳架，使理论与实践完美结合，并且在实践中修改了拳架中的手法、身法、步法等，在陈清平原传拳架的基础上，增益完善，创编了一套既不失传统又独具特色的“代理架”。

和兆元所创拳架，体用一致，技理相合，以自然柔活之体，养体内浩然之气，故称“代理架”。

这套拳架以《易经》之理为拳理基础，像其形（圆），取其义（阴阳），用其理（阴阳变换），以人身比太极，太极即天地，天人合一，道法自然。《易·系辞》曰：“是故易有太极，是生两仪，两仪生四象，四象生八卦。”宇宙有天地、四季、四立二分二至。日月经天，山水行地，四时八节运行。人体有左右肩、胯四大节，肘、手、膝、足八小节。拳架动作有圆、上下、进退、开合、出入、领落、迎抵。与理相合，即：一圆即太极，上下分两仪，进退呈四象，开合是乾坤，出入综坎离，领落错震巽，迎抵推艮兑。一势之中一圆、两仪、四象、八卦俱现。人体结合太极之理，以“圆”为运动之基础，

以阴阳之自然运行表现太极拳的技法。一动周身无不是圈，各有阴阳变换，圆活灵动，毫无滞机。如一棵大树挂满无数圆环，风摆树动，环环皆转，如轴如轮。周身圆转无处受力，临敌因势应变，圆切线引进落空，身旋气转离心抛掷，内劲浑圆松活弹发，表现出滑如鱼、粘如胶、软如棉花、硬如钢的技击特色。

和兆元创拳时，增补不足，删去拳架中缠绕繁琐的动作。

和兆元所创“代理架”的治病健身之理法也源于《周易》之理。

和兆元所创太极拳架及理论，比起赵堡镇以前流传的太极拳有着质的飞跃。

和兆元一生涉猎很广，精通太极拳、中医、儒学之易理等，尤以武学造诣最深。

他精心钻研太极拳，广交武林同道，勤于实践，博采众长，对赵堡原来流传的拳架进行了全面改革，增补不足，删其繁琐，使拳架融老庄之道、医家之学、《周易》《中庸》等理，创编了一套体用一致、理技相合、既不失传统又独具特色的“代理架”，即“和式太极拳”，使太极拳的技理有了质的飞跃。

与此相应的，亦采用同样手法的张满宏先生，也于2010年11月在人民体育出版社出版《忽雷太极拳》一书，也又仅仅述至陈清平，也更多的是讲李景延如何如何创拳；

忽雷太极拳为清末太极拳大师李景延所创。他在师传拳法的基础上，对拳架动作、练功层次、劲法变化及推手方法等进行系列性改革创新，形成了一个风格独特的太极拳。

在太极拳的故乡河南怀庆府，即现在的焦作地区，当地人最早是根据该拳的主要运劲特点俗称为“软捶”或“软架”。也有根据其拳势及技法组成俗称为“十三势”。还因为该拳长时间在陈家沟流传而俗称为“陈沟捶”。以及还有一些混合称呼如“陈沟软捶”“软十三势”等。

虽然在客观上一个新的流派已经产生，但李景延所处的时代还是一个比较封建落后的社会，人们的思想比较保守。当时太极拳才刚开始走出怀庆府一隅之地，并未兴立派命名之风，以姓氏称派还未出现。况且李景延创新拳法的目的主要是为了提高功效，增强技击效果，并不是为了称门称派。尽管在他改革的不同功法层次中，已经有了具体的命名如形架、恶形架、功夫架、圈架、劲架、身转架、圪节架、方圆架等数十种之多，但在其生前并未给自己创新的系列拳架功法定一统一拳派名称。受当时武林旧习俗的约束，他也不会对外自封为“李氏太极拳”之类的名称，以免受人非议、指责，招惹麻烦。

由于李景延所创拳法风格迥异，确实与众不同，在当地又传播日广，影响较大，因此在未能统一定名的情况下，人们为了与其他拳术区别，就取了许多不同的别名俗称，其称呼之多可谓太极拳各家之最。因李景延为该拳初创者，其乳名“李盾”在武术界又叫得较响，所以最早有“李盾架”之称；又因李景延为著名镖师，在江湖上人称“铁胳膊”，所以又有“镖师架”和“铁胳膊架”之称；因该拳功法系统、内容丰富、层次全面，就又有“囫囵架”之称；因该拳的功法层次中以“方圆架”最为奇特典型，在传人中有“方圆太极”之称；有因该拳流传有一种利用传统八卦与人体对应定位，使练拳与八卦相结合的方法，于是在传人中有“八卦太极拳”之称。李景延之后，他的大弟子杨虎承其衣钵，将拳术不断发展壮大，于是在杨虎传播过的地区及众弟子中又有“杨虎架”之称。该拳有的层次功成后，周身抖擞，似烈马抖鬃，如颤抖然，有人据此称为“圪颤架”。而有的高层次功成后，身敏劲灵，圈小劲短，变化神速，“一动一忽灵”门内传人称为“忽灵劲”，又将该拳称为“忽灵架”。还有人因李景延幼时曾学过陈式小架，而后又主要得艺于赵堡架宗师陈清平，所以又将该拳误称为“陈式小架”和“赵堡架”。除了以上诸多称呼之外，在当地流传最广、影响最大的则是“忽雷架”的称呼；

随着该拳的不断传播，人们就习惯地将由李景延创编传下的拳架系列称为“忽雷太极拳”或俗称“忽雷架”。

为此，吾上网搜索时，再次检索到有关的两篇硕士论文，均来自华南师范大学，也均受一位张志勇教授的指导，显示的时间都在2007年5月，分别是：安献周《陈鑫与杜元化太极拳技术及拳论的比较研究》、张立新《忽雷架考》。这两篇论文都显示与其导师是一个观点，即认为：

陈派太极拳主要包括：大架、小架、忽雷架、和式架四种基本的拳势。

和式架是河南温县赵堡镇拳家和兆元在继承陈青萍（清平）所传陈派太极拳技术基础上，结合个人的实践和经验将原有拳架进行改造，所形成的陈派太极拳中的一种，约定俗成以和兆元的姓氏命名为和式架。

忽雷架乃是由河南温县赵堡乡陈新庄的李景炎（延）在师承陈青萍太极拳术的基础上，不断发挥创造而形成的一种技术风格迥异的太极拳技术。

三、比较鉴别，一脉相传，同根同源，未见创编

在此，人们不仅要问，为什么突然一下子会有如此大的转折呢？人常说没有调查就没有发言权，有比较才会有鉴别，那我们

就查一查、比较比较吧！

我们首先选取其颇具代表性的几部著作。一是1991年由陕西科学技术出版社出版的刘会峙著《武当赵堡传统三合一太极拳》一书，此书内显示的拳架和推手技艺，被称为是赵堡太极拳的继承架，与陈沟架、和氏架、忽雷架没有传承关系；二是1935年开封石印本，杜元化著《太极拳正宗》；三是1933年版，1995年9月上海书店出版社出版的陈鑫著《陈氏太极拳图说》；四是2003年6月，由人民体育出版社出版的和有禄著《和式太极拳谱》，自称为"和兆元所创拳架"；五是2010年11月，由人民体育出版社出版的张满宏著《忽雷太极拳》，又被称为是"李景延所创"。

其次是按照每本书中拳架套路的原始演练顺序，将其显示的动作图片，也按顺序进行对比，得到下面的比较图。

由于文章篇幅的原因，将图片压缩，可以看到：

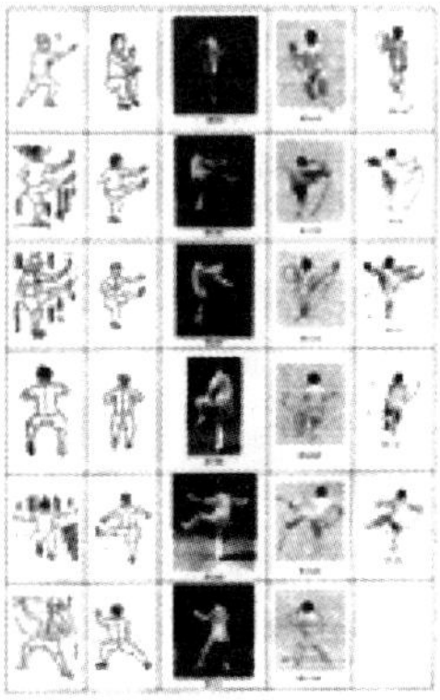
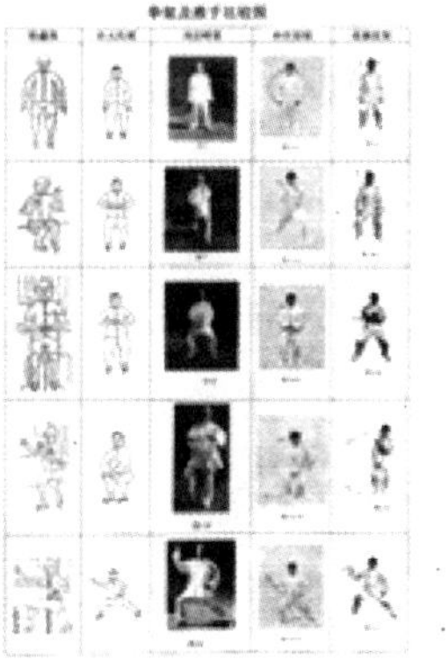

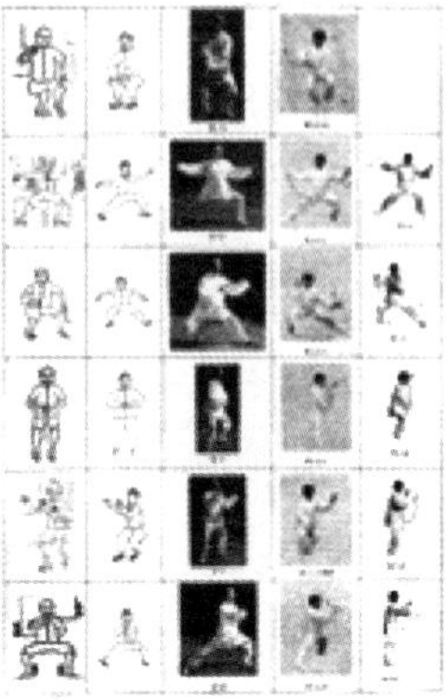
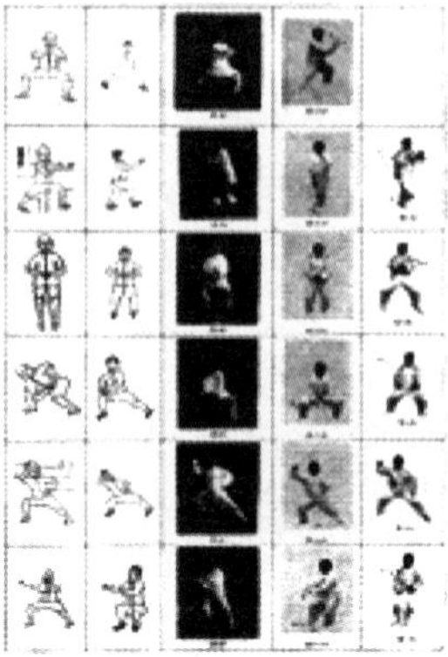
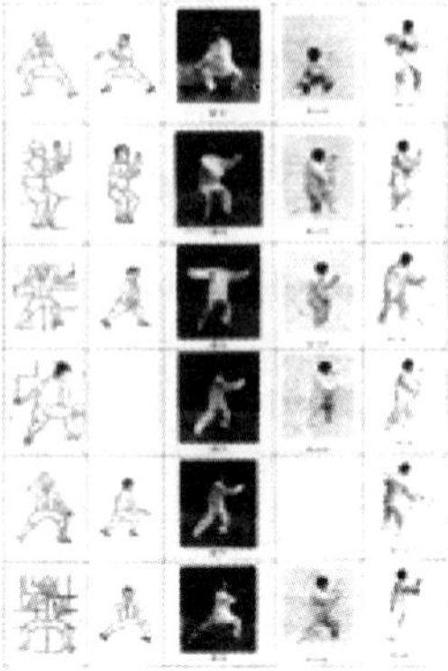
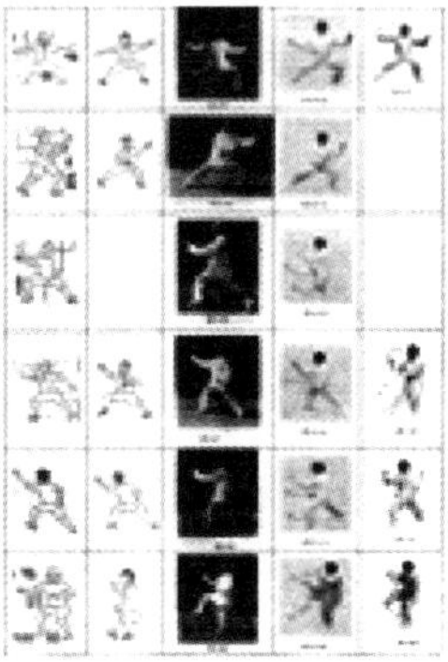

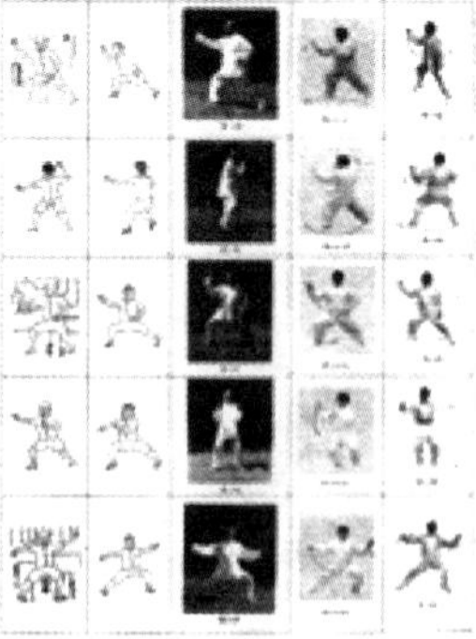

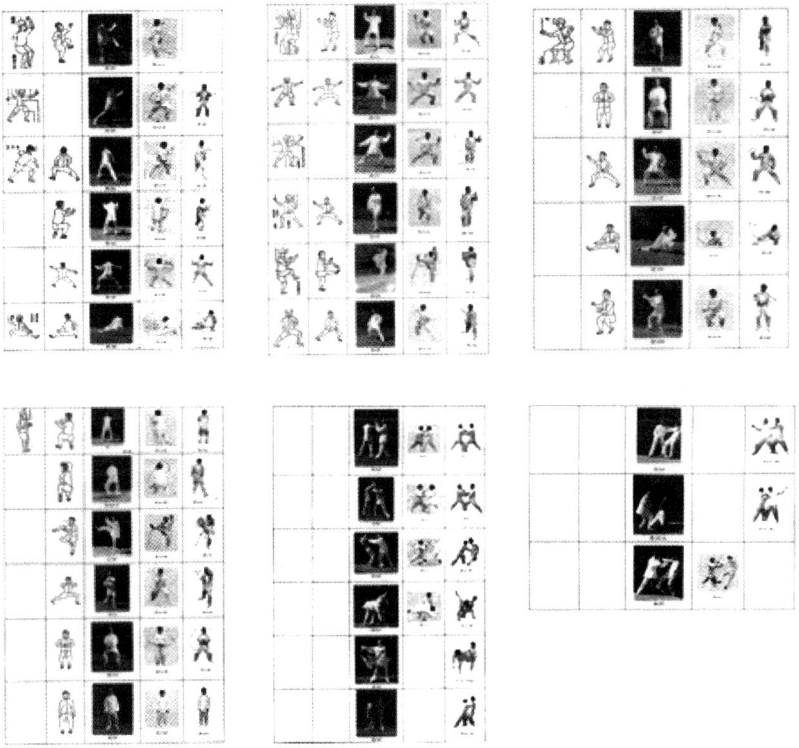

刘会峙（侯春秀）架、杜元化架、陈鑫架、和有禄架、

张满宏架及推手技术图片对照

从以上的比较可以明显看出，此五个架式是为同根同源，属于同一派系。也说明张立新、安献周的一些研究还是比较实际的。如：张立新在《忽雷架考》中，将赵堡与陈沟的拳术“通过技术的比对，可知它们在技术上乃是同根同源，其源流、传承方面必定有着极为密切的关联”；安献周亦通过《陈鑫与杜元化太极拳技术及拳论的比较研究》，也认为陈鑫与杜元化的赵堡太极拳在“比较结果，可以说两人所承太极拳属于同一派系，在发展过程中也必然有关联，即两人所承太极拳属于同源异流，可以归为一个太极拳流派，只是风格上略有差异，练习方法上各有偏重”。

然而，要说和兆元、李景延分别创造了什么什么架，也实在是看不出来。李景延的拳术由于后来演练的风格差异较大，还可以勉强认为是“逐渐发挥创新”，而和兆元却无从谈起。只是经过长时间的传承，练习强调的侧重点不同以致风格方面略有差异，其拳架同源异流。

安献周的调研也查到了赵堡太极拳的真实师承，他讲：“至于赵堡镇所流传太极拳的传承，从杜元化《太极拳正宗·太极拳溯始》中可知，太极拳是由蒋发传拳于赵堡镇，蒋发于明万历二十四年赴山西跟随王林祯学拳七年。王学拳于云游道人，云游道人又学拳于张三丰。蒋返乡后，传授此技。因此，现在的赵堡太极拳家均视蒋发是赵堡太极拳宗师，继而，二传邢喜怀，三传张楚臣，四传陈敬柏，五传张宗禹，六传张彦，七传陈清平。这就是有名的赵堡太极拳七代单传。陈清平又传给其子陈景阳及本镇人张应昌、和兆元、牛发虎、李景彦、张作治、任长春、张敬芝。任长春又传沁阳人杜元化。”

安先生还进一步明确地讲：“值得注意的是，关于太极拳的传递人物中，在陈氏家乘《陈仲甡传》中还记述：‘季甡字仿随，武痒生，传其学者曰陈同，曰陈复生，曰陈岂聚，曰李景延，曰任长春，然皆不及仲甡。’和有禄著《和式太极拳谱》中附录有‘大中华民国十七年岁次戊辰九月初二日，是年闰二月，退邑岁贡生行年八十二岁品三陈鑫抄’的《拳谱》，中有‘辨拳论’一摘，其文曰：‘前明有父女从云南至山西，住汾州府汾河小王庄，将拳棒传于王氏。河南温东刘村蒋姓得其传，人称仆夫。此事容或有之。至言陈氏拳法，得于蒋氏非也。陈氏之拳不知仿自何人，自陈氏迁温带下就有太极拳。后攻此艺者，代不乏人。如明之奏庭，清之敬柏，季甡好手不可胜数。后有赵堡邢西（喜）怀、张宗禹，又后陈清平、牛发虎皆称名手。陈必显不摸原由，谓学于蒋氏大为背谬。’陈鑫在这里提到了蒋发、陈敬柏、邢喜怀、张宗禹、陈清平、牛发虎、李景延、任长春等人，说明在当时太极拳界是承认这些人是太极拳名家的。而今天的陈派拳系很少提及，只有赵堡太极拳系甚是尊崇。这一现象，疑与陈派后来认同‘陈王廷创拳说’不无关系。”

张立新先生在《忽雷架考》中讲：“忽雷架是太极拳的一个小分支，流行于河南温县一带，有着极为特别的技术风格。”这个“极为特别的技术风格”，就是指演练起拳架来颤抖为“疙颤”发力，如“响雷闪电”，比陈沟太极发力更为猛烈，也更不像其他派别的太极拳。所以，张立新先生又讲：此拳拳名在民间比较随意，有称“忽雷架”、有称“疙颤架”，后来为了比赛的需要，才正式定名为忽雷架。据原温县体育局局长原福全的《随中央电视台采访杂记》中说：“此架原先并没定什么具体名称，人们根据其动作表现，有称‘疙颤架’，有叫‘忽雷架’（在温县一带，称颤抖为‘疙颤’，称响雷闪电为‘响忽雷’）。1992年，温县开始举办国际太极拳年会，鉴于此拳在温县的发展，评分时，为了便于与其他太极拳区别，县里才将‘忽雷架’定为太极拳比赛的正式名称。”

张立新先生并说，为了弄清“忽雷架”的由来，温县体育局相关领导曾经做过几次专门的访谈，召集一些老拳师在陈家沟（地点在陈家沟武术学校）开座谈会，以确认忽雷架的源头。经过两次的认证，陈家沟的拳师并没有人练这样的拳法，最终认定“忽雷架”乃是陈新庄的李景炎所创。1994年，体育局、县志办主任程齐、赵怀杰等人亲自考察核对，也认定忽雷架不是陈家沟所有，乃是由李景炎所创。

由以上可以清楚证明，不管是和氏架还是忽雷架，的确源自赵堡太极，也不说其是否创造了一个新的拳架或新的学派，充其量只能算作赵堡太极拳的分支，与陈沟没有关系。

四、究其因果，互惠互利，遵从定调，名利双收

其实，归根结底不外乎这么几个原因：一是为自己祖先争光，即光宗耀祖，或为创始某一种特殊拳术风格的宗师争光；二是为了发扬光大而寻求有力的和有效的支持；三是时间短见效快，宣传效果好；四是与经济利益分不开。和氏也罢忽雷也罢，直至20世纪末，几乎都未能达到这四个目的，原因是坚持了真实的传统的赵堡太极拳源流观，即认为和氏架、忽雷架都源自陈清平学于赵堡太极张彦之传的史实。而现在的变化可以迎合官方的口吻与支持，与国家武术主管部门的权威定调相配合，目的自然就可以实现了。

下面请看康戈武在《全面梳理太极拳发展脉络》中的定调："有本的弟子、族侄陈青萍（清平）在有本所传拳架的基础上创造了两套架式。其中一套小巧紧凑，动作缓慢，练会后逐步加圈，由简入繁，逐步提高技巧。另一套，注重技击，常在周身一起转圈的过程中突然发劲，劲快而猛烈，有似旱天炸雷。前者，青萍传于陈家沟北邻的赵堡镇，人称赵堡架，后者流传于陈家沟东邻的王屹档村，人称'圪垱颤架'或称'忽雷架'。"

目前的现实就是很好的证明，自从康戈武为和有禄《和式太极拳谱》写序之后，和式太极拳确实得到了快速的发展，有《搏

击》杂志2010年第10期的“和式太极拳专辑”所显示的内容为证，可以说光环很多，非常耀眼，盛况空前啊！

发扬光大、光宗耀祖、力求发展、造福人民，自然是对的，绝没有错，而为达目的，不择手段，贪图一时的快慰，只顾眼前的利益，甚至出卖祖宗，欺骗后世，确实不是君子所为！

参考资料：

[1] 张满宏. 太极奇葩——“忽雷架”[J]. 少林与太极，1991（1）.

[2] 和少平. 太极拳探源——兼谈和式太极拳源流[J]. 武当，1991（2）.

[3] 张满宏. 也谈陈清平与赵堡太极拳——兼与李滨先生商榷[J]. 武魂，1994（11）.

[4] 和有禄，和定乾. 赵堡和式太极拳源流特点及传人[J]. 太极拳（台湾），1998（4）.

[5] 周荔裳. 赵堡太极拳考源——太极拳源流考之一，[J]. 太极学报（台湾），1995（4）.

[6] 张满宏. 坦荡无私扬太极　艺理俱精德高洁——写在太极拳大师陈清平诞辰二百周年之际. 武当，1996（5）.

[7] 张满宏. 正本清源话“忽雷”——兼与《太极拳中之奇葩——忽雷架》的作者商榷[J]. 武当，2000（2）（3）.

[8] 罗名花. 陈式太极拳新架子与赵堡太极源流考[J]. 武当，2003（2）.

[9] 李师融，李永杰. 陈敬柏传拳陈沟考[J]. 武当，2006（1）.

[10] 安献周. 陈鑫与杜元化太极拳技术及拳论的比较研究

[J]. 华南师范大学硕士学位论文，2007.
[11] 张立新. 忽雷架考 [D]. 华南师范大学硕士学位论文，2007.
[12] 陈鑫. 陈氏太极拳图说 [M]. 1933年版. 上海：上海书店出版社，1995.
[13] 杜元化. 太极拳正宗 [M]. 1935年开封石印本.
[14] 刘会峙. 武当赵堡传统三合一太极拳 [M]. 西安：陕西科学技术出版社，1991.
[15] 和有禄. 和式太极拳谱 [M]. 北京：人民体育出版社，2003.
[16] 张满宏. 忽雷太极拳 [M]. 人民体育出版社，2010.

青山遮不住　毕竟东流去

——与陈家沟无关的太极拳述列

“青山遮不住，毕竟东流去”。正像发生在民国初年的“宋书铭事件”不是子乌虚有的杜撰，而是真实存在的武林往事一样，不管宋书铭多么神龙见首不见尾，他讲述的历史多么可疑，《宋谱》的文字从文史角度有多少漏洞，但他所传授的拳艺，却是真实存在且确有实效的。如果这不是事实，我们实在想象不出来，当年许禹生、纪子修、吴鉴泉这些拳学大佬，有什么理由为一个并不出名的宋书铭当“托儿”，并在以后为推行宋的主张而不遗余力。所以说，视而不见或不予承认是不行的。争论归争论，广大实践者不是没有鉴别力的傻瓜。所以，我以为以宋氏太极拳为代表的众多的源流有序、另有出处的诸家太极拳，还是应实事求是地正视为好，不能因“太极拳起源地挂牌陈家沟”而终结或停滞不前。而且，随着研究的深入，认识会不断地深化、提高和更新，从而产生质的飞跃。

（1）据《宋氏太极功源流支派论》宋远桥记：“自余而上溯，始得太极之功者，授自唐代于欢子许宣平。至余十四代。”“所传太极功之拳名三世七。因三十七式而名之。又名长拳者，所云滔滔无间也。总名太极拳三十七式。”“俞氏太极功，名曰先天拳，亦名长拳。得唐李道子所传。”“缘余游江南泾县访俞家，方知俞家先天拳亦如余之三十七式。太极之别名也。俞家太极功系唐时李道子所传。”“莲舟与余常与张松溪、张翠山、殷利亭、莫谷声相往还。后余七人再往武当山拜李祖师未遇，于太和山玉虚宫见玉虚子张三丰。三丰盖张松溪、张翠山师也。洪武初即在此山修炼。余七人在山拜求请益者月余而归。松溪翠山拳名十三式。亦太极功之别名也”。

宋书铭约生于1840年，清末文人，拳技绝伦，他练的太极拳取“人有三世（即天前、地后、人今三世），拳分七品（即门外、入门、阶及、当堂、入室、开窍、神化七个层次）”之意，名曰“三世七”。因由三十七个拳势组成，又称“三十七势”。民国初年（1912年），许禹生（33岁）偕同武术界享有盛名的纪子修（67岁）、吴鉴泉（42岁）、刘恩绶、刘彩臣、姜殿臣等，与古稀之年的宋书铭（72岁）相会切磋拳技，“皆随其所指而跌，奔腾其腕下，莫能自持。其最妙者，宋氏一举手，辄顺其腕与肩，掷至后方寻丈以外（引自王新午著《太极拳阐宗》）”，获得惨败，遂被折服，钦佩之至，磕头请为弟子。同时，说明宋的太极拳技不是从杨露禅那里学来的（杨氏父子也不承认有宋书铭这个弟子），是出自家传。宋书铭太极拳技高深莫测，技折武术名家的真实事件，至今传颂武林，为习武人所乐道。

（2）吴图南先生在《太极拳之研究》一书中讲：“北京的白云观，张三丰曾在那里住过。民国初年，我到白云观遇见一个道士名叫胡玉玺，当时他在北京教太极拳。我问他由什么地方学来的，他说：‘自明朝以后，我们这个观里就经常以此为功课，除去演礼、奏乐、念经之外，拿太极拳作为运动的方法。’他也重复地讲：‘欲大成者化功也，欲小成者武事也。’他还解释说：‘太极拳是备而不用的，不是拿它去提倡宗教，道教是以长寿为主的。’”

20世纪90年代初，北京白云观安声远道长称此为原始太极拳，属道家拳术。历代道长视其为珍宝，秘不外传。他是道家清微派第十五代“志”字辈传人，时已近九十高龄。他自幼从师白云观崔理真道长，后又从学高虎臣道长。经二位大师的教诲，安道长数十年如一日，勤学苦练，继承了道家太极拳的真谛和绝技。为不使之失传，安道长愿将原始太极拳贡献出来。

该拳内容丰富，结构严谨，重在实用。走架开合蓄发，外导内引，练到一定火候，则可筑基成真，内气循任督二脉周天运行。除拳法外，还有太极针、如意、吕祖纯阳剑、盘龙棍、太极八卦反手钩等。拳械俱备，风格独特。

此拳相传轩辕皇帝根据蛇鹊相斗所创，拳谱记载：“皇帝偶行于坡前，看见蛇鹊相斗紧相连。鹊攻尾，首来救；鹊攻首，尾相连；鹊攻中，首尾援。皇帝见到非偶然，从此留下太极拳。”后经张三丰真人及其他道长精心提炼，按飞禽走兽动静形态，把技击、养生熔于一炉，形成独特的道家拳法。共分动静快慢四部分。

（3）吴图南先生在同一书中，接着又讲道：“我曾到西安、宝鸡进行过调查走访。那时候，许多老百姓的传说和文人墨客的谈论，都提到张三丰。之后有个西安人叫王宗的，号宗岳，是个读书人，喜欢游山玩水。他到宝鸡金台观跟一位道士学的太极拳。这位道士就是张三丰的徒弟。”故有些记载说：“三丰之后有王宗者。我到过宝鸡几次，看到那里的道士还会练，但由什么时候，又由哪位道士传给王宗岳，因为道观里没有记载可查，至今仍是个空白，有待今后研究考证了。但确信王宗岳是一位博览古今的饱学之士，而且对张三丰留传下来的太极拳练得很好。”

吕树发先生毕生酷爱武术，自1984年起，多年从事陕西武术挖掘整理工作，又长期工作、生活在宝鸡。故从他本人掌握的有关史料和了解的情况，在《武当》2009年第3期上发表了专文《从张三丰在宝鸡的踪迹看其与太极拳的关系》。他认为，“宝鸡乃张三丰的第二故乡”，“张三丰创太极拳史有佐证”。从宝鸡的史料得知，张三丰曾于1281年至1293年（元世祖至元十八年至三十年）在陇县龙门洞修炼，并留诗数篇——“长剑一杯酒，禹楼万里心”就是其中一句。

坐落在宝鸡市区北坡的金台观，系张三丰的第一修炼道观。此观建于元末明初，大约应在1330年至1340年。《陕西通志》载，永乐间，三丰遇青少年时期的生员张恪（1414年明代解元）于周公庙（岐山县）朝阳洞。由此可知，此时张三丰肯定在宝鸡地区。还有，史载张三丰曾在宝鸡的磨性山、钓鱼台，扶凤的景福宫，岐山的五丈原等处也留有足迹。这样可以推断张三丰自1281年至1400年，常在宝鸡地区活动，历时百余年。尽管张三丰乃云游道人，四海为家，但可以看出他的大半生活跃在宝鸡这块热土，难怪不少史志称“张三丰为宝鸡人”。就连明天顺六年（1463）立石，现存于宝鸡金台观的张三丰遗迹记石碑也称“真仙陕西宝鸡人”。可以说，宝鸡是张三丰的第二故乡。

张三丰乃道家的前辈，史无争议。道家所炼的内丹，也就是吐纳术、导引术，其意在修炼健身长寿之法。从宝鸡陇县龙门洞张三丰的留诗“长剑一杯酒，禹楼万里心”可以看出，他是会武功的。龙门洞系道教全真派创始人邱处机修炼的道观。现存于龙门洞的一个直径约40厘米、重约40公斤的石球，据考系邱处机、张三丰当年练功的用具。金台观三孔练功洞及石碑，也反映出张三丰是习练武功的。其中，以万历三十九年（1611），知县朱炳然刻石诗云：“宝鸡金台观乃张三丰修真处，三丰九节杖、混元衣在焉。寻真何处觅层城，观起金台接太清。鸠杖尚留九节在，霞衣犹见五铢轻。闻目野鹤亦自适，流水桃花空复情。歌罢怀仙一长啸，昔阳红照万山明。”另有一碑为范宗镇《仙师张三丰洞》题咏“九节苍藤杖还在”之句。这些器具充分说明他是习练武功的。记石碑载：“见真仙之行，足不履地，时人已异之。”在周公庙朝阳洞，生员张恪见三丰出行踏雪无痕等，足显武术练家卧如弓、坐如钟、行如风的风采。

（4）《武当》杂志2003年第8期发表了由华玄子传授、任赵恩整理，武启明绘图的《先天太极拳》一文，认为先天太极拳源于老子，不过当时没有“太极拳”这个名称，“太极拳”的名称是后人所定。老子《道德经》的“无为而无不为，柔弱胜强，以天下之至柔驰骋天下之至坚”的思想，是太极拳的指导思想，是太极拳心法之纲领。老子创立太极拳，后传关尹喜，关尹喜传列子，列子传庄子，以后代有传人。显名者有魏晋南北朝时期的葛洪、陶弘景，唐宋时的许宣平、李道子、吕洞宾、陈抟等。元明时期，张三丰老祖将太极拳集大成而发扬光大，开创武当派，此后太极拳渐渐普及开来，产生众多流派。

（5）1985年，武当山发现嫡传张三丰太极拳，传出者为武当山在庙道人朱诚德。朱是龙门派第二十四代，河南密县人，清光绪二十四年（1898）生，时年87岁。朱之师金宗成，龙门二十三代，湖北房县人，清光绪甲申十年（1884）生，1948年羽化。朱之师爷王理阳，龙门第二十二代，山东人，清嘉靖辛未十六年（1811）生，1943年羽化。王理阳之师为吕至正，并附有张三丰式太极拳照。

（6）北京吴鑫泉老先生演练的京都独一无二的武当派太极拳术。他的太极拳、太极剑和太极刀别具风格。吴老家境贫寒，自幼体弱多病。29岁时在济南游千佛山，在法源寺巧遇拳术高超的老道苏真人，便多方恳求执弟子礼。苏真人见他求学心诚，就同意了。从师以后，吴老学会了武当派太极拳小架子一0八式、八方太极拳门四式、龙凤太极剑八十二式及八步转环太极刀六十五式。

《精武》杂志1989年第6期，发表了吴鑫泉示范、张凯整理的《武当太极实战对练》，以图文并茂的形式，较为翔实地展示了这一太极拳的风格与特点。

（7）《武魂》杂志1986年第4期发表有崇秀珍等撰写的《稀世秘传内家拳法武当太极》一文。其编前语写道："武当太极，又称张氏太极，相传为张三丰所创……北京崇文焕先生习此拳悟悉较深。"

（8）玄门太极拳，有位四川峨眉山老者东游宁波，在梅山传授，由浙江已故陈伟良所传。

（9）《少林与太极》杂志2000年第5期和《武魂》杂志2007年第11期，均发表过由阳玄真人示演迟君子、宁秋离等撰文的《玄门太极拳》情况。其中讲，武当山道教玄门太极拳，系武当山祖师张三丰和历代先师在道教内秘传玄门之功夫，是1948年湖北襄阳解放时，在谷城县由阳玄大师之父彭兴正（外号"一条"）亲自传授。曾历经11年苦寻，天道酬勤，终于在古襄阳（今襄樊市）找到武当玄门一条道长的独生女儿彭玉芳老人。自此，历史悠久，古色古香、原汁原味的"武当太极118品"，在尘封半个多世纪后，终于掀起了她神秘的盖头。

一条道长是武当玄门第十一代掌门，师法武当山玄门第十代传人牛怪种。20世纪五十年代，因当时有关部门的某些规定还俗，落脚于襄阳府米公祠（宋代大书法家米芾故里）附近，1970年仙逝。一条道长的女儿彭玉芳老太，道号阳玄。她的母亲一正道长原在四川峨眉出家，还俗后回到襄阳府，仙逝时高龄

98岁。

作者迟君子和宁秋离曾拜师一正大师学艺，一正大师仙逝后，又追随阳玄师父多年，曾在《少林与太极》杂志连载介绍襄樊的武当玄门太极拳。彭玉芳老人时年75岁，养生得法，精神矍铄，面色红润，现任襄樊老年大学武当太极教师。她在古稀之年，深明大义，破除门规，将世代秘不外传的家传玄门绝艺披露于世。

（10）《精武》杂志2003年第8期和2004年第9期均发表过由武华彦撰文、张熙耕演练的“终南山太极拳”的情况，说终南山太极拳，全称终南山返还太极拳。相传它起源于陕西终南山。终南山属秦岭支脉，在陕西省西安市附近，有许多道教胜地，历代的道士和隐者在此研习太极术（太极拳的前身）。元朝的道士“火龙真人”贾得升是终南山返还太极拳的始祖。元末明初的道士张三丰向“火龙真人”学习了道家拳法，又进行提炼升华，在武当山创编了独特的拳技功法，成为终南山返还太极拳南派鼻祖。此拳又经各代道长逐步扩充，形成一套完整的修炼体系，成为道家太极拳的主要代表之一。为了纪念道教中兴之主张三丰，后人就将此拳正式定名为“武当三丰原式太极拳”。该拳具有先天返后天的功能，因此而得名。此拳分为南北两派。北派鼻祖高虎臣，曾任清末慈禧时期的宫廷侍卫，后入终南山修道，号称紫霞真人。

“紫霞真人”高仙原名高虎臣（1816—1952），陕西西安人氏。是清末民初武林中的传奇人物。他在故乡学会终南山返还太极拳后，走南闯北，技艺大增，清末曾任宫廷侍卫。八国联军攻打京城的时候，高虎臣重归江湖，成为云游道士，将终南山返还太极拳传至北方。1911年初，他在东北军将领许兰洲的家中结识了八极拳名师李书文，二人成为好友。1927年，他在天津将霍殿阁、霍庆云引荐给溥仪，为八极拳在东北的广泛传播起了“搭桥”的作用。为了将终南山返还太极拳和医药知识传下去，有个最佳继承人，1901年，高虎臣在辽宁的医巫闾山收14岁的张道成为道童，让张道成长期随侍自己学艺。1949年新中国成立后，张道成（1887—1987年）的家乡在辽宁省新民县。他精明能干，很得高道长的欢心，因此学到了终南山返还太极拳的全部功法。张道成往来于医巫闾山、千山、崂山、太清宫等地，在沈阳收张熙耕为关门弟子，传给他全部武功、药功和丹功。道教太极拳的历史源远流长，传人之间大多口传身授。其基本动作有单操手、对练手、推手（揉手）、十三式、四十八法秘技、一百单八式、劈太极、太极神扑及各类长短软硬器械套路，辅助练习有开弓、劈板、叼球、靠桩等。另外，还有丹功修炼和药功调理等秘法。本拳所含功法适合不同年龄和层次的人练习，具有护身、健身和修身的作用。

（11）杭州西湖区葛岭抱朴道院孔云鹏在《武当》杂志1993年第1期上发表了“玄门稀世秘传八卦太极拳”，讲杭州抱朴道院寮房王诚显道长专擅斯技。

（12）据北京体院（北京体育大学）出版社1991年版郝心莲编著《中华武术实用百科》308页载：霍氏太极拳，相传为清初顺治年间，一姓霍的老道（佚名）所传。因拳式和风格特点与太极拳不同，后来便称为“霍氏太极拳”。由河北省南宫县人氏侯永祥（现在太原市邮电医院工作）自幼跟其舅父学霍氏太极拳至今。该拳架式短小，动作紧凑，快速有力，刚柔相济，技击性强，并结合气功和利用气力合一的原理，形于外力，长于内劲，以小胜大，以柔克刚。

此外，还有霍氏太极气功、静功、动功等功法。练功要诀为气沉丹田、沉肩坠肘、虚领顶劲、敛神聚气、用意不用力等。

（13）流传于邯郸东部的魏县、广平、曲周和鸡泽县的“顾式太极拳”（也有称卢式的）。经多方考证，此拳为清初游道顾殿一所传，顾氏传拳于魏县小户村刘丙，刘丙传邻村杨老凤，杨老凤传广平县卢董村陈华，陈华传东村卢鸣金，卢鸣金的主要传人是曲周县白寨村张奇，张奇传子张明芹（是为第七代），继承张明芹衣钵者为曲周县霍桥乡张厂村的张斌，张斌传鸡泽县双塔镇的刘登信（此传承关系采自刘登信所著《武当顾式太极》一书）。此外卢式太极还有家族传人至今。

（14）在浙江省流行的还有神功太极（32歌）、太极八式（8势）、龙云刚柔太极拳（一路48歌诀、二路52歌诀）、十三式太极拳（即13个势名）、网式气功太极拳（95势）、三十六式太极拳、五行太极拳（48势）等。

（15）《武当》杂志2005年第10期发表了王小龙“武当龙门太极拳谱”一文。文章说龙门太极拳又名子午太极拳，教内称之为傅拳。是一个源出于道家的古老太极拳套路，据传为明末清初道家龙门派第六代传人傅山先生所创。

傅山，字青主，别号侨黄，山西省阳曲县人。生于明万历三十四年，卒于清康熙二十三年，世寿七十九岁。是明末清初著名的学者和反清志士。傅山自幼好学，博览群书，工于诗文，擅长书画，精通医学，在内功和武术方面也有极深的造诣，可谓是博学多艺，文武全才。明亡以后，傅山隐迹道门，拜山西省寿阳县五峰山龙池观道士“还阳真人”郭静中为师学道，是道家龙门派第十六代“真”字辈弟子，道名“真山”，号“朱衣道人”。交游同道，足遍大江南北，名为访师求道，实是依道栖身，联络志士，为反清复明大业而奔波。傅拳则是其隐迹道门时以道门留传的太极拳功为基础，博采众家之长，融会丹道而创立的卓然自成一体的内功拳种。

（16）《武魂》杂志1987年第5期载陈其义整理《武当太极拳古传歌诀》（裴锡荣《武当武功》一书亦有载，并有武当太极拳八路，计108八式歌诀和图解）。该拳谱为武当派名师黄百家和武当道总徐本善所传。其武当太极古传总歌曰："武当拳，有渊源，武当道士传在前，张松溪、黄百家、武当道总徐本善，九宫先（九宫八卦掌），修道传艺武当山，尊道藏，立真传，黄庭真髓是为先。武当山，有嫡传，首称武当内家拳。向丙丁（南方），背壬癸（北方），水火相济炼真元。太极拳，式十三。掤捋挤采挒，左顾右盼肘靠伴。中定体，基础天，十三总式太极拳。"

裴锡荣在其著《武当太极拳与盘手20法》之"武当太极拳之渊源"中讲道：

徐本善（1860—1932）号伟樵，武当道总。清光绪皇帝封其为"乾乙真人"。徐本善武艺高强，精通武当拳种，继承了张三丰的"八门五手十三势太极拳"和"武当盘手法"及"武当剑法"等拳械。

1929年杭州全国擂台赛时，中央国术馆副馆长李景林派副裁判长傅剑秋去武当山调查考证。当时我作为傅剑秋的门徒一同前往武当山。一路上披荆斩棘，遇匪交锋，历尽艰辛，到了武当山紫霄宫，受到徐本善道总热情礼待。徐道总与傅剑秋老师谈经论武，相谈甚欢，二人以武会友方式，做了武艺交流，最后，傅剑秋老师拜在徐道总门下学习了武当太极拳和剑法以及盘手法等拳械。傅剑秋老师向徐道总询及"八门""五手""十三势"的涵义时，徐道总告以八门为八卦的乾、坎、艮、震、巽、离、坤、兑。五手为金、水、木、火、土。十三势为掤、捋、挤、按、採、挒、肘、靠、左顾、右盼、中定及前进、后退。所谓"八门"，即练拳时走八卦的八门方向；"五手"是练功时手法上表现五行金、水、木、火、土。在徐道总协助下，我们翻阅了武当山收藏的《云水集》载有："八门五手云龙手，身背宝剑唱道歌；归隐岩下修道业，太极阴阳奥无边。"

我们在武当山学习武当拳械及调查考证后，带回来一些资料，除交李景林副馆长外，尚留有少数资料保存至今。当时，李景林副馆长召集了杨澄甫、孙禄堂、杜心武、刘百川、高振东、黄文叔、褚桂亭、王芗斋、张兆东等武术名家作了研究，把该"武当拳"命名为"武当太极拳"。研究后拍了集体团体照片保存至今。当时，各派"太极拳"风行全国，而"武当太极拳"还是新的发现，人们对它的认识也不够成熟，所以未能得到广泛传播。

（17）《武当》杂志1986年2期载有《万籁声演练张三丰原式太极拳图解》。万籁声先生介绍说：在1982年12月10日下午，国家体委举行"全国武术工作会议"，请到会武术同仁作武术观摩表演，我除表演了武当少林拳外，又表演了武当正宗的张三丰太极拳。我固非太极本门，可是这所谓太极的老架子，倒是落在我的手上。经过这次表演，人们才看到原来张式太极拳的一条老根，还在人间。此原本的张式太极，传入河北沧州六合门的刘德宽，刘传赵鑫洲，赵传于我。万老还特留词一首，词曰：

"武当武术数三丰，当之不愧是武宗。徽宗之时常出现，显于元末又明初。说来二百五六十，这个岁数不为多。刘师爷爷与同年，修真之人天长久。炼精化炁是科学，无人指诀言马肿。少见多怪说无人，偌大武当太和宫。千秋万代变不了，劝尔小辈少啰嗦。"

（18）武当金蝉派犹龙太极拳，又名隐仙羽化犹龙嫡派太极拳、七星太极拳。是武当拳的流派之一，亦叫龙形太极拳。

据传，该拳是武当山道士张三丰根据易经太极阴阳变化的理论，观看蛇鹊之战之后，以蛇缠鹊啄开合之机，蛇行鹊辗转飞腾之意，而悟出此拳。

清光绪年间，武当山道人裴远臣（道号元辰）传清端王府司新三，司传外甥张振之（1894—1970）。张在东北沈阳期间，被当地武术界老前辈曲朝禄、吴宝昌所发现。张传张鸿逵、阎行庄、曲朝禄、周文涛、王逸樵、熊春懋。1984年5月在天津传统武术表演赛中，王逸樵作为特邀代表，在大会上表演了该拳的一部分，这是该拳首次在公开场合露面。

该派不提倡太极推手的训练过程。张振之先生则反对推手的练习，一生中没有练习过推手。该拳动手交战时，出手不见手，拳到身要拥，动之不见其形，迎之不见其首，随之不见其后。大无外，小无内，一钢不折，其锐无比，其转无间，见隙而入。平常练功时，老师注重拆拳喂招、引手领招之练习。要求彼发我接，我发彼接，待懂劲之后，设假象假招引手领招。练之纯熟，即无一定招式，无形无象，全体透空，完全是随机应变，顺其自然。动手交战时，心、意、气、力四者无可缺一。心到则意到，意到则气到，气到则力到。一动全动，一发全发，周身一家。静如处女，形如捕鼠之猫，行之猛虎下山，动之雷鸣闪电。行门踩步，走奇踏中。发手放劲如角弓反张，拗手管步如磁石吸铁，一抬即缠，一发即弹。出手见红，一抬手见高低。

（19）1933年版陈鑫《陈氏太极拳图说》中载："杜育万述蒋发受山西师传歌诀"曰：筋骨要松，皮毛要攻，节节贯串，虚灵在中。举步轻灵神内敛，莫教断续一气研，左宜右有虚实处，意上寓下后天还。

（20）《少林与太极》杂志2005年第11期发表了游明生、

赵蓉二位先生的“武当秘传松溪太极拳”一文。文中讲，松溪太极拳又称武当南派太极拳，它是一种十分古老的内家拳术，是明代技击高手张松溪及其传人在继承武当内家拳的基础上，吸收了长江流域僧、岳、杜、赵、洪、慧、智、化八门精华编创而成的一种风格十分独特的内家拳术。其动作古朴无华，技击性极强，打中有拿，拿中有跌，一招一势极重攻防。

（21）《武当》杂志1987年第一期载有刘会峙先生《武当赵堡太极拳的源流及特点》一文，其中述及赵堡太极一支传递关系是，张三丰—王宗岳—蒋发—邢喜怀—张初（楚）臣—陈敬伯（柏）—张宗禹—张彦—张应昌—张汶—张金梅—张敬之（芝）—侯春秀—刘会峙等，至此共为十四代。

（22）武当嫡传金蟾派太极功，为清朝光绪年间由甘凤池之曾孙甘淡然（字需霖）传给李瑞东，亦是内家拳中内容丰富的一派武当太极拳。

（23）《武当》杂志1992年第4期发表了云海仙先生的《武当太极拳一代宗师梁小天》一文。其讲梁师小天（1893—1969），名兆瑛，字焕如，号小天。祖居山西，后迁北京，继而定居天津，早年毕业于北京高等实业学府。梁师自幼喜爱武功和书画。“武当正宗太极拳”为梁氏世代家传（经王宗岳先师传至西北），梁师小天为第四代传人。梁家之拳及其太极推手风格与今各家截然不同，其健身与攻防诀秘有独到之处。另有“太极桩”和十三式单练套路，器械有武当太极剑、刀、枪、棍等，梁师尽承真传。

1953年，国家兴修大伙房水库，梁小天被中央水利部派往抚顺，任顾问工程师。在抚顺利用公园阔地首先开展起群众性太极拳活动，先后有武术爱好者十数人投拜门下学文习武。自1957年到“文革”前的历次省市武术比赛，梁师多次被聘为太极拳裁判长、副总裁判长或总裁判长（年逾古稀参与仲裁，少有先例）。1959年，抚顺市成立“武术协会”，被市体委聘为副主席。

梁小天早年在天津与周恩来相识。抗战时期，曾以自己的身世掩护和协助敌后工作人员，并通过他们把自己的独生子梁方送往延安抗大，投身革命。

梁师于“十年动乱”遭不幸。传文授武被视为“反革命活动”。红卫兵抄家，抄出收藏的书画文物，和周恩来、刘少奇、傅作义的书信。其中，刘少奇的信竟成了致命的“罪证”受尽屈辱。盛怒之下，卧病难支，于1969年12月离开人世，终年76岁。

附梁师小天早年所谈太极拳的传与失考历史之传颂：“太极拳始创于老子，阐发太极拳之玄微与精妙，以为修身养性之本源，由武而术，由术而道，以达其长生。经历有年，渐渐遗失斯拳之原质，或断或续，走入旁门者甚多。至北宋徽宗时，有张三丰法师者，悲太极拳之遗失，坚志欲分宗抒理，广集遗传，截伪续真，拾整补漏，智感灵通，参悟开发，豁然精纯，得其诀秘，总其大成，足迹四海，理解真伪，以传后世，我民族之健康有所斯敕也。”

（24）柳州《南国今报》2006年10月9日报道有《玉门道家太极拳简介》，说民间秘传玉门道家太极拳系道家秘传拳法，历代于道家单线承传，幸有清末民初俗家道人玉恒宝前辈有缘得以承传此技，才使这一宝贵遗产至今仍能完整保存下来。据传，此拳是张三丰原传太极十三势派生出来的一个支派，与现今社会上传的各式太极拳有所区别。在招式练法和要领内涵上保留着古拳风貌，劲力刚柔相济，绵里藏针，势有章法，形有意境，动态优美，力感传神。本拳内炼丹田，外练五弓，拳功一体，注重实战，分三层进境，四种练法。精熟后，八劲饱满，弹抖爆发，劲烈刚猛，击人可穿透筋骨，伤及五脏。演练时形神俱备，阴阳相融，身舒神安，体现出“大练如龙缠，小练如蛇行，静练如蠕动，快练如雷霆”的独特风格和内蕴。

（25）《武当》杂志2000年第2期发表了由段智明传授，雷勇、邹帆整理的《昆仑太极拳》一文。据该文讲，昆仑太极拳，传说是由武当山张三丰所创。昆仑太极在近代的承传中，由于复杂原因，各代传人也未向后人告知张三丰以后历代传人的情况，故也无什么依据可证实昆仑太极就是张三丰直接所传之太极。或许只是张三丰门下弟子所创，言祖不言师，就归在张三丰太极拳体系中而已。总之，此门真实的源头尚待考证。

据其师钟建华告知，昆仑太极拳最早由新疆传到上海。在新疆乌鲁木齐有一位叫堤克鲁·呼图克图的红教大活佛，大约在20世纪20年代云游至上海，与北洋军阀吴佩孚的贴甲护卫智立禅师相遇（智立禅师当时还未出家当和尚，俗名叫王智立），二人以武会友结成相知，活佛遂将密传的昆仑太极拳传授给了智立禅师。

1930年，智立禅师由上海到江苏无锡，将昆仑太极拳传授给结义兄弟吴佩孚的又一贴甲护卫江正南和我师钟建华（我师钟建华，又名钟德洋）。江正南乃新中国成立前四川奉节国术馆长，钟建华则是重庆国民党内二警武术教官。

（26）胡绍和先生《武当太极拳概述》一文，介绍有武当三清正道正宗秘传“三丰太极拳”。根据《武当秘鉴》作者严嘉康（1695—1786，清朝大臣后裔，为免杀身之祸，曾隐武当山为道）手记整理藏书八册。其第五册论拳经拳谱里记载有祖师张三丰创太极拳三十六式。后历经三代弟子，武当山南极宫尚宝真人秦峰增为五十四式，五代南极宫天礼真人纪芳谱增为七十四式，六代武当山上清观智轩真人钱强增为八十八式，七代武当山玉虚宫玄武真人陈敬儒发展为一百零八式（附有拳谱动作名称）。1929年，武当山南岩宫丰慧道长杨再新得秘藏武当宗谱和武当秘鉴，身怀绝技，还俗下山，始将武当张三丰太极拳公诸于世。

（27）由杨春编著，张兴洲传授之《道门秘传武当张祖太极拳》一书介绍：武当张祖太极拳原属道门秘练之拳法，是一支直接承传于武当道门的太极门派。他的传承情况是，第一代张三丰祖师，第二代邱元靖、刘古泉道人，第三代赵太斌道人，第四代元虚子道人，第五代陈玄月道人，第六代艾莲池道人，第七代李凤祥道人，第八代尚道明道人，第九代顾殿一、陈荫昌道人，第十代明瞭道人，第十一代徐本善、张鹤亭道人，第十二代张其发、虚无子道人，第十三代张兴洲、黄守业居士，第十四代赵峰、杨春等。

（28）更有陈占奎所著《张三丰太极拳》，道人刘嗣传所著《武当张三丰太极拳》，以及中国书店版张通述《张三丰太极炼丹秘诀》等书，都有较为翔实的太极拳传承内容。

（29）河南博爱县唐村《李氏家谱》所载之太极拳，由明朝时期的千载寺博公道长和李春茂而始，随之，太极拳便在唐村及李氏家族世代相传，至今，唐村、赵堡一带也称太极软十三。

（30）据《华山道教》载：张三丰将他的太极拳传于孙碧云。孙碧云为冯翊（今陕西大荔）人，13岁入华山为道士。明洪武二十七年（1394），太祖朱元璋召孙碧云至南京，住朝天宫，赐衣问“三教优劣”。永乐初，住持武当山南岩宫。明成祖召孙碧云入京并赐诗，永乐十一年（1412），敕授道箓司右正一。孙碧云致力于弘扬教门，将太极发扬光大。

据有关资料显示，华山华岳庙西城村孟氏第56代后裔孟希宇得自真传，身怀绝技，将祖传的“丰盛源”盐店生意做得格外红火，遍及三秦，盐队由镖师押运。王小聪就是其中一位著名的镖师，往来于晋陕之间，在承办盐务采购之余，将所学太极拳传于山西盐行同道。

王小聪，乃华阴西王堡人，少时就在西城子学艺，师从孟贞太，艺成，以镖师首领押运盐为生，往来于晋陕之间，将华山太极武术传播四方，威名远扬。后改名王宗岳，被奉为“神拳”。其所著《太极拳谱》在清咸丰年间，由时任河南舞阳县令的武澄清发现，作为太极拳文化的经典概括而享誉天下。由于王宗岳的引领，乡人多有尚武之风，于太极拳术亦代有传人。西王堡流传至今的“血故事”，充分体现了王宗岳所秉承的尚武精神。民国时期，其后裔王连芳继承家传，为著名镖师，押镖而行，走镖于山东、山西、陕西之间。新中国成立后，王连芳应政府所托，在岳庙中学、华山中学和敷水中学为师生传授太极拳和推手散打，名重一时。他所说的拳理“长打短，手上软，短打长，脚上忙”“高捧低压，里钩外挎”“手是两扇门，全凭脚打人”，通俗易懂，实战性强，深得师生喜爱。

岳西村旁的宗岳庙，相传为感谢王孟先辈拳师在武术上的卓越贡献，其后人立碑纪念，以尽对华山太极武术前贤的虔诚之情。庙内现在仍残留练拳、格斗壁画，可惜功法口诀已不复存。2005年4月，宗岳神庙碑在岳西村发掘出土，该碑为明朝天启元年所立，凿凿有据，太极拳渊源纷说之谜始见端倪。

（31）除上述诸派太极之外，尚有《少林延寿法》一书所载之“少林综合太极拳”。其介绍说，少林太极拳是宋代福仁高僧模仿其他太极门派动作，结合少林心意拳、柔拳、莲花拳而创编的与太极拳形态、动作相似的一个拳种。其特点是形柔内含刚，意主而潜力，静松双兼固。无论老少，体强体弱都可练习少林太极拳，日久能延年益寿。

其练法歌诀头诀曰："太极头上悬，自然须吊顶，下颏向里收，眼随全身走，舌卷项上腭，眉中颜面静，从容皆自然，口合目微缝，神态仿禅仙，松静力集中。"身诀曰："身立稳中正，腾翻腰背功，支上半架山，下重静中松，回转放两腿，不可用力绷，身法重腰背，主宰一身灵。"手诀曰："少林太极形花手，五枚花瓣任放收，推手意先手后随，非曲非直掌心空，移身善用十字手，变势双手膝上停。用意不用力，拳到似柔风，行动如抽丝，拳落像风影。"足诀曰："抬足柔而轻，落脚不响声，轻身脚为轴，收足活而松，足为人之根，稳固中求精。"步诀曰："起步节要松，迈步如猫行，步步要均匀，轻灵柔而灵，独脚负重心，虚实要分明。弓步像弓莫费力，摆脚弹脚需要轻。虚步足跟要离地，单岔就像幼猫醒。进退插跳侧歇步，移变需求轻松静。"一路少林太极拳古拳谱曰："达摩传下太极拳，一路起落势如仙。长灯辉煌碧浊洞，招招势势似舞演。起势先使括边炮，太白金星摘心拳。轻身架云雾中旋，幼猫上前观金山。嫦娥挽绸两侧舞，怀抱明月光闪闪。若有妖魔来作怪，心意括边炮震天。白鹤亮翅柔如棉，十字插手似绕线。手分上下鸡独立，白马分鬃瞎扶船。鹞子翻身秀婵娟，梅鹿卧枕如躺绵。雾中苏醒静幽幽，双手散云垂两边。仿佛梦中作一战，静中乐极心颜欢。"动作名称为：括边炮、控心掌、转身顶云、上步七星、单鞭、怀中抱月、当头炮、白鹤亮翅、十字手、金鸡独立、白马分鬃、鹞子翻身、童子抱观音、左右供佛。

二路少林太极拳谱曰："二路太极炼身心，仙童进山拜观音。金砂飞掌旋乾坤，海底捞月挂龙门。白鹤亮翅观四面，为防山患关铁门。十字通臂左右打，雄狮张口咬恶人。偶遇猛虎闪单岔，恶虎难伤超艺君。乘机再上七星步，肩挑上鞭向前奔。紧迫白猴把墙上，双枪一扎猿束身。再施黄忠两支箭，左右开弓准如神。金刚捣臼挤妖魔，二郎担山旋乾坤。仙丹虽然医百病，不及太极练三春。”动作名称为童子拜观音、金砂飞掌、海底捞月、白鹤亮翅、双关铁门、十字通臂、雄狮张口、单岔、大七星、大单鞭、白猿上墙、双枪手、猿猴束身、双弓放箭、金刚捣臼、二郎担山。

参考资料：

武当. 2010（10）－（12）.

《大理古佚书钞》明人笔记武术史料研究

——彰显张三丰行踪与“武技冠天下，智谋超群”“精研太极，创武学，自成一家”

云南人民出版社2002年1月出版的《大理古佚书钞》（尹明举主编，以下简称《书钞》）一书，辑录了我国明朝存世书稿三部，即李浩《三迤随笔》、李以恒《淮城夜语》、张继白《叶榆稗史》。令我们惊喜的是，《书钞》的三部古佚书中记有大量的武术史料，其内容之多、记载之具体，在一般的明人笔记中是极为少见的。不少内容事关目前武术史研究中的重要课题，同时也为我们了解古代大理地区从官方到民间的武术活动情况，提供了难得的史料。有人称“三部书稿的面世，是继山东银雀山、长沙马王堆、荆门楚墓出土简帛古书之后的又一重大惊喜新发现”，“书籍中记载的张三丰资料，振聋发聩地为中国武术太极拳寻踪，揭示迷津”，确不为过。因为，《书钞》共305个条目，其中与武术有关的或直接显示武术活动的条目即多达100个，占到了全书的三分之一，其记载涉及了古代武术的方方面面，有些在现在看来还更加鲜活和新颖，可以说是一部古代的《武术百科全书》。这也缘于李氏家族“自康熙以来，只许子孙练武习文而不许入仕，开了两百多年镖局”。所以，对于有关宗教、文化，特别是古代武术及其活动的记载，就显得更加丰富而翔实，是十分珍贵而难得的第一手资料。

一、《书钞》的来源与作者

《书钞》是大理白族民间艺术家李莼先生贡献出来的一部手抄书稿，它抄录了明代永乐（1403—1424）至嘉靖（1522—1566）年间李浩著的《三迤随笔》、张继白著的《叶榆稗史》和玉笛山人著的《淮城夜语》三部著作。这三部距今430多年的明代书稿，成书于明永乐至嘉靖年间，这是明代的三部笔记小品的残抄本，是已失传关于大理古代历史文化佚而复得的珍贵资料，也是关于南诏大理国和白族历史文化的值得一读的奇书。它提供了不少鲜为人知的新史料，描绘了一幅幅明代以前及明代洱海地区社会生活的鲜活的历史画卷，复原了那个历史时代闻所未闻的新鲜故事。

《三迤随笔》成书于明永乐庚子年（永乐十八年，1420）。作者李浩在《自跋》中称："余缨胄世家，自唐宋以来，多有册封，文韬武略十六代。""余十七投笔，于定远军与义兄沐英有八拜之交，随高帝转战四方十八载。滇平，始成家，娶德胜驿（今大理下关镇）丞王义丈人女为室，屈指十九载。""余自洪武壬戌（洪武十五年，1382）春入滇。事平，封疆于三迤道德胜关，为天威径镇抚使，隶属云南总兵西平侯沐英部下。""自入滇以来，择以淮城（今下关）为德胜驿馆。修蒙氏龙尾关，历时五年。虽多次戍边征战，剿元军叛部于浪穹，平思任于麓川，皆靖剿小战。"作者在入滇以前，曾以"江南翰苑见闻而写《秦淮见闻录》《从军录》"。由此可知，李浩是沐英入滇部队中的"中军录事"（文职军官），后来落籍于大理。

《叶榆稗史》的作者张继白，大理人。他在书中这样写道："余自幼生长于叶榆，幼与段宝（元代大理总管）共读于苍麓院。元亡后，无心功名，衣食无虑，志在寄情田野。闲观鹤舞，夜读百家著作，客来品茶夜话。话题之广，上至神通、辟地开天，中跨人王千年，下述鬼神玄怪，日久成集曰《叶榆稗史》。"他与李浩交情甚笃，结为姻亲。他还写道："平滇事平后，李镇抚屯军德胜驿，与吾辈结为知交。"所谓"吾辈"者，指的是当时世称的"叶榆七子"或"叶榆七隐"，他们就是志同道合的达果和尚（大理总管段隆的四子）、无极和尚、杨桂楼、张玄素、段宝姬（段功之女）、李浩和张继白七位忘年交。据《淮城夜语》的作者介绍："外祖公张继白有史官之志，怀才不遇，建山庄于古妙香国皇宫遗址。藏书之多冠于南中，著《叶榆稗史》四卷，增补二卷，刻版印书百部，多为宦海珍藏。虽为稗史，事皆事实。"

《淮城夜语》的作者署名"玉笛山人"，其真名叫李以恒，字静瑛，属李浩的后代，曾参与《赵州志》（未刊行）的修纂。明代庄诚修的《万历赵州志·儒学》中有载，说他是贡生。这里的淮城指的是下关附近的一座古废城，据书中记载："西汉高祖吕后于未央宫斩淮阴侯韩信。韩信子女三人会部将于西洱河口，于青木林南建淮城。二百年后毁于地震。"因有这种传说，自古下关有"淮城"的别称（也有写作"槐城"的）。

上述三部古佚书的资料来源，有其特殊的渠道。据书中记载，李浩随沐英进军大理，奉命与蓝玉接管大理段氏总管府，"蓝玉将军性暴，胡海兄好杀，段氏出逃免遭于害。城中火势大发，蓝玉部将占领四十饷库，全掳平章府珍宝。殿堂火发，余派人救灭，幸段氏藏书全存。余命五百战士，清理所存字画藏书，遍收得两百余驮，驮至龙尾关，由余保存"。到了洪武十九年

（1386），李浩将这些藏书清理后，一部分解运南京，一部分交省城沐府，自己留下3000余册。他在龙尾关辟地兴建一座叫“幽香阁”的书楼，珍藏这批段氏内府典籍。在《三迤随笔》的“自跋”中，他写道：“闲暇静观蒙段诸史于阁中，偶有心得，余以随笔记之，事久成集，故曰《三迤随笔》。”可见，这批宫廷档案就是这三本笔记小品的主要素材之一。另外，由于作者平时留心于街谈巷语的轶闻趣事，书中也记录了大量民间口碑、地方传说等。

二、读《书钞》，品滋味

初读本书，给人的印象是内容十分庞杂，历史事件、南诏大理国宫廷内幕、民族源流、宗教信仰、天文地理、自然灾害、冶炼技术、医药卫生、文化教育、音乐美术，乃至民歌民谣，无所不包；从学术角度来看，又是历史学、哲学、心理学、民族学、民间文学、民俗学乃至荒诞不经的封建迷信，都掺和在一起，令人真伪难辨。然而待到读完全书，掩卷而思，则使人从中真正感到大理各民族的古代文化的博大精深和美丽、丰富、神奇。更因为三部明代佚书所提供的多学科的资料极其广博和丰富，大到天文地理、外星来客，小到风俗习惯、奇人奇事，广至城邑变迁、王族更迭，深至民族心理、苦乐生死观念，各方面都为我们提供了鲜为人知或知之不多的材料。

尽管三部古佚书系“不拘类别，有闻必录，长长短短，记叙随宜”的随笔式小品，显得随意和杂乱。然而，它所反映的大理乃至云南的历史是比较系统的，尤其对重大的历史事件，在不同的篇章里作了不同侧面的记述。

何况这三部明代佚书的主要内容，记载的还是大理国时期的资料。据《三迤随笔》作者李浩自称，其史料来源多系明代尚存的名为“内史”和“段氏传灯录”的大理国宫廷档案，即便其他一些作者耳闻目睹的奇闻怪事或道听途说的地方掌故、故事传说，也是据今四五百年前社会世象的记录，亦有相当的研究和参考价值。足见这三部明代佚书的弥足珍贵。

对历史文化的研究，不能只局限于几部已经公认的汉文典籍的记载。而应当把视野扩大到广大民间流传的各种史料（包括文字的记载、口碑传说）和田野考古发掘的成果。有趣的是，这三部明代佚书中，不少篇什恰恰印证了当今考古发掘所得出的结论，如1996年云南省文物考古所与大理州文管所在今下关西南部苗圃山一带发掘了古代砖瓦窑八九座，出土大量有字瓦和其他砖瓦，初步判断为南诏直至元明时期的砖瓦窑址。而《淮城夜语》中的《青木林万人冢》篇便明确记载了“南诏阁罗凤筑龙尾城，以青木林为取泥烧砖地”。青木林，即今下关西南片区的古称。此类与考古发掘相符之处，本书中比比皆是，不可能有那么多巧合，这正是这三部明代佚书的特殊价值所在。

由于笔记有着特定的形成过程，大多都有瑕瑜互见的特征，但多数则瑕不掩瑜。因为这类文章一般都是缀辑琐语、记录异闻、叙述杂事，作者往往信笔记事，不求精确。因此，材料零乱、真伪杂糅等就成了笔记体的通病，而“杂”正是笔记的一大特点，不足为怪。

作者并非见诸经传的学士，他们只不过是有一定文字能力的秀才或下级军官，平时偶有所得，随手记事，没有刻印流布以求声名的功利目的。何况当时笔记内容还属犯讳之列，是不能公开刻印流传于世的。而且三部古佚书是历经焚书浩劫的年代，在特殊的条件下抄录保存下来的，抄录者缺少抄写的宽松环境，产生鲁鱼亥豕亦在所难免。应当说，抄录能够达到如此的水平，已经是很不容易的事了。

对三部明代佚书的真伪及其成书年代的问题，与当今流传于世的若干大理史籍相比较，这三部明代佚书的史料价值是毋庸置疑的。

三、《书钞》武术史料概述

《三迤随笔》其记录的武术史料，主要有古代大理的武坛打擂；无为寺武僧的习武活动，无为寺乃大理的“护国禅寺”“武中道场”。也记录有“武僧”“八百罗汉兵”等情况；在有关张三丰的武术资料方面有两处，可以说是中国武术史料上的重大突破。

《淮城夜语》所记武术史料最为丰富，其内容主要有无为寺武术活动的详细记载，著有《黄龙金戈剑道》二十四卷，有关无为寺的武术情况还散见于《僧达智》等诸条，还有著作《剑谱》二卷，剑法二十五套，各有剑诀等；有关张三丰的武术情况更为具体。《淮城夜语》中记载张三丰的材料较多，譬如创“太极三功”“内丹太极剑”“太极两仪拳”“阴阳太极掌”，著有藏武经四卷等，而多与建文帝事迹有关，末有《张三丰入滇记略》一文，其《张玄素入点苍》条，对张三丰的简况和武术情况作了更为详尽的描述，引人注目。

“少林南宗”和“少林南支功法”之说，以及“武术”一词的出现是一大亮点，以至于各类武术的技艺名称，《淮城夜语》中更可谓相当丰富，譬如“罗汉刀”“奇门拳”“二十四棍齐眉棍法”和“心意门拳”；以及《吴启龙》条中言及的“岳王枪法”和《点苍十八郎》条中所说的“童子功”等。还有如《药王杜清源》条中提及的“醉仙剑”，文中称杜清源善饮，醉则酣睡，“醒则舞剑，如游龙蜿蜒，曰‘醉仙剑’，为段家世传剑法”，还能以剑点人穴位，曾有言云：“学医必通人体诸穴，通则必准。体穴道，生死一丝间……习武亦如是，精晓人体诸穴，点穴，小技也。万事一理，久练则精”；另外，在《吴启龙》等条中，还记述了一般明代史料中极少见到的“镖局”；以及古代大理无为寺武术活动情况等。

记载中提到的“武僧”一词，可以得到明代其他史料的佐证。如现存的少林寺塔林中有一明正德年间的“三奇友公和尚塔”，其塔铭曰：“敕赐大少林禅寺敕名天下对手教会武僧正德年间蒙钦取宣调镇守山陕等布政边□（境）御封都提调总兵统云南烈兵扣官赏友公三奇和尚之寿塔。”另一块万历二十三年的《钦差督理粮储带管分守河南道左参政房批示碑》同样记曰：“刘贼、王堂及倭寇并师尚诏等倡乱，本寺武僧屡经调遣，奋勇杀贼，多着死功。”

此外，也提到了崇尚武艺或武功高超的“东倭僧”和“天竺僧”，这也是以往极其少见的，再看看今天的印度武术，同样有套路、器械、对练等，不由得使人联想到少林为什么要尊达摩（也记有达摩六祖和《达摩坐禅图》）为祖师，这都是值得进一步研究的。

对于张三丰的记载，其内容基本可分为两部分，一部分是有关张氏生平事迹的简况，另一部分是对其武术情况的介绍。《明史·方伎传》《三才图会》也有类似“张三丰……龟形鹤骨，大耳圆目，身长七尺，须髯如戟……元末，居宝鸡金台观”的记载和说法，说明《书钞》所讲不虚。同时也称三丰精研太极，创太极三功（即内丹太极剑、太极两仪拳、阴阳太极掌），自成一家及五代传人所演练的拳技风格是“形柔态美，气布全身，一旦遇敌，拳力暴发”，更证明被世人所尊崇为“杨无敌”的杨露禅，以及到目前为止各门派太极拳仍然尊张三丰为祖师是有道理的。当然，这也是目前所见到的对张三丰武技最为详尽的记述。

有关文中提到的种种武技问题，冠以各种名称的拳种技艺的大量涌现，是明代武术发展的一个显著标志。如戚继光的《纪效新书》中就记有16家之多，而郑若曾的《江南经略》和何良臣的《阵纪》中又略有不同。就《书钞》三份笔记所列举的诸多技艺名称，特别是一些剑法名的出现，也说明此时武术文化已极为成熟，都从不同的侧面展现了明代武术的繁荣昌盛和丰富而博大的内容，可以说是相得益彰，互为补充。

总之，《书钞》三份笔记所记述的武术史料是相当丰富的，“其史料价值是无庸置疑”的，非常值得我们深入地挖掘整理和研究。

四、《书钞》武术史料的挖掘与整理

1. 武功高强的大师级人物近百人

赤诚、达摩、智升、阿虎、沐春、凤娇、惠玲、文婕、琼华、林俊、李浩、巧珠、崔群、阿曲、道吉、段功、达果、宝姬、庙祝、周彦、蓉姑、二牛、董琪、张锐、天秀、宝姐、张洪纲、负石妇、张寸平、张三丰、陈玄亮、段思智、段思英、段正明、高升泰、段正淳、段和誉、段正兴、段素兴、段思平、沈万三、沈线阳、慧柯僧、朱子贞、伍文通、僧达智、僧无极、僧普照、僧缘循、高士杰、阳合子、玉合子、杜文相、陈玄子、杜清源、段赤成、伍惠娘、鲁大莽、光渊兄、王小海、吴启龙、何德荣、董伽罗、武僧雄仙、高僧一化、高僧知善、秉义皇帝、大德比丘、圆赞头陀、高僧天祥、大云高僧、宏修大师、秉义和尚、程济道人、大鼻叫化、妙洁法师、高大鼻子、武举唐诚、白鹤道长、宏广禅师、梵僧罗赞、达果和尚、东瀛僧天祥、法缘大比丘、了尘大比丘、海德大禅师、遗缘大比丘、寿海大法师、清净散人孙不二、中条玄女薛真阳、烟波道人赵德冰、云池道人钟庆和、张玄素（张三丰）、天竺高僧赞陀崛多、河南嵩山少林僧昙净、德胜驿高僧长老数十人。

2. 武术典籍

藏武经四卷；剑法七十二式，有诀刻于一玉佩；著有《黄龙金戈剑道》二十四卷；寺有《剑谱》二卷、《剑法》二十五套，各有剑诀；了尘善武，曾著有《兵略九拳七剑技》，包罗蒙段诸技之精华。

3. 武术门类与方法

武僧；击剑；骑射；瑜伽；箭射；镖局；镖行；罗汉刀；奇门拳；高家鞭；齐眉棍；练气士；童子功；心意门拳；石头打人；殿前侍卫；跨骑演武；武擂之魁；点穴小技；奇门剑法；少林南宗；少林南支；五行剑法；奇门遁甲；吐纳诸法；丹霞剑术；玄武剑法；白鹤剑法；周天太极；十二门剑法；南中诸拳棍；延年长生术；开科设武举；执棒与豹斗；河南嵩山少林；轮剑二十四路；辟谷禁食百日；段家世传剑技；三百八十四剑罡步；身缠二十四飞刀；练气为修身之道；闭室面壁一百日，十日进水一杯；擂台每年取武士六人、授以武职；幼练轻功，能跃楼檐，轻巧如燕；飞檐走壁，十八般武艺游戏于指掌、拳脚；精研太极，创武学，自成一家；以阴柔阳刚、刚柔两仪四象而创太极三功，即内丹太极剑三百八十四招，太极两仪拳三百八十四拳，阴阳太极掌。

4. 武术的硬功奇能

弓箭不入，刀枪难伤；有奇术，能行于刀尖；喜刀马，能开二十八斤铁弓；裸身舞于火塘，踩刀而足不伤；家传铁鞭，为陨铁打就，重百斤；一大力僧，可举千斤之石如儿戏；力能扳牛斗而双分之，臂力国中第一；南诏剑重二十余斤，而段氏剑重十二斤，刀十八斤；卷尘扬而马迷目，惊而失足。思廉蹶跌，智生上而接之；授余拳术，形柔态美，气布全身。一旦遇敌，拳力暴发，排山倒海；剑长二尺八，中厚八分，剑刃实约寸六，色青紫，锋利沉重。全剑连鞘重二十余斤。

5. 武术器械种类

箭、毒箭、蛮刀、剑、佩剑、蛮剑、轮剑、长剑、销剑、乌钢剑、竹削剑、黄龙剑、刀、长刀、大刀、爨刀、戒刀、飞刀、马刀、腰刀、九环刀、枪、铁鞭、高家鞭、棍、齐眉棍、铁棍、九环杖、棒、铁弓、长矛等器械，以及戈矛、戈戟、棍棒、弓箭、刀枪、刀棍、宝刀、宝剑、利刃、利剑等。

6. 武术器械之质与规格

九环杖，杖重百斤；身缠二十四飞刀；阿虎背绑四飞刀；女儿剑一剑值千金；制快刃三十六把，利剑一对；家传铁鞭，为陨铁打就，重百斤；吾这刀，祖上所留，杀人如麻；铁炼钢铸剑，世称爨刀、蛮剑；得南诏刀四、剑二、段氏剑三，皆珍宝；剑长一尺六，宽两指，曰“女儿剑”，制工极精；精钢制利刃二十四把，利剑二柄，锐可吹发立断；愿以五百金买其剑，曰：“人可穷当花子”，而不卖其剑；竹削剑、长剑、一三尺长刀、宝刀、刀棍重千斤、二十八斤铁弓、石头打人；清源以蛮竹片为剑，与诸将斗；古剑二柄，异于常剑，剑锋钝而锥形；成精绵铁，铸刀剑，锋利无比，以点苍雪水淬之，极硬，磨三月，光鉴人影，出鞘而寒生，吹毛可断，可削铜铁而刃不伤。

又造十剑十刀，更以北天殒钢铸殒钢剑八，色乌黑，硬无比，可削玉，为国王佩剑。

南诏剑重二十余斤，而段氏剑重十二斤，刀十八斤，鞘有象皮、蟒皮，镶以宝石、金箍，金柄精湛。

沐英得五剑，赐余一。果刃可吹发削铁，曰“雪峰”，盖南诏晟丰佑铸双剑，淬火于雪峰巅，极硬。磨剑，半载始成。原剑鞘年久损。段正明用此剑配新鞘，以原宝石镶于金鞘，无价之宝。

制一戒刀，长四尺，重八十斤，以纯钢打制，四人合力磨刀半月，可削铜铁。

以栎炭扯炼而搓熟铸刀剑，淬火，精磨数十日至百日始成。锋利无比，可剁常铁。

请铸剑匠诺玉广平铸剑四柄。

常观此剑，寒光射影。谁知此剑斩奸除恶百二十有七，为镇寺传法之剑。

家有干贞铸剑一口，得于平元之战，因忌其历代杀人过多而置于后屋，家居万人冢边，以此镇邪耳。

惟留一剑、杀人如麻之剑。余观其剑鞘，纯金打造，上有五色宝石三百六十颗，日下闪闪刺目。剑长二尺八，中厚八分，剑刃实约寸六，色青紫，锋利沉重。全剑连鞘重二十余斤。

令十匠人磨剑两年余，剑始成，藏段府秘室。

其剑可削戈戟，屡立战功，名乌钢剑。

剑为宝姐所得。

观其剑，制工精巧，金鞘双龙夺珠，镶三百六十颗五色宝石。剑重十二斤，长三尺，刃宽一寸六，中厚八分，色乌亮而冰寒，宝矣。

7. 武术功法套路

练气；炼气；轻功；童子功；飞檐走壁；罗汉刀；奇门拳；五行剑法；白鹤剑法；丹霞剑术；玄武剑法；灵通玄法；十二门剑法；齐眉棍；心意门拳；精南中诸拳棍；轮剑二十四路；剑法七十二式；少林南支功法；罗汉刀、奇门拳功夫；二十四棍齐眉棍法；宋武穆王岳王枪法；趺坐法台，百日而不食；瑜伽金刚大法；闭室面壁一百日，十日进水一杯；得瑜伽大法，能坐禅百日；瑜伽大法之悬浮；辟谷禁食百日，百日期满，法缘神态依旧；裸身舞于火塘，踩刀而足不伤；以内丹之说，外气巧运循环始复而授人；得其传三百八十四剑罡步，久练而轻身；传剑法于母女，皆万人敌；从师习瑜伽，转金刚大智法。每练大法，身发旃檀香。入夜，七彩光环绕身，每辟谷则八月，不饮不食，闭目禅合，面似童子，出室喝清泉两升。后进食至七日，食如常人。而练九环杖，杖重百斤，奔腾纵跳，矫若神猿，可跳越三重高楼。

钟庆和曰："剑本元气，无形，使用则气出如丝，外缠光华如虹，可于百步伤人。"

教奇门遁甲、吐纳诸法，皆身轻如燕，行于流水而不沾濡衣。精歧黄，施药济民。钟庆和常云游四方，历四十余载，依然貌似少年。众知钟已得延年长生术。

后至宝鸡金台山，精研道学，号三丰道人。道成游天下，至武当，结篷于玉虚台，精研太极，创武学，自成一家。以阴柔阳刚、刚柔两仪四象而创太极三功，即内丹太极剑三百八十四招，太极两仪拳三百八十四拳，阴阳太极掌。

玄素行踪如风似云，寿二百余，依然童颜不改。食则斗米，荤素兼食，无口戒。闭关可十月滴水不沾，不进饮食。

授余拳术，形柔态美，气布全身。一旦遇敌，拳力暴发，排山倒海。

8. 武功与绝技

一箭射入口；一刀挥断；迎腹剖之；身缠二十四飞刀；跳跃以利刃劈之；敏捷纵跳，砍断蟒项；镖局掌柜，一介武夫，弓箭不入，刀枪难伤。有奇术，能行于刀尖，剑技之精，前无古人，武技冠天下，智谋超群，竞技于校场，骑射第一。神射，箭射，连发二箭；喜刀马，能开二十八斤铁弓，裸身舞于火塘，踩刀而足不伤。闭室面壁一百日，十日进水一杯。一旦遇敌，拳力暴发，排山倒海。执棒与豹斗，豹毙棒下而勇名扬。一大力僧，可举千斤之石如儿戏。精研太极，创武学，自成一家。力能扳牛斗而双分之，臂力国中第一。剑法之精，疾如风狂雨骤，缓似龙飞凤舞。习武亦如是，精晓人体诸穴，点穴小技也。飞檐走壁，十八般武艺游戏于指掌、拳脚。少勇猛过人，武艺超群，力大分牛，为殿前侍卫。卷尘扬而马迷目，惊而失足。思廉蹶跌，智生上而接之，矫捷如猿，身轻似鸟。至此众方知其武技之精，当世不多。练九环杖，杖重百斤，奔腾纵跳，矫若神猿，可跳越三重高楼。醉必舞剑如游龙缠身，忽软如棉，忽重如压顶泰山，轻重忽缓，井然有序。活擒猛虎，拔虎牙，蜕虎爪，以铁链拴虎于乌龙潭。虎群闻嚎，又现三虎，擒之。幼练轻功，能跃楼檐，轻巧如燕。余老祖常观其技，每与其交手，皆败其手下。

9. 设演武场与演武

国人年十四至五十皆习武、学武、传武。习武、练武、演阵，练武地，达摩堂。校场演武，演武点将。传武圣地，按期演武。武坛打擂，应文武试，舞剑于庭。王室习武，置演武场。鸡鸣舞之，比武赛诗，国王佩剑，醒则舞剑。舞棍弄棒，必考骑射，迎腹剖之，一刀挥断。石头打人，一箭射入口。开科设武举。身缠二十四飞刀，跳跃以利刃劈之。宏修善武，辟演武场，共习武于海印七年，趺坐法台，百日而不食。文武百官演武、习武考试地，武者演武，与寺中高僧比试。竞技于校场，跨骑演武于校场。裸身舞于火塘，踩刀而足不伤。于段府演剑法，如雪花缠身。宝姐尚武，三岁随母舞剑鸡鸣，演玄武剑法，势如游龙翻江，腾跳如仙猿，奔腾纵跳，矫若神猿，可跳越三重高楼。建演武厅于翠华楼前，为国中王室习武之地。必至峰顶炼气，声如洪钟，举五百斤石狮而形色如故。练武于阁前，艺之精纯，大将难敌。相好武，拜庙祝为师。无为寺自南诏以来，为习武重地，精于刀剑、戈戟、棍棒。鸡鸣，练武于天威径览月台。剑法之精，疾如风狂雨骤，缓似龙飞凤舞。醉必舞剑如游龙缠身，忽软如棉，忽重如压顶泰山，轻重忽缓，井然有序。

10. 习武与对人物的武功表述

学武；传武；善武；习武；精武；练武；武技；竞武；崇武；幼习武。天秀，幼习刀马，技高深，与启龙战三日无胜负。尚刀剑；好击剑。有绝技，精剑术。精刀剑，练气士。骁勇，善骑射。用兵、刀、枪、剑、铎诸技骑射。精剑术，行必背剑。精拳技、长矛，有名望。善骑射。得神戟。背负剑。罗汉刀、奇门拳功夫独到。皆好武，多立战功。精剑术，轻柔娇燕。有奇术，能行于刀尖。喜刀马，能开二十八斤铁弓。吾这刀，祖上所留，杀人如麻。善骑射、马刀。精枪法、善骑射。善兵戈、武者之勇。观其剑，制工精巧，金鞘双龙夺珠，镶三百六十颗五色宝石。剑重十二斤，长三尺，刃宽一寸六，中厚八分，色乌亮而冰寒，宝矣。宝姐舞之犹如乌龙腾跃。

能文善武；吾习刀剑；天祥崇武；文武兼备；通武学文；文韬武略；间习武艺；阿虎善射；文武双兼；家传铁鞭；鸡鸣舞之；习文练武；勤学精武；比武赛诗；幼喜刀戈；刀戈铁棍；文武皇帝；崇道习武；所赠销剑；手执大刀；得一佩剑；精文研武；智勇过人；静心习武；习文善武；习文尚武；秉义精武；学文练武；武功盖世；醒则舞剑；舞剑于庭；武技超群；精文尚武；武功超群；传其武艺；奇门剑法；惟留一剑；武举唐诚；舞棍弄棒；心意门拳；以腰刀砍；刀戈有声；镖局镖头；尽使蛮刀；风剑霜刀；王室习武。称文武皇帝；无为寺武僧；拔剑与蛇斗；提根打狗棍；幼喜习击技；幼练童子功；抽刀挡其手；宏广精剑术；击技冠南中。

武能带兵打战；武以刀剑超群；武试居寺之三；少林南支功法；传剑术于宝姬；皆败于其手下；上点苍山藏剑；一剑深刺其腹；镖局有马刀队；少林南宗传人；骁勇无敌，所向披靡；手执戈矛，飞跑格斗；宏修善武，辟演武场；习武三载，执黄龙剑；滴水不沾，不进饮食；镖局掌柜，一介武夫；张锐拔剑，二人斗之；弓箭不入，刀枪难伤；趺坐法台，百日而不食；精文崇武，骑射皇族第一；精研太极，创武学，自成一家；宝姐尚武，三岁随母舞剑鸡鸣。精诸武术，尚剑术，密传之十二门剑法，精绝；曰“醉仙剑”，为段家世传剑技；善骑射；飞檐走壁，十八般武艺游戏于指掌、拳脚；击技超群，而聘为武师，传技八百罗汉兵；射术之精，射飞鸟如儿戏。剑术之精，古髯公红拂之技也；矫捷如猿，身轻似鸟。至此众方知其武技之精，当世不多；了尘善武，曾著有《兵略九拳七剑技》，包罗蒙段诸技之精华。制一戒刀，长四尺，重八十斤，以纯钢打制，四人合力磨刀半月，可削铜铁；幼练轻功，能跃楼檐，轻巧如燕。余老祖常观其技，每与其交手，皆败其手下；活擒猛虎，拔虎牙，蜕虎爪，以铁链拴虎于乌龙潭。虎群闻嚎，又现三虎，擒之。

正兴幼善武、喜击技；于校场演武，诸器皆精；凭敏捷纵跳，砍断蟒项；连砍十余刀，连刺数剑；竞技于校场，骑射第一；六岁习文武，十岁善骑射；五女皆习武，历来不让须眉；执棒与豹斗，豹毙棒下而勇名扬；演玄武剑法，势如游龙翻江，腾跳如仙猿；少勇猛过人，武艺超群，力大分牛，为殿前侍卫；先空手与斗，后执械与斗，丐以手中竹杖挡而对攻，曰“白鹤剑法”。细观其剑，剑柄有飞翔白鹤图。剑法七十二式，有诀刻于一玉佩；练武于阁前，艺之精纯，大将难敌。相好武，拜庙祝为师；习武亦如是，精晓人体诸穴，点穴小技也。万事一理，久练则精；创太极三功，即内丹太极剑三百八十四招，太极两仪拳三百八十四拳，阴阳太极掌；余观其剑鞘，纯金打造，上有五色宝石三百六十颗，日下闪闪刺目。剑长二尺八，中厚八分，剑刃实约寸六，色青紫，锋利沉重。全剑连鞘重二十余斤；教奇门遁甲、吐纳诸法，皆身轻如燕，行于流水而不沾濡衣。精歧黄，施药济民。钟庆和常云游四方，历四十余载，依然貌似少年。众知钟已得延年长生术。从师习瑜伽，转金刚大智法。每练大法，身发旃檀香。入夜，七彩光环绕身，每辟谷则八月，不饮不食，闭目禅合，面似童子，出室喝清泉两升。后进食至七日，食如常人。而练九环杖，杖重百斤，奔腾纵跳，矫若神猿，可跳越三重高楼。

传剑法于母女，皆万人敌；司掌神剑玉匣，得灵通玄法；于段府演剑法，如雪花缠身；授以丹霞剑术，历十五载得绝技；必至峰顶炼气，声如洪钟，举五百斤石狮而形色如故；文武皇帝段思平；文韬武略十六代；常谈文论武而乐；授五行剑法于段功；皆以子弟投其门下；共习武于海印七年；二十四棍齐眉棍法；河南嵩山少林僧昙净；洪武知张三丰本天下奇士；被清源点中腕穴，弃剑于地；传轮剑二十四路于十二弟子；著有《黄龙金戈剑道》二十四卷；力能扳牛斗而双分之，臂力国中第一；高士杰为云南高氏后代，精南中诸拳棍；慕无为寺了尘禅师奇功，交手三日，无胜负；飞骑队以长矛为主，以宋武穆王岳王枪法制敌；自幼随师采药行医，喜剑术，炼丹剑，忠愿识剑；三丰精周天太极，万三亦然。剑技之精，前无古人。玄素传拳剑于段氏二子一女，及玄亮弟子静超、静远；卷尘扬而马迷目，惊而失足。思廉蹶跌，智生上而接之；授以阴阳周易。以内丹之说，外气巧运循环始复而授人。与清源搓议剑法，戏斗。清源以蛮竹片为剑，与诸将斗；愿以五百金买其剑，曰："人可穷当花子"，而不卖其剑；二女得大云传飞檐走壁轻功绝技，常随师游，喜打抱不平；嫂有女凤娇，自幼与其兄沐春同时习武，拜师大云高僧，精剑法；制快刃三十六把，利剑一对。赤成周身缚剑如猬，与雌缚斗于阳坪；鸡鸣，练武于天威径览月台。剑法之精，疾如风狂雨骤，缓似龙飞凤舞；醉必舞剑如游龙缠身，忽软如棉，忽重如压顶泰山，轻重忽缓，井然有序；为保允般有退路，保生存，重托玄素、大云，大云即无依禅师。皆武技冠天下，智谋超群，历为太祖敬重；习刀戈以实战，而不喜剑法。家有干贞铸剑一口，得于平元之战，因忌其历代杀人过多而置于后屋，家居万人冢边，以此镇邪耳；玄素行踪如风似云，寿二百余，依然童颜不改。食则斗米，荤素兼食，无口戒。闭关可十月；其遗物遗稿存于灵鹫观杨元鼎、郑元春处，余多次游灵鹫观，于其五代传人守铨处观诸诗稿，抄诗百二十首。守铨示一木匣，藏武经四卷。余家虽世代千户，贯使长械，守铨与余挚交，授余拳术，形柔态美，气布全身。一旦遇敌，拳力暴发，排山倒海。余劝守铨传余侄。铨曰："祖师有言，武经只传一脉。除非本门当家弟子全传，不传外人。"祖师另一留言："不许立碑立传，以免暗保建文事露，患杀身灾祸。"

五、《书钞》武术史料的闪光点

（1）展示武术器械及刀剑的工艺与铸造流程，非常珍贵。

《圣德皇帝高升泰事》：家传铁鞭，为陨铁打就重百斤。

《青木林万人冢》：回部多巧匠，所制刀戈锋利，银器精细，善经营。

《蛇骨塔记事碑》：为赤诚选精钢制利刃二十四把，利剑二柄，锐可吹发立断。

《僧缘循》：缘循请工匠制一戒刀，长四尺，重八十斤，以纯钢打制，四人合力磨刀半月，可削铜铁。

《张寸平除蟒事》：寸平惊恐，长髯伟士曰："吾有钢刃赠。"执一三尺长刀，寸平接之而寒逼生辉，知为宝刀。一刀挥断化枯项，迎腹剖之，化枯毙。

《乌钢剑》：总管令十匠人磨剑两年余，剑始成，藏段府秘室。功平缅，配其剑可削戈戟，屡立战功。名乌钢剑。

洪武二十六年，余往鸳溪兰室观其剑，制工精巧，金鞘双龙夺珠，镶三百六十颗五色宝石。剑重十二斤，长三尺，刃宽一寸六，中厚八分，色乌亮而冰寒，宝矣。

《高大鼻子》：而惟留一剑，本其祖高将军大理国军将高升泰，驰骋疆场杀人如麻之剑。余观其剑鞘，纯金打造，上有五色宝石三百六十颗，日下闪闪刺目。剑长二尺八，中厚八分，剑刃实约寸六，色青紫，锋利沉重。全剑连鞘重二十余斤。高大鼻酒醉兴至而舞之，曰“白鹤剑法”。细观其剑，剑柄有飞翔白鹤图。剑法七十二式，有诀刻于一玉佩，高大鼻挂于心窝。西平侯沐氏愿以五百金买其剑，曰：“人可穷当花子。”而不卖其剑。

《铁雨可铸剑》：大理国杨干贞篡位，七月十八，沙坪流星如雨，落地有声，历时至次晨，死二行人，数日平静。好事者往观之，皆碎铁，重于常铁而更重。军民纷往寻之，以栎炭扯炼而搓熟铸刀剑，淬火，精磨数十日至百日始成。锋利无比，可剁常铁。大理国段思平灭大义宁国杨氏，得雨铁八十余斤，请铸剑匠诸玉广平铸剑四柄，曰“黄龙”，曰“金雀”，曰“松鹤”，双剑曰“鸳鸯”，储于内宫。段思英出家无为寺，带走黄龙剑，至今乃存无为寺。余与洗尘大师为知交，常观此剑，寒光射影。谁知此剑斩奸除恶百二十有七，为镇寺传法之剑。寺有《剑谱》二卷、《剑法》二十五套，各有剑诀。可惜余虽世袭军籍，习刀戈以实战，而不喜剑法。家有干贞铸剑一口，得于平元之战，因忌其历代杀人过多而置于后屋，家居万人冢边，以此镇邪耳。

《蒙段铸剑》：南中冶炼，始于楚庄迹入滇。特以铜冶为主，至蜀汉始知炼铁，铁源于紫石崖。蒙氏史载：蜀将李恢征孟获，获降，屯军南中。军中有制箭簇匠人樊二，善冶，知佛光寨北马鞍山赤石能冶铁，取而冶之。亮造水扯炉图，以水磨法加仙人手，而炼石成铁。又以匠人用松柴，二次烧煅生铁，以工匠千锤击之，铁性渐软。三击三炒，而成精绵铁。以绵铁之英铸刀剑，锋利无比。至蒙氏灭五诏，南诏立国。南诏有铸匠赵利阿，清理冶炉，见炉底有青铁，重于常铁倍。试取制刀，十日始熔，曰“炉底钢”，色青黑。以点苍雪水淬之，极硬，磨三月，光鉴人影，出鞘而寒生。罗凤试之，吹毛可断，可削铜铁而刃不伤。凤制十铎、十刀、十剑。铎、刀赐二十军将。剑储内宫，为凤配剑。至段氏得天下，又造十剑十刀，更以北天殒钢铸殒钢剑八，色乌黑，硬无比，可削玉，为国王佩剑。后大理国与宋通，以马鞍山、银生厂二地铁炼钢铸剑，世称爨刀、蛮剑。宋以重金购之。忽必烈入大理，得南诏刀四、剑二、段氏剑三，皆珍宝。南诏剑重二十余斤，而段氏剑重十二斤，刀十八斤，鞘有象皮、蟒皮，镶以宝石、金箍，金柄精湛。又有女儿剑，为历代南诏、段氏宫廷后妃、公主用剑。剑长一尺六，宽两指，曰“女儿剑”，制工极精。段氏史载：女儿剑一剑值千金，中以段思良剑工仇鸠良制剑火工第一。洪武平滇，于段府得大小十三，中有残缺四剑，内女儿剑二为蓝玉所取。沐英得五剑，赐余一。果刃可吹发削铁，曰“雪峰”，盖南诏晟丰佑铸双剑，淬火于雪峰巅，极硬。磨剑，半载始成。原剑鞘年久损。段正明用此剑配新鞘，以原宝石镶于金鞘，无价之宝。徐进后得一女儿剑，赐其女凤玲。后沐晟取玲为室，平麓川思叛，一代巾帼将门虎女。事平归住余家，余为其书归师，余题诗：“白马雕弓杨柳腰，巾帼阿玲分外娆。鸾佩叮当女儿剑，沙场厮杀有奇招。得胜归来拉郎手，三军面前嗔撒娇。将门虎女婀娜影，花前月下更风骚。”

（2）对打竞技，极为真实。

竞武；应文武试；连砍数刀；比武赛诗；武坛打擂；演武点将；按期演武；开科设武举；拔剑与蛇斗；一箭射入口；武试居寺之三；皆败于其手下；一剑深刺其腹；弓箭不入，刀枪难伤；张锐拔剑，二人斗之；连砍十余刀，连刺数剑；神射、箭射、连发二箭；竞技于校场，骑射第一；精文崇武，骑射皇族第一；文武百官演武、习武考试地；武者演武，与寺中高僧比试；被清源点中腕穴，弃剑于地；执棒与豹斗，豹毙棒下而勇名扬；力能扳牛斗而双分之，臂力国中第一；以奇法制，双方争者突手足无力，瘫软难斗；飞骑队以长矛为主，以宋武穆王岳王枪法制敌；制快刃三十六把，利剑一对。赤成周身缚剑如猬，与雌缚斗于阳坪。慕无为寺了尘禅师奇功，交手三日，无胜负；嫂有女凤娇，自幼与其兄沐春同时习武，拜师大云高僧，精剑法。与其同习者方政女惠玲，常与沐春对打，而兄不敌妹；二女怒踢恶少于丈外，皆骨折。瞬间，二女以飞腿踢翻二十余恶少，皆断其腿手；二女得大云传飞檐走壁轻功绝技，常随师游，喜打抱不平；与清源搓议剑法，戏斗。清源以蛮竹片为剑，与诸将斗；幼练轻功，能跃楼檐，轻巧如燕。余老祖常观其技，每与其交手，皆败其手下；先空手与斗，后执械与斗，丐以手中竹杖挡而对攻；天秀，幼习刀马，技高深，与启龙战三日无胜负。

（3）擂台比武记述甚详，以往极为少见。

《蒙氏演武场》：

蒙氏建南诏以来，渐强。自张虔陀事发，而天宝战争起，阁罗凤集三十六部兵操练于羊苴咩城南，中峰下观音坪。盖观音坪源于罗刹，妖女本西方飞天神王罗刹之三女，至西洱河，占地为王。喜嗜食人目，每月必食一人睛。众苦之，乞于土祖祠。头人夜梦土祖显化：日当有一贫妇，牵一黄犬乞食于人家，求之可解。次日，有老妇年七十余，牵一犬乞食。头人与之，并言罗刹之罪，求老妇降之。妇诺，化少女，以海螺为人睛与罗刹，罗刹果食，味美极。少女笑问："要食几双"罗刹示以一篮。次日，少女取五百螺取肉为睛。罗刹食即呕，所吐皆铁链，拴罗刹心，强逼罗刹借地，以黄狗跳三跳数，袈裟披一披。刹诺。少女化广法观音法像。黄狗三跳百二十里，袈裟一展盖满洱河点苍。治罗刹阁崖，押之于崖窟。至此，洱河河民以点苍观音会罗刹地为观音市。每年三月中，以朝观音，踏歌，易物，每年如是。至南诏而按期为市。阁罗凤于天宝战发，而演武点将。点苍神祠前建有点将台。至此，每年三月按期演武。至大理国立，三月十五至月尾为观音市。寺僧同时集于崇圣寺，作水陆大法会。是月，崇圣寺、无为寺、罗荃寺、华藏寺四大住持，于观音市法坛讲经论法，多答辩。强者赐以金线袈裟，于十五日称法擂。十六起为武坛打擂，擂主为头年武擂之魁。打擂者，上至皇室子弟、僧侣，下至庶民。宋室逃亡三迤者，皆可争夺，胜者为主。擂期三日，擂台每年取武士六人，授以武职，用于军。至段氏降元，元废旧制而开科设武举，仿汉制。

《云池道人》：

云池道人钟庆和，西蜀人。元初入大理，时年十九。时，大理总管段忠招募教练，设擂于点苍三月神社庙会。以八将守擂，打擂三天。大理路诸官兵上台打擂，两百余人皆败。至第五日，晌午，一蒙古牙将道吉攻破五关，获金五锭。至第六关，守关将高士杰为云南高氏后代，精南中诸拳棍，屡战立奇功，居大理路诸将之三。与道吉交手至日落前，突改拳路，以南天擒魔拳击道吉。一拳出手，中道吉，肩骨碎折，垂死。蒙古营兵四百，知主将下擂骨折，群起执械与段忠部将打斗，难分解。突一道士，年少秀质如美女，以奇法制，双方争者突手足无力，瘫软难斗。脱道吉上衣以药敷之，霎时道吉苏醒。又以一药丸喂道吉，食而痛减，曰："无事。行台打擂，兵家常事。打者双方难免伤折。上擂本自愿，现伤者将无碍，勿再争。"言毕施法，众解。段忠请道士入府，盛待之。知道士为峨眉山白云观冷冰道长弟子，云游至点苍。自幼随师采药行医，喜剑术，炼丹剑，忠愿识剑。钟庆和曰："剑本元气，无形，使用则气出如丝，外缠光华如虹，可于百步伤人。"言毕，庭中有二丹桂，钟庆和气出如丝，缠二丹桂，叶落如雨，立尽，枝芽全削尽。忠赞曰：“五百余年间，点苍多奇人，博广异术，无此异功。天地之大，无所不存。”忠问：“愿为官否？”和曰：“山野之人，志在修真，戒与人争，无富贵荣华，老在山水。”忠曰：“点苍甲秀，吾敬道长人格高洁，愿道长留居点苍。自古释道二家，高人辈出，均有自主寺观。吾愿捐地一块，建道观一座，道长有一栖身之所，再游三山五岳。每归，吾将常相会，可否？”钟庆和诺，建玄机观于清碧溪龙池东南，自号云池道人。收弟子二人，皆叶榆世胄子，取名阳合子、玉合子。教奇门遁甲、吐纳诸法，皆身轻如燕，行于流水而不沾濡衣。精歧黄，施药济民。钟庆和常云游四方，历四十余载，依然貌似少年。众知钟已得延年长生术。至正年，曾与段功交往密。功歿，叹曰：“吾当远去矣！世人再无知音人。”后不知所终。后杨桂楼遇阳合子于帅府，并拜阳合子为师。阳合子授黼奇门法数。

六、《书钞》记载的张三丰是活生生的真实，毫无“神仙”“玄虚”“迷信”之说，不愧为太极拳之祖

《书钞》记载张三丰“博学经史，过目不忘”“剑技之精，前无古人”“武技冠天下，智谋超群”“精研太极，创武学，自成一家”。

称“张三丰玄素道长”“玄素道长即三丰真人”“三丰化名玄素”，说“洪武知张三丰本天下奇士”，而“历为太祖敬重”。这三部名人笔记出现的“玄素”“张玄素”“玄素道长”或“三丰”“张三丰”“三丰道人”“三丰真人”即多达50处，有关他的事迹，他和沈万三、建文皇帝（允炆、应文和

尚）、洪武皇帝的关系，以及永乐皇帝为什么派胡濙寻访，都记录得比较清楚。

《佛道传点苍考》："孙不二、张三丰、赵飞全先后至点苍。"

《程济道人》："每逢应文出游，必随行，与玄素等暗护之。"

《空心树僧》："时张玄素、沈万山、无依道长、弘修师太闻讯而至。"

《僧奴传》："与南中无极、达果、安道、桂楼、继白、玄素齐名，为南中七隐。"

《陈玄子传》："永乐癸巳，会张玄素于玉皇阁，论道一句。为《无根树》谱道士歌，广流三迤。"

《蒙古人崇道》："至元末，武当玄素等入南中，居点苍斜阳，授以阴阳周易。以内丹之说，外气巧运循环始复而授人。"

《沈万三入滇》："洪武知张三丰本天下奇士，令佛登访寻，佐朝辅国。知万三与佛登善荐，寻得赦，后与玄素入朝面君。"

《东山神蟒》："至正年游中原得大法，与佛灯、玄素为至交。""洪武二十五年，大云、张玄素应诏入京，随佛灯朝见洪武。"

《达果和尚》："洪武二十五年，与杨黼、宝姐共结七子诗社，世称南中七隐。后与玄素、应文僧三游中原，多次救文于危难。"

《玄真观雷神殿与火神殿》："线阳本红拂辈，自建文入浪穹，与建文交往密。线阳父万三，本张玄素弟子，素居茅草哨灵鹫观。"

《应文和尚》："张玄素至，携应文至浪穹观音山薜萝崖畔观音箐侧，建兰若寺。""洪武二十五年，与玄素入京参洪武，暗扶皇孙。"

《僧无极》："无极善诗文，为南中七子之一，与杨安道、杨桂楼、段宝姬、达果、继白居士、沈万三、玄素道人、程济、应文和尚交往密，多诗词应和。""洪武二十四年，二次入京，荐无依、玄素于大内。"

《丙穴鱼》："玄素游寅潭曰：'神虎十万八千，色红似火，居江河岸以鱼为食，曰鱼虎。通灵多疑，西珥河有此怪必然，虎化寅塘，寓言也。大士本菩萨，菩萨大慈大悲。南中自南诏至今六百余载，桑田沧海，天地运化。昔海今陌，佛道一理，诳言为真。日久成形，那来虎大成坡，口吐鲜血八百载。但丙穴鱼味美，老道垂涎，连食一句不倒胃。神虎口馋而遭祸，老道何时戒口，善哉！'"

《白鹤道长》："后与张玄素游中原，不返。""洪武二十八年，张玄素至南中住玉泉观。逢中秋，题藏头诗于壁：'八月十五逢佳期，（月）下访友游故居。（古）人几多能悟道，（首）推太上继纯阳。（易）经常演周天卦，（卜）者何必弄玄机。（几）度春秋称雄霸，（西）山暮雨几多情。（青）山常隐朝中相，（目）似流星斗牛寒。（二）十年前洞仙子，（一）夕两鬓现白发。（友）情难写无根树，（寸）心难了二世因。（大）觉大悟深山隐，（心）猿意马静则平。（十）年磨剑紫霞现，（见）尔真性在玉泉。'""建文出走，得大云、无极二师力，得度出死门。入滇，大云度之，法名应文，后与落阳居士、桂楼居士、兰雪道人、达果和尚、张玄素为伍，畅游五岳三山，谁识真龙托情山水。"

《张三丰入滇记略》：

点苍古灵鹫山，为释迦圣地。大理国羊苴咩城南十里有妙香国址，传为慈航渡世，化女身妙善而正果。元中，张三丰道成入滇，为段氏座上食客。段庆元留，谢之返中原。明洪武十七年，洪武求张三丰入朝佐政，三丰知而遁云南。洪武二十五年，朱标太子逝。太祖托佛灯访三丰，得之。托扶皇孙允炆。三丰化名玄素，入滇。得僧大云禅师入京，洪武托以身后重任，共扶允炆。二人婉言谢之。洪武苦求，诺炆遭离难，可着僧装入滇筹事。帝诺，愿保其安。三丰求洪武暗赦沈万三，与丰入滇筹事，帝诺。三丰入滇，沐英殁。晟承职，助三丰居点苍斜阳峰后山，建灵鹫观于四十里铺侧。靖难，建文流滇，胡濙暗追，马三保父暗捕，三丰、大云、达果、杨黼、段姐助之而化险。二十八年后，三丰入云龙，居虎山。后入兰州，不知所终。

《沈万三秀戍德胜驿》：

洪武十九年，辽阳拨军犯四人，并附牒文。义兄沐英亦附书于后曰："此乃江南第一巨富。因修南京城，出资可敌国资。因犒军事而动帝怒，而没其家，并发配辽阳十二年。"盖今因沐公与万三秀有旧交。帝诏英入京问云南事。英本高帝义子，与帝无所不谈。侃及万三事，帝怒已平。英曰："万三通理财，求帝拨万三父子入滇，为西路理财。"帝曰："可。"令太监传谕，拨沈万三父子戍滇。入滇后，居沐府三月。万三觉省上烦乱，愿隶籍大理。英发牒隶天威径囚籍。入馆，余与万三会。牒文："万三名富，字仲荣，湖广南寻人，父沈佑入赘苏州陆姓女。一晨，伐二冬青树，掘其根，有石窟。启之，得金银无数，足可敌国。后建钱庄，遍数千里，而暴富。国初，出资修南京城过半。高帝后得知万三筑苏州街，以茅山石铺路心。高帝怒曰：'吾京城无此豪华之路，大胆妄为！'而除之。亏马皇后说情，定抄家流放罪，先充军辽阳。洪武十九年，拨云南总兵府。"余得万三父子，安其子于合江铺哨，并为其脱籍为民。后于永乐初至拓东经商。万三时年六十余，崇道，通奇门。洪武二十六年，张三丰、玄素道长知万三寓德胜驿，而云游龙关，至驿馆与万三会。余久慕其名而苦留之，而诺，出银八十两，建灵鹫观于茅草哨西，点苍马耳峰后山麓。盖三丰道人本万三师，万三年暮，愿随师静修，余许之，随三丰主持灵鹫观。余每年常至其所，十分清静，但江水汹涛躁耳。三丰曰："人道者，闻声而不闻，惊雷亦平常耳。"万三常与三丰远游。三丰精周天太极，万三亦然。剑技之精，前无古人。余素好武，得其传三百八十四剑罡步，久练而轻身。万三每月必至驿中，余无事则与其谈古论今，始知其学识之精。后应文和尚入云南，程济、王升二道人保应文僧常至灵鹫观。每住少则十余天，多则月余。永乐十二年，万三遇赦而至子所，隐居西山，号"西山逸叟"。

《张玄素入点苍》：

张玄素，辽东懿州人，生于元初，乳名全一。元初入学，取名通。才智超群，博学经史，过目不忘。入仕，淡功名，喜清闲林下。先生身材高大，龟形鹤骨，大耳方颐，青髯如戟。初拜碧落宫白云长老为师，悟修身之道。后遇全真道士邱处机，传吐纳而悟。辞家远游，学道于火龙真人，得延年术。后至宝鸡金台山，精研道学，号三丰道人。道成游天下，至武当，结篷于玉虚台，精研太极，创武学，自成一家。以阴柔阳刚、刚柔两仪四象而创太极三功，即内丹太极剑三百八十四招，太极两仪拳三百八十四拳，阴阳太极掌。至正年，玄素入滇，与点苍中峰玉皇阁道长陈玄子识。留居一载，与段总管识，成忘年交。玄亮与玄素同一师门，谈甚默契。玄亮将玄素著经《上圣灵妙真经》《大圣灵应真经》《大圣灵通真经》，配以丝竹，曰《三玄妙谈经》，由玉皇阁十八道士、段府十六乐工共习，谈演于五华楼。

叶榆四千余军庶，聆听于楼下，由朝至暮，无一退者。至此，灵妙大洞仙音始为世人识。玄素传拳剑于段氏二子一女，及玄亮弟子静超、静远。后返武当。洪武二十六年，与鸡足山无依禅师至点苍，为洪武皇孙事重托，定居点苍，建灵鹫观于茅草哨西，收弟子四人。建文出走入云南，玄素派弟子与点苍段氏、杨氏、张氏子女，西平侯沐氏女共暗辅之。与应文僧常游中原，历二十八年。玄素行踪如风似云，寿二百余，依然童颜不改。食则斗米，荤素兼食，无口戒。闭关可十月滴水不沾，不进饮食。出室则远游，归则讲道传教。著经立说，写《宝忏经》五部，皆度世论述。诗集《无根树》五百余，皆炼丹度世。常与沈万三及女线阳居士、杨黼同游。常题诗三迤诸寺观墙壁。后入云州，居天池。成化年羽化，其遗物遗稿存于灵鹫观杨元鼎、郑元春处。余多次游灵鹫观，于其五代传人守铨处观诸诗稿，抄诗百二十首。守铨示一木匣，藏武经四卷。余家虽世代千户，贯使长械，守铨与余挚交，授余拳术，形柔态美，气布全身。一旦遇敌，拳力暴发，排山倒海。余劝守铨传余侄。铨曰："祖师有言，武经只传一脉。除非本门当家弟子全传，不传外人。"祖师另一留言："不许立碑立传，以免暗保建文事露，患杀身灾祸。"观中有密窖，中有石匮（柜），诸经藏其中，外人莫知。

《应文高僧潜隐南中轶事》：

余祖李浩，少年从戎，随西平侯沐英共保高帝。南征北讨，戎马疆场，数历险境。洪武十五年，平滇得大理，袭德胜驿千户，娶土官王义女为室。至此，世代定居战街。家祖属定远军，沐将军与太子朱标，本结义兄弟。家祖与标善，皇孙允炆自幼相识。高帝崩，般立，建文叔侄之争，终至靖难。建文出走，于永乐元年正月抵滇。见沐晟、沐昂于书室，求苟安之地。沐晟三次与父沐春入京，与般交往密。见帝已祝发释门弟子，始心落。知已更法名应文，随行有应能、应贤二僧，皆心腹随臣。余祖，时在西平侯府沐老夫人身边，禀告滇西杂事。谒建文于后厅，君臣痛哭。帝求安身之所，余祖直言：“点苍自古为藏龙之地，可以栖身。”帝曰：“燕王已派人追捕，必至点苍暗察，非栖身之地。余师无极师兄无依禅师，多次入京。道衍探知底细，曾入荡山寺暗寻，不去为好。”老夫人曰：“永嘉寺离省城百余里，可先至永嘉寺栖身。若有风吹草动，也好周旋。”居三月，胡滢派人入滇，马三保父下人通风大内，滢派人擒应文三僧，幸乡人抢先报信寺僧，得由后山小路出走，绕道姚安，插安南坡，夜走洱海卫，越九鼎山至德胜驿。寻余先祖于驿馆，余祖浩招待，知靖难始末。居三天，因驿馆耳目众多，夜送三僧至尖顶峰达果住所无为寺紫竹院禅室，居两月。时无依禅师至，师徒相会，入鸡足山罗汉壁无依住所。至次年春，应文三僧与先臣相约，游邛莱，至峨眉，出资阳，游大竹，至重庆与程济、廖平、宋和等旧臣遇，至襄阳王芝臣家，后居廖平家。至八月，至吴江史彬家，居三日，祭祀诸亡臣而别。游于江浙，至三年春，重游大竹，与杜景贤重逢，居半月而别。丙戌年夏，返滇居西平侯家半月。有人密告马三保父。由应能、应贤、程济陪至狮山白龙洞，居三月。永乐派三保父率兵二百搜山，幸寺僧见官兵入山，而逃脱。历半月，至德胜驿，居三日。胡滢派人檄文至，暗捕建文。知难以栖身，连夜送应文三僧至茅草哨西灵鹫观玄素道长住所。盖玄素道长即三丰真人，因受高帝重托，于洪武二十五年朱标太子去世后入滇。为保允炆有退路，保生存，重托玄素、大云，大云即无依禅师。皆武技冠天下，智谋超群，历为太祖敬重。曾预置三僧衣牒藏奉天殿，皆无依先见之计，建文方从死门逃出入滇。次晨，至观中，玄素款之于静室。至永乐五年，重返白龙庵。

马三保父得知，三次派人搜山，应文等藏身密林得免。戊子年夏，因白龙庵被马三保父派人焚之，层林全被焚，一片荒芜。重入点苍，居段居士家。应文三僧重游襄阳，居廖平家。至永乐八年，暗返白龙潭。而胡濙追兵至，遇严震，震不忍，释应文三僧，夜自缢驿中。文知白龙庵难以栖身，从此舍弃，题诗于墙哭别。壬辰夏四月，至点苍，会七隐于无为寺。达果亲随三僧至观音山，遍走南北二箐，于薜萝崖边南诏荒废古兰若寺为栖所。寺前有深潭，古寺建崖前，可遮风雨。古树参天，离银厂十余里，西至佛光寨十余里，下至寅街三十里。自古兵家不到之地，景色胜白龙庵。三僧皆喜，至鸡足山无依禅师住所，鸡鸣启行，午时可达，十分方便。至此定居。次年，应能、应贤卒。帝悲甚，收浪穹青索鼻赵金贵为弟子，取法名文慧。至十三年秋，随程济及玄素三弟子游于衡山。至此，往返于各地。每年必归观音山，建白云庵于龙湫西。至永乐二十年，胡濙派人入点苍、浪穹探寻帝踪。应文于浪穹观音箐青水河源三姑娘龙潭，又名涤泉边，建涤心庵。深山密林，人迹稀到。至二十二年，随程济常游江南天台诸地、普陀山诸地。至宣宗八年，建文老而悲，祭诸随臣，盖诸从亡者先后辞世而生悲。弃庵，至鹤庆，立静室于黄龙潭西。秋末至巴蜀，会程济。游二年，归点苍，居德胜驿后静心禅室。盖该禅室为点苍四大高僧常至驿中居室，平房五间，房前遍置花木。后至正德年，改建弥陀寺。至宣德四年，返观音山，因庵堂损坏，至鹤庆居龙华寺。至六年，帝与程济游陕西，秋返巴蜀。后游楚地、江西九江，重游燕山、天台等地。后至史彬家。返滇回鹤庆。至十年秋，重修兰若寺，返观音山。帝有弟子七人，即文慧、文恕、文慈、文悲、文思、文忍、文愆。英宗五年，应文至德胜驿辞余先祖，曰："叶落归根。此行虽有程济等相随，未知吉凶。"居驿中，详述往事三日，余祖记于《长生录》。嘉靖二十四年，余重抄《长生录》，始知建文始末，特摘记之。建文后返燕京，众说云云。余至外祖公家，得程济书牒，提及应文返宫，再无信息。

对照上述十八个有关张三丰的条目，再让我们看看《明史稿·建文帝本纪》和《明史稿·胡濙传》。

《明史稿·建文帝本纪》：

"建文皇帝，讳允炆。太祖高皇帝孙，懿文太子第二子也。太子元妃常氏生雄英，早卒。洪武十年十一月己卯，继妃吕氏生帝。二十五年四月丙子，太子薨。九月庚寅，太祖立帝为皇太孙，时十六，性聪敏仁慈，好文学……三十一年闰五月癸未，太祖疾大渐……乙酉崩，遗诏传位皇太孙，止诸王入临，王国吏民一听朝廷节制。帝服丧，西宫哭踊不饮勺水，哀，脊骨立，辛卯即位，大赦天下，以明年为建文元年……秋七月癸酉，燕王棣举兵反……四年……乙丑，燕兵薄金川门……宫中火发，帝及后马氏崩。燕王发哀于龙江，以天子礼祭葬之。或言帝实由地道出亡。正统五年，有僧从思恩府自诡建文皇帝，土官知府岑瑛以闻，逮至京师按问，乃钧州白沙里人杨行祥，洪武十七年为僧，年九十余，非帝也。锢之锦衣卫，四阅月死：同谋僧十二人，并戍辽东。"

《明史稿·胡濙传》：

"胡濙，字源洁，武进人。生而发白，弥月乃黑。建文二年举进士，授兵科给事中。永乐元年，迁户部都给事中。初，建文帝崩于火，或言逊去，诸旧臣多从者。帝疑之火戮建文帝诸旧臣。五年，遂遣濙巡天下，为访张邋遢，又名颁御制为善阴骘孝顺事实诸书，遍行州县乡邑，察人心及建文帝安在。又传建文帝在滇南。濙以故在楚湖南最久，至十四年乃还。母丧乞归，不许。起为礼部左侍郎。十七年，复出巡江浙湖湘诸府。二十一年还朝，驰谒帝于宣府。帝已就寝，闻濙至，披衣急起召入，慰劳。濙悉以所闻对，且曰：'不足虑也。'帝欣然意解。漏下四鼓乃出。"

对照《明史稿》，可见史实不虚！

再对照一下《大理古佚书钞·空心树僧》的有关内容：

永乐知建文与西平侯屯滇部将交往密，派胡濙探之，故濙访遍崇圣寺、弘圣寺，五上荡山寺，三上鸡足山，均无建文下落。一日，濙问空心树僧："常驻山间，是否见二老僧与一方头大耳大口、鼻翼侧有一黑痣、痣上有毛和尚出现于此？"应光曰："五年前我于八百媳妇国见如是三僧，金陵口音，曰将出海西洋游，有事将永居西洋。"至此胡濙返京奏永乐。盖永乐派三保太监出使西洋，其心实为一箭双雕，明访西洋而暗除建文，国是家非孰能解之。应光七十六，圆寂于荡山寺。

故此，郑和下西洋，追寻建文，应不是"怀疑"或"猜想"，而应该是事实！

由此可见，《书钞》所记载的张三丰史料，也的确是"振聋发聩地为中国武术太极拳寻踪，揭示迷津"。

七、结语

"国人年十四至五十皆习武""国中男人十五必考骑射"，皇帝段正明"六岁习文武，十岁善骑射，十三演阵操兵，十五文能诗词牍文，武能带兵打仗……文武全才有德者荐为国君"，后大理一世段正淳"长而勤学精武。十七大考文擢第一，武试居寺之三，而学成入仕……比武赛诗"，这就是南诏大理国全民习武尚武的真实写照。由此可见，《书钞》处处闪耀着古代大理国崇尚中华武术的耀眼光辉和迷人的风采。

参考资料：

[1] 尹明举，大理州文联. 大理古佚书云钞［M］. 昆明：云南人民出版社，2002.

[2] 李映德《序》，见《大理古佚书钞》序部分1～6页。

[3] 施立卓《前言》，见《大理古佚书钞》前言部分1～16页。

[4] 李莼"李氏藏书始末及明代三本佚书传抄经过"，见《大理古佚书钞》521～533页。

[5] 周伟良.《大理古佚书钞》中的武术史料介绍与评述，北京体育大学学报，2007（9）.

[6] 李滨. 张三丰太极武道文史新证——《大理古佚书钞》展示张三丰创太极拳剑行迹. 武当，2013（2）（3）.

[7] 云贵高原上的奇人奇书《大理古佚书钞》及其收藏世家，作者 杞子（参见于互联网）。

卷二

理论信念阐秘

拜名师　学技艺　练真功　懂攻防

——赵堡太极拳技击初学

如果你真是一位太极拳技击爱好者，那么，首先应当拜“明师”，并且这位“明师”还必须具有太极拳技击高手的标志和具备一博、二通、三精、四能的四大特征；其次，你应该实事求是、讲求实力，精通太极拳的攻防技击特点。

一、太极拳技击高手的标志

第一，要有较好的身体素质，能够抗打。第二，通过训练能将身体的感应能力发挥到极致，要在敌人的打击点上能够卸力，进而能够在此一点上找到敌人的重心，将其震出。第三，要达到敌人找不到我的点，好像面对一个大气球，而我可以调动周身的力量集中到一点来打击敌人，好像气球突然被针扎破，啪的一声爆炸了，打到你一机灵，与气球爆炸不同的是内劲已经渗入，伤及内脏。

二、四大特征

一博即学识比较渊博。大凡堪称明师者，皆非孤陋寡闻之辈，大都阅历深广，经验丰富，教人常可举一反三、旁征博引，使习者不仅可以学到武技，尚且领悟为人处世之道。二通即对所传技艺通晓拳理，切中精髓，善于演变，可多角度、多方式地予以阐发，深入浅出地晓之以理，因材施教。三精即会的东西未必很多，但精于某一拳种的功法、练法和用法。如同教人识字，不仅使其会读、会写，还要会用。四能即能做、能讲、能用、能解。切莫小瞧这四能，真正具备这四能者并不多见。

所谓能做，亦即会练，知道怎么练。大凡有点功夫的拳手，皆可以身示范，这一层并不难，故而，会个三拳两脚者均可教之。然能做者未必能讲，比如，为什么这样做，而不能那样做？这样做的益处是什么？不这样做的害处或不利是什么？以及怎样才能做得好等。皆属讲的范畴。对此，只知其一，不知其二者是说不清、道不明的。

所谓能用，更非易事。人所皆知，学以致用。然，会用并不等于能用。武术技击的技巧方法，无不寓于套路之中，可谓一说即会，一点即通。但若一不娴熟，二无真功，三无实战经验，则未必能用。可不可得心应手地应用，是看一个拳师明不明的显著标志。

所谓能解，并非单指对一些招数的破解能力，更重要的是指可以帮助习者解释疑难、指门引路。比如，教人气沉丹田，力贯筋梢。怎样才算气沉到丹田呢？气沉未到丹田，外形上有何表现？肤色上有何特征？内里有何体感？力达未达筋梢，行功中肩、肘、腕、指有何直感？发力时手掌、指尖、指盖有何特征等。凡此种种状态、功象、功感，乍看是些理论问题，实则是个实践经验的问题。能否正确地解之，适时地导之，很大程度上体现着一个拳师的造诣深浅。

所以说，真正的明师，犹如一个经验丰富的登山探险家，对所征服过的地方，由何处入，走哪条路近，走哪条路远，哪段路平，哪段路险，行至何处应注意些什么？进山之初见过何景？山腰处遇过何物？山巅上有无树木？应该说，能够了如指掌、如数家珍般地一一道出。达此境者，无疑明师矣！

三、实事求是指太极拳技击训练必须达到：一是可以经受打击；二是可以灵活变化而不让人打到

训练力量的基础功夫是要运用得当，时间长了眼睛发光，运用自如，表现为时间上掌握得恰到好处，称“得机得势”。要做到第一步是封住别人，管住对方，不让他发挥，这样如同大人打小孩，我要打轻可以打轻，要打重也可以打重，想怎么打就怎么打，不是四两拨千斤，而是千斤拨四两，打人如割草，随心所欲。而当我与对方水平相当时，那时就必须要用假象迷惑对方，使对方判断失误，这时候才是引进落空，四两拨千斤，而且要得机得势，掌握非常精确，才能取胜。当你与对手交锋，被对方控制得非常严密，不管用什么手段都不能起到效果，这时感觉自己无能为力，那就只好老老实实被人打，虚心接受，不要抱有其他心理。要看清对方用什么手段，虚心学习，这样才能够不断进步。

四、拳术技击最讲“实力”

赵堡承架太极拳，是最讲实力的拳法。正是在这一点上，被侯春秀先生自喻为“老家的土特产”的东西，才较多地保存了古

典武艺朴素实用的特点。

所谓“实力”，依通常的理解，应由两个方面构成。一是拳家所谓“本力”，也即体质。当然，体质是一个综合概念，由诸多因素构成。而侯氏太极则把速度、力量摆在第一位，特别是散手竞技，要求速度要绝对地快，以冷、脆、快、狠为核心要点，如子弹只有绝对的快速才可能穿透钢板，否则用手扔是不行的，飞鸟在空中能将飞行的飞机穿洞击毁，也是由于绝对的高速。当然，对于肉身的人体而言，速度与力量是相辅而行的，没有力量，速度便无从谈起，这也就是我们常常看到的，有外家拳（少林类）拳术功底的人练太极，武功上得快的重要原因。所以，侯氏太极亦非常理解“本鸿则利宽，才充则势厚”。身体太过瘦小，力量太过单薄，一切轻巧取人、以柔克刚的法门便成了空幻的想象。二是功力，就是功夫，指练武者的训练水平。没有经受过正规训练，没有经过磕磕碰碰到真打实摔的科学而严酷的专门训练，什么高招妙计便都使不出来，再高明的祖传秘招也没有用。二者俱佳，又有丰富的实战经验者，便是高手。“想当然”地“动嘴把式”，都是本门所不耻的。

五、精通太极拳的攻防技击特点

（一）太极拳的防守特点

“以静制动，后发制人”“以圆取方”“以柔克刚”是太极拳攻防遵循的原则。

根据太极拳防守的特点，常用的防守方法有：堵、截、理、绕四个字。“堵”，指的是堵住对方的气（力）头，使其劲在萌芽就夭折。“截”，指截断之意，当对方发劲的气流已出，对其来气（力）过程，设法作梗，使其劲变散而失效。“理”，指理顺之意，使其劲畅通无阻，并帮助加速而失控。“绕”，即回折之意，使对方劲力折头改道，自伤其身。

俗话说，“机不可失，时不再来”。技击者一定要研究时间差问题，抓住时机尤为重要。“彼不动，己不动，彼微动，己先行”，讲的是以静引动，看准时机，立即采取相应进攻措施。“直来横取，横来直取”的拳谚，也是谈技击的时间问题。要抓住对方第一劲已出，第二劲未生之机，采用矛盾相生相克之理，选用直、横方式，视敌情而定。

打手要言“引劲（进）落空合即出”，强调了技击的先后顺序。不引不能空，不空不能击。引是虚招，目的是让对方虚空。因此，重在“引”字上下功夫。只有引得法，对方才能毫不知觉陷入困境，失去还击之能，此时，才是进攻的最佳时机。

“以柔克刚”防御法，是有它的力学道理的。太极拳螺旋划转的目的就是引化来力。它可以改变力的方向，减缓力的速度，减轻力的压强。

如打篮球中传接球的动作，虽来球极猛，只要接时稍微一收，就能轻松地稳住球；反之要静止硬接，球撞身痛，还有碰伤手指的危险。再如气功大师能把厚石板砸断，十几层砖能砸碎，但要想把棉花袋砸断是不行的，只能砸个坑罢了。

对方进攻之力作用到滑轮上，就会滑空，失去效能。如果进入两滑轮之间，就像机器切东西一样，不论是手脚，还是身躯，都会损伤。

柔劲作用大，也最难求得。所以，练太极拳特别强调柔劲的练法。松是柔的前提，久练松才能积柔，而后积柔才能变刚。外形随着内动的阴阳变化，通过腹式逆呼吸，使气沉丹田，使气流鼓荡，内气输送四梢，逐渐内气充满，气流疾速。以内催外，掤劲圆活，划圆旋转，柔如面团。接触感受，外似棉花，内似钢条。然后，推手求懂劲。懂劲在于掤，太极拳处处不离掤，要圆活自然，中正不偏，掌握适度，不顶不丢，紧守疆域，既不越限，也不被压扁，意念所至，气至到焉。搭手相交，如胶似膝，粘吸不开。不论练拳，还是推手，力求达"一着一太极，刚柔相济太极功"。

（二）太极拳的刚发特点

柔是刚的前提，柔劲练好，自然能积柔成刚。太极拳进攻的要点是意念集中，时机准，发点对，落点准，距离短，合力用，劲要猛，速度疾。

拳论曰："引劲（进）落空合即去"，指的是技击刚发的全过程。"引空"是前提，"合即出"是目的。"合"强调合力作用，"即"指的是速度要快，"出"指的是出击，是最终的目的。

"曲中求直，蓄而后发"，指的是进攻的转化点。"曲中求直"指的是身肢收缩，待发前的动作。"蓄而后发"，主要强调了内劲待发前的准备。只要蓄得好，就像纸卷炮，卷得越紧，爆发力就越强。

太极拳进攻距离要短。拳论曰"寸劲击发""挨着何处，何处击"，都强调了技击距离和进攻武器。远者手、脚，近者肘、膝，再近者肩、胯，以及身体各个部位都进击。以圆出方，“挨着何处，击何处”。

关于进攻速度，拳论曰“出手不见手，手到不能走”“腰胯一转鸟难飞”“快如闪电”等。

用力原则，即要用巧力，又要用特大的爆发力。“四两拨千斤”说的就是巧使力，借力打人。“顺手牵羊”“顺水推舟”的招法，就是这种技巧。“浑身合下力千斤”指的是发劲的组合形成的特大爆发力，以重击轻，以整击散，才能成功。得机势，没有爆发力，不但不能制人，反被人所制。

（三）太极拳发劲应注意的问题

1. 里边不动，外边不发

这个要求尤为重要，这是以内催外的原则，也是太极拳的精华所在。里指的是内功。内功包括有内动、内气、内劲三个概念。这都是丹田动荡发功的表现。

2. 增根助力练腿功

拳论曰：“劲起脚跟”，强调劲的来源在脚跟。发劲时借蹬地面的反作用力，加助上肢的发力，同时，稳定重心，不被人制。

3. 巧用劲别

除选用八大劲别外，还需巧用撩、戳、切、劈、摔、打、擒、拿诸法。有时还应综合使用，如打拿结合、捋採结合、捌摔结合等。

4. 择优捷径

发劲的路线要明，选择击发的路线原则为：以利制弊，走圆切。运用缠丝擒拿，都应立断。选择最佳路线，技击才能成功。

5. 抓住关键用腰胯

拳论一再强调腰胯的作用。如“腰为主宰”“刻刻留心在腰间”“命意源头在腰隙”“以腰为轴”等。腰胯是发劲的总枢纽。得机得势在腰胯。力度大小、速度快慢都在腰胯。功夫深者，腰胯微转鸟难飞。

6. 暗示劲头

“劲头”就是劲力冲出身体的口子。要刻刻注意这个口子，调集全身之力，顺这个口子冲出，它不是固定的，视情况而定。随圆转，视敌空而定。

7. 瞄准角度

技击发人角度尤为重要。俗话说：“差之毫厘，谬之千里。”选择角度有误，耗时耗力效果差，不能制人，反被人制。取正取偶，视敌势背空而定。

8. 落点要准

力作用在哪个部位，也是击发的关键。要在瞬息间找准落点，心到眼到，进击武器到。还要有劲力入骨三分的想象，特别是使用擒拿、扣捏，落点更应准确。落点越准，击人威力就越大。

总之，练拳或推手或散打，都要研究攻防技击特点，要有目的，有方法、有验证的途径。不断总结经验，要注重用法的训练，要练到纯熟、得心应手的程度，才能促进攻防技击能力的提高，真正掌握太极拳的真谛。

大欺小、强胜弱、快打慢
太极拳也绝没有例外

——太极拳的技击核心绝对是遵从自然法则

太极拳是小力制大力吗？这一问题困扰了好几代的武术家，也误导了千百万的太极拳爱好者。

有人问太极拳要不要用力？一位老武术家说，就是四两拨千斤，起码也要有四两力吧！说明概念不清，思想混乱，不敢说太极拳一定要有力。俗话说："牛有千斤主力，自有倒牛之法。"牛能与人斗吗？人有智慧，人有技巧。太极拳不是以小力制大力，太极拳是以巧制大力，或是大巧制大力。凡拳莫不如此，只是太极拳特别强调而已。

如果要斗力，从来是大力吃小力。动物界弱肉强食，生存竞争，优胜劣汰，是自然法则，是真理，也是科学。两国交兵也是如此，布什打萨达姆时，萨达姆打科威特时，都是大吃小，强欺弱。大力打小力，岂独太极拳，一切拳都是如此，但也都有以巧制大力。

有人说，毛主席打败蒋介石却是以弱胜强，以小力胜大力，又如何解释？毛主席说，在战略上，我们以一当十，在战术上是以十歼一。仍然是以巧制笨，以大吃小。

至于太极拳，哪些地方讲太极拳是以大吃小的？

（1）武禹襄所言的四字秘诀"敷、盖、对、吞"。其一往无前，气势磅礴，完全是以气势压人，以大气势压小气势，没有半分“舍己从人”的意思。

（2）李公亦畬说：“一身之劲，练成一家。”所谓一身之劲在于整，用整劲打局部劲，是以大吃小，有了整劲也才能“借力打人，四两拨千斤”。

（3）武禹襄说：“彼不动，己不动，彼微动，己先动。”不是要争先，以快制慢吗？

（4）李亦畬也说：“彼之力方挨我皮毛，我之意已入彼骨里。”“彼有力我亦有力，我力在先，彼无力我亦无力，我意仍在先。”不也是要争先，以快制慢吗？学者最喜“力从人借”一词。试问无有高功大巧，岂能从人借力。一个没有还贷能力的穷光蛋能向银行贷款吗？

如果以巧制大力，彼大力者与你一样有巧呢，你看会鹿死谁手？

从总体而言，也即是战略上而言，太极拳是以大制小的。一切武术都是如此。

太极拳又有哪些以巧制大力呢？

我们不说一些具体招术了，太极拳在这方面的特点有以下一些：

（1）螺旋劲。内外家都有螺旋劲，太极拳讲得多一点。这种力发自丹田，布于周身，无孔不入，不管对方大力小力，通通照吃不误。

（2）贯穿劲。“劲起于脚跟，主于腰间，形于手指，发于脊背”。有了贯穿劲，掤、捋、挤、按等才能成为掤劲、化劲、发劲等，这些巧劲才能制大而无巧之劲。

（3）“舍己从人”之术。从人则活，可以回避大力，但“从人仍是由己”。必须保持气势不散，即是手、步可以从人，立身中正不得散乱。

其实，太极拳也绝不违反常理，是遵从自然规律的，只要你认真分析，探寻太极拳的每一个技法（千万不要为表面现象所蒙蔽），譬如採拿、折别、擒扑、抛掷、摔跌等，越是轻巧，越是以大欺小，以强胜弱，以快打慢，后发先至之法，最为典型。所以，太极拳的技击核心绝对是遵从自然法则。

真正的功夫用于搏杀，不论是战场上、擂台上还是打斗上，不单斗大巧，而且要斗大力或说斗大巧劲。所以太极拳人不但要拥有巧术，甚至大巧之术，更要拥有大的功力。如果没有大的功力，也要练有小的功力。年轻人就要多站中低桩，多走中低架子，玩石球、石锁，或多抖大杆等。不要讳言大力打小力。要练巧也练劲，练成真正的太极拳技击家！

力从对抗求　巧从搏击得

——太极拳技击力与巧的关系

《武魂》1997年第3期发表了某位先生的“力从何处求，巧从何处得”一文（以下简称“力文”），提出了一些不切实际的观点，现录出，以探讨之。

“力文”对于力的概念及得力的途径、感受、结果首先作了如下的论述：

对于力，当前武术界的一般说法是外力（也叫硬力、拙力）和内力（也叫内劲）。这两种力的不同在于得力的途径不同：外力由练力得力，如举重、打砂袋、打拳、站桩中也要用力；内劲由放松、用意、练气而得力，如打太极拳、练气功，站桩都是用意不用力。感受不同：练外力要吃苦受累，练后大多气喘吁吁，有时会感到精疲力尽；练内劲有时也出汗，但不发喘，练时浑身舒坦，越练越想练。

结果不一样：练外力得到的是僵力、硬力、拙力；练内劲得到的是气，气即力。外力僵、内力活。外力收效快，内力收效慢，这或许就在历年太极推手比赛中，练外力的胜了练太极拳的原因吧。

从上述“力文”的论述看，问题就颇多。

第一是概念有误。

第二是不动脑筋，人云亦云。

第三是不切实际。

第四是拒现实于不顾。

说“力文”概念有误，是因为其把人体自身的力，错误地分为外力和内力，并且打出“武术界的一般说法”的牌为自己辩护，把不科学的、错误的东西，硬要说成是正确的。严格地讲，人体本身只有内力，而且是生物力，是由肌肉收缩与舒张交替而产生的。就像一个人吊在空中，他照样可以蹬腿用力一样，是自身由意识支配肌肉收缩产生的。外力是对内力而言的，外部的力（别的物体力）作用于我的身体，才应该称为外力，这才是符合物理力学原理的，而并非僵、硬、拙力的代表。

一般常识告诉我们，人体在做任何一个技术动作（哪怕是生活和生产劳动中的），在练习之初都会表现为僵硬、笨拙和不协调，这在太极拳的初学者身上，亦表现得极为突出。原因很简单，这是由人体的生理规律和运动技能形成规律所决定的，是不以人的意志为转移的。所以说僵力、硬力、拙力只是初学动作时的一种表现形式，而并非指外力或练习的结果。僵力、硬力、拙力经过训练程度的进一步提高和深化，会逐渐消失，使动作变得柔顺、协调、轻灵、圆活，乃至运动自如，刚柔相济，发力节省，力量集中，用力巧妙，这都是由运动技能形成规律决定的，任何一项体育运动都不例外。

体育中的任何一项竞技运动，特别是对抗性强的项目，如拳击、柔道、摔跤、散打、自由搏击等，无不是以力量、速度、耐力、柔韧等素质训练为基础，得力的途径都是尽可能地给肌肉以强刺激，使其达到最大的收缩和舒张，使肌纤维参加的数量尽可能地增多，能量增大，使动作协调自如，灵活有力，爆发性好。在这一点上，太极拳功夫训练的传统方法更不例外，如陈式太极拳套路中就有许多明显发力的练习动作，练功中又要抖大杆子，以练身手的力量。武式太极拳先辈李亦畲、郝为真师还用80多斤重的铁棍做扎枪动作，可连续捅100多次，其练力的程度是可想而知的。所以说，只要是竞技性运动，得力的途径不存在什么不同，人为的臆想是不科学的。

说“力文”不动脑筋，人云亦云是因为：其一讲“练习劲得到的是气”“气即力”，这不科学，气怎么能是力呢？那么可以换句话说发力就是发气，发力打人就是发气打人；发力摔人就是发气摔人；发力举重、跳远、跳高就是发气举重、跑远、跳高等，符合逻辑吗？所以说“练内劲得到的是气”“气即力”是玄学，不是科学，只会把人引向歧途。

其二若按“力文”之“结果不一样”的逻辑讲，举重和中国式摔跤，以及拳击、散打、跆拳道、泰拳、搏击等竞技项目的力量训练，自然而然地应属于练外力，其练的最终结果也应该是僵力、硬力、拙力和不灵活。但事实却恰恰相反，举重运动员的瞬间爆发力既畅又顺、又大又猛，举起的重量可超出身体重量的几倍，并且动作的技术技巧性亦特别强；中国式摔跤运动员发力既脆又快，既灵又活，贴身即摔，刁手就掷，亦极讲究以巧破千斤；拳击、散打、跆拳道、泰拳、自由搏击亦无不表现为发力迅猛，脆快有力，动作自如，身法和步法灵活多变，亦无不表现为力量、速度、耐力、柔韧等综合素质的高度协调，并非僵、硬、拙和不灵活的表现。然而“力文”的“练法”却是没法对抗，“在历年太极推手比赛中”败下阵来，更不敢说和摔跤、拳击、散打等项目所练的“僵力、硬力、拙力”一比高下了。

说“力文”不切实际是因为：养生方法和练技击功夫本应是两码事，不能混为一谈。“力文”说的“有时也出汗，但不发喘，练时浑身舒坦，越练越想练”是活脱脱的纯养生之法，与技击功夫训练相差甚远，若果真是内“气”练成了，那我坚信，其对于赛台对搏也是根本无济于事的，只等于找着挨打。在这一点上，从民国时期的首届国术比武大会开始，就深刻地说明这一点，气打人是不可能的。

要练好太极拳技击力，就必须吃苦流汗，这是一条必由之路。杨振基先生说："数趟拳练完，全身酸痛，上楼抬不起腿，只好爬着上。"傅钟文先生也讲："练拳练到坐下不想起来，起来不想坐下，全身像上刑一样难受，必须练到这种程度。"

傅钟文先生还说过，杨露禅除了自己苦练外，为了让儿子们能接传自己的功夫，在健侯兄弟年轻时，天天拿大棒赶着他们练，稍有松懈，就用大棒打，下手之重，几乎令人无法忍受。杨班侯的一身无敌功夫，就是在这样严格的看管下苦练出来的。杨健侯小时，由于杨露禅天天督促，练拳几乎练到了身心不能承受的地步，后成为杨家第二代代表人物之一。杨班侯生有一女一子，女儿练拳时，达不到要求，他一失手竟把女儿打死了。

傅先生进一步说，过去练太极拳的有不少人是乡下人，他们识字不多，靠的就是下苦功夫练，不怕吃苦、不怕累地练。因为没有好功夫，与人交手，只要一输，一辈子就完了，甚至还有生命危险，所以非下苦功夫不可。舍此，没有他途，只是嘴说、纸上谈兵、夸夸其谈，"半瓶子"水，晃晃荡荡，不愿下功夫出力流汗，是没有用的。

说"力文"拒现实于不顾，是因为其明明知道"在历年太极推手比赛中，练外力（实为内力——笔者）的胜了练太极拳（实为养生行气的——笔者）的"这一事实。却视而不见，不从自身的练功方法上找问题，而去一味地指责、批评比赛的对方，难道当年的杨家父子还要规定别人只能用太极劲比武不成？若按"力文"的练功逻辑，其内劲——气，代表了太极拳的真正功夫，那么其对付所谓的"僵力、硬力、拙力"，本应是更容易的事，怎么反而又连年败北呢？道理很明显，那就是不切合实际。"实践是检验真理的唯一标准”，任何违背这一客观规律的做法，都等于自取灭亡。所以，我们应该赞扬和鼓励那些勇于实践、不断探索的求真求实者。

1990年4月7日至13日，中国武术研究院召开了部分在京的太极拳家和武术工作者会议，对太极拳推手进行了十分热烈的研讨，他们边研究，边实践。可敬的是北京信息工程学院的于志均教授，亲自下场真推。他说：“我输了没关系，就是想亲自尝一尝味道，以求其中的真谛。”通过竞技推手的实践，他提出推手不能只讲“用意不用力”。大家一致认为作为竞技体育，尤其是对抗形式的推手，应是技术、力量与速度的综合，认为以后不要再片面宣传“四两拨千斤”了。要使太极拳推手更健康地发展，就必须求实求真。

经过多年的太极推手试验性比赛证明，太极推手是实实在在的科学，是技击对抗性很强的体育竞技项目。太极拳出手接触对方身体之前，是软弱无力不显于表，接触之霎那，骤发刚猛，并可使瞬间刚柔骤变（极柔软、极坚刚，动急则急应，动缓则缓随）。由此可见，太极拳不是玄学，其对抗性推手实为对力的运用之妙达到了得心应手的高级自动化，动力定型阶段，并非以“气”击人的神话。

“力文”随后又讲“练太极拳先求一力是对的，但这一力应当是内力，应当从打太极拳中去求，应当从用意不用力、练气中去求”。前句应该是对的，后句就错了。岂不知推手搏击所需的力量（有很强的对抗性），是“力文”打太极拳“从用意不用力，练气中去求”永远也求不来的，其原因就是脱离对抗、脱离实际。所以，练拳几十年，不知内劲为何物的大有人在，甚至多少年来，还自以为是，认为自己的太极劲如何如何的好，可一上赛台却突然输得一塌糊涂，这样的例子比比皆是。归根结蒂只注重练架调气、用意不用力，不懂得用力之妙和对抗之妙。

“力文”也讲：“谈太极推手的巧离不开守和攻，能守得住攻得下，技艺成矣。”这句话讲得非常正确，但遗憾的是怎样才能“守得住”，如何才能“攻得下”，“力文”却没有多少说服力。“力文”讲：“守得巧，要巧在走化上，即人用力攻时，不管力大力小，首先走化……能走化，可在我力不如人时，仍能从容应付，保持不败。”“巧要攻得巧，巧在打对方的空劲处……还巧在借力打力，即打顺劲——对方力往哪个方向走，我就顺这个方向推。”看看“力文”讲得多么轻松，多么有条理，多么顺理成章，熟记这些条条就可以成太极高手，搭手便可以赢对方，岂不知这纯属纸上谈兵，实际对抗哪有那么容易的事？更何况比赛的双方都懂这个，亦并非等闲之辈。快速的爆发，迅雷不及掩耳，能让你“守得住”？既然用力，还允许你化吗？既使你在非常激急烈的对抗中，能从容应付，保持不败，那绝不是“柔弱之辈”。攻是主动的，守化是被动的，进攻容易守化难，这是一般的道理，所以说包括太极推手在内的任何一项竞技性对抗项目，如果其中一方能做到守化自如，主动权在握，那他的功力、技能水平肯定是高出对方一筹，他一定是强者，而非弱者。

“巧在打对方的空劲处”，谁能不晓，别人的空劲处就只等你来打，你的空劲处别人就不能打吗？倘若你真能处处打到他的“空劲处”，那你肯定也不是实际意义上的弱者。

“巧在借力打力”，凡是搞过对抗性竞技运动的人都懂这个，摔跤也不例外。所以说，在推手对抗中，假若你能处处做到“借力打力”，那也肯定是功力远远超出对方者，不用说你也不是实际意义上的“弱小”之辈。反之，即或是偶尔勉强借到对之力，那恐怕自己也会吃不消。借来容易，送走难，弄巧成拙。

“守得住”“攻得下”“化得了”“打得巧”“借得好”，得有一定的对抗功力基础，也就是得有这个能量（身体素质）和能力（综合素质）才行。下面让我们来看看几个例子，就可以更加说明这个问题。

杨澄甫先生出一掤手，屈置胸前，任对方力大如牛的壮汉怎样推，他一化发，对方就腾窜一丈开外。

马岳梁单腿独立，摆个“金鸡独立势”，令6个人合力迎面向他推去，他却是岿然不动。

冯志强令10个小伙子排成一路纵队推他，其如大树盘根，不动分毫。但当冯先生用力反推时，10个小伙子便顿时东歪西倒。

上述杨澄甫、马岳梁、冯志强的例子告诉我们，要“守得住”必须有高强度的内力素质（功力），否则就不可能守得住。有了如此守得住的能力（在对抗中，任对方如何抗，中枢脚不移位），才可谈“化得了”。有了如此的功力，才可谈“攻得下”，才可进一步深化为“借得好”“打得了”。要练到对己能“化得了”，对彼我又能“攻得下”，进而又能“化得了”“借得好”“打得巧”，就必须由练对抗力开始，在用力对抗的实践中去求，除此别无他途。当然，“守得住”“攻得下”“化得了”“打得巧”“借得好”都是相对的，在势均力敌的情况下，就难以表现得那么分明。据说日本的相扑有几百种技法，但当棋逢对手的时候，就表现不出多少妙招。所以在太极推手比赛中出现暂时的顶牛对峙，是很正常的事，任何一项对抗竞技比赛，都有类似的情况。但有一点是绝对的，那就是功力训练水平和综合素质的提高。

千拳归一路，对于任何门派的拳术来讲，只要走上擂台对搏，最终还是要以功力浑厚而取胜。所以武术家们常讲“拳家功夫真，力大强十分”“人是饭力，拳是功力”“练武先练功，打铁先得自身硬”“一力压十技，力为万技之本”“若非此身成铁汉，掷地何来金石声”。所以，先辈的太极拳家们亦十分重视力量的训练，他们练得的那神奇般惊人的力量真令人敬佩。据《太极传奇》一书讲，杨露禅推车挑担，力气过人，李亦畬端坐于椅子上，令表弟苗兰圃双手摁住肩头，腰际注力，身子一挺，就将苗腾空摔出；郝为真一只手举着磙子，另一只手攀着大绳可从井下上来，一只脚可将石磙子挑起，抛出三丈多远；杨班侯可不闪不躲，猛然将烈马横空举起，脚尖一挑亦可把五六百斤重的平头车腾空挑起。冯志强先生少年时，一百多斤的大铁砧，也是一抱就起，一餐能吃下3斤粮食。在车间干活时，一台重达千斤的电机因失衡，眼看就要从手推车上滑落砸地时，被他抢上一步稳稳地接住，可见其力亦是何等之大。

其实，太极拳本身就是非常讲辩证法的拳术，表面上看太极拳是以“巧”胜人，但在其巧的背后，所下的苦功夫，却是常人难以想象的。所以有人讲要想练成四两拨千斤，必先练就千斤力。太极拳表面上是以弱胜强，实质上却是在接触点上集中优势兵力，以强击弱。表面上是以慢胜快，实质上是因为时间差把握得好，曲中求直，寻的是两点间最短的直线，达到了后发先至，并不是跟着对方的屁股走，慢就可以胜快，那简直是梦话。太极功夫有句行话，叫作“出手软如棉，沾身硬似铁”，极柔软，又要极坚刚。棉、软都是起缓冲和虚假的作用，而硬似铁、极坚刚、无坚不摧才是其实际的、以强击弱的核心和攻击武器，是太极拳必胜的法宝。

通过多年的推手对抗实践，使我们深刻地认识到，练功一定务实，踏踏实实，循序渐进，一步一个脚印，迈步有台，升阶有梯，操作有序，才是真正的进步。千万不可“没吃三天素，就想上西天”，没有学爬，不要练走。“用意不用力”“四两拨千斤”是太极拳高层次的事。其中有一定辩证关系，那就是必须把用力的功夫下足了，才能产生质的飞跃，高功夫才能最后产生，切不可入手强求，不然一定会被摔个粉碎。这也就是说，要练好太极推手功夫，必须从用力“动练出巧”开始，由不懂怎样用力，到知道如何用力；由不懂如何聚力，到懂得如何聚力；由不懂如何省力，到知道如何省力。而且这一过程还必须是在对抗中练习，用身体去体验，由身体去问答、说话、实现。如果脱离真实的对抗，仅练拳架、用意、调气，推起手来始终还是轻轻地转、慢慢地化，生怕顶着、撞着，生怕别人说练的不是太极拳，到头来功夫还是上不了身，走上赛台，还是必败无疑。

训练之初，人体每做一个动作都会表现为动作僵硬、不协调，有蛮力、死力，不该用力的地方都在用力，很不灵活，这是一般规律。

“动练出巧”，随着动作反复地强化训练和理论的指导，以及实际对抗中的接触、感觉，特别是作为推手时二人之间的对抗，从发力、堵力、截力、找力、变力的各种动作实际运用中，身体动作自动地变得协调、柔顺起来，表现为动作用力的有序化，使原来僵硬、笨拙的用力变成了自然灵活的用力。用力活了，也节省了，这就有了进一步技击对抗所需要的劲力。此时的活力通过对抗中用力到大而顺、顺而活、活而灵、灵而敏、敏而捷、捷而准、准而巧、巧而妙的用力推揉搓磨、韧耐承受，并与技法紧密结合，就会使身体听探顺化，擎引拿发的实践过程，身体便会自动配合技法将内力聚于一点，透发于外，或者在接触点上突然消失，弹放化解自如。技法熟练、运用妙巧自动化程度高，给人一种轻松自如，“用意不用力，四两拨千斤”的感觉。

“力文”最后还讲：“无论是初学还是有所成就之后，都要在‘舍己从人’上下功夫，即‘随人所动，随曲就伸，不丢不顶，勿自伸缩’，敌进我退，敌退我进，进退始终能和敌粘在一起，不丢也不顶”。舍己从人本身没有错，但应该认为舍己从人是一种积极的态度，是对方在我控制、掌握之中，舍己以求对方“空劲处”“断续处”，以利我攻击省力、省时、准确无误。并非消极被动的跟随，否则他下台，你也跟着下台不成？那完全成了小孩子的游戏，不叫推手对抗。所以说“舍己从人”本是由己，为了更好地打击对方，主动权在我，由我不由彼。要能处处做到这一点，必须对抗训练有素，功夫高超，有控制对方的能力。也就是说如果比赛的一方，能积极地做到舍己从人，并且能很好地控制对方，那么，他本身就是强者。反之，被动的、盲目的所谓“舍己从人”只等于挨打。

在这方面，我认为武式太极拳的训练方法是很切合实际的，因为它的训练并不讲避让、走化，或一开始就“舍己从人”，而是特别注意接劲打劲。乔松茂先生就介绍说，推手要特别注意接好对方的劲，两劲相接，顶是相对的、有度的，自己的意识要用在与对方相接处。接劲时要守住自己的“疆土”，如果过于软，就守不住自己的“疆土”，也接不住对方的劲。

武式太极拳的发劲，要先练拥、撞，最后练漂。所谓撞就是对方力刚施于我之皮里膜外，我劲已砸彼全身，集中全身之力并加上借到的对方之力，得机得势一刹那间一触，彼自腾空跌出。此正如武汝清《太极拳论》所讲：“至与人交手，手先着力，只听人劲……人劲将来，未能发出，我即打击，谓之打闷劲。人劲已动，我早静待，着身便即打击，所谓打来劲。人劲已落空，将欲换劲，我随打击，此谓打回劲。由此体验，留心揣摩，自然从心所欲，阶级神明焉。”可见，其积极的态度是显而易见的。

太极拳为了“多快好省”，亦最讲究“挨着何处何处击”，浑身都是手，简捷明快。要想做到“挨着何处何处击”，必须在训练中首先不避不让，把注意力用在接触点上接劲。接要接得住，要接得住，须要先堵得住、掤撑得好。要堵得住、掤撑得好，须先要身体处处有敢于承受对方来力的能力。要敢于承受，必须先要使身体如打足了气的球体，能抗得摔打。要使身体能抗摔打，这就必须在真实的对抗训练中推揉搓磨。要使身体推揉搓磨产生内力能量，就必须用大力、不留余力，使出浑身的解数，全吃全耐的承受，给身体以强烈的刺激。要有狠劲压倒一切、韧劲百折不挠、后劲越推越勇的精神。如此长期训练有素的话，身体感觉会非常灵敏，身体对外部刺激（进攻）的自动化处理程度极高，便可做到在接触点上“秤彼劲之大小，分厘不错；权彼来之长短，毫发无差”，迎送合拍，弹放自然。如此一整套循序渐进的训练进程，亦并非婴儿学爬、练爬就必然要永远爬到老，身体的刺激越多，感受就越深，处理的次数越多，就越熟练、自如，这是一个量变到质变的过程，最后必然有一个飞跃。所以，只有通过对抗，使接劲、掤撑、推揉搓磨训练的一举一动都紧密配合技法，熟悉劲路到相当熟练，使和对方一接上火， 便可以直（通）指达对方的根（发落点一接触就可以对准），或控制或发放都由自己。此时的技法也已由会、对、好、熟，达到了灵、巧、妙、绝的程度，所以，其“一触即发”“无处不弹簧”“依哪哪发之”就是很自然的事了。

总之，谈太极拳推手的功力，只片面地谈“用意不用力”、练所谓的“气”，并由什么“多打太极拳”求内劲，而不谈真实的对抗竞技，以求内劲功力；谈推手的巧，一谓地只谈走化、四两拨千斤、引进落空、借力打力、舍己从人、粘连黏随、不丢不顶，而不谈要用强劲的内力素质作基础，只会使太极推手丧失应有的对抗性。走入游戏化，误入歧途。

诗人陆游说过：“纸上得来终觉浅，绝知此事要躬行。”身体力行，注重于实践在对抗中找答案，在对抗中求生存，才是竞技性太极推手唯一的出路。否则，也只能使太极推手竞技“当哀矣”！

灵机一动　势如破竹

——赵堡太极拳的技击意识和速度

俗话讲，“机不可失，时不再来”，失机就意味着失败。赵堡太极拳在推手搏击时，要求只有意识快，外形动作、内劲潜转才能疾速，才能抓住有利时机，准确无误地发放对方。

一、意导要快

拳论曰：“运用在心此是真诀。”“妙机本是从心发。”心意指挥动作，这是由人体的客观条件决定的，是人的本能。但是，动作快慢、准确，劲力的潜转，招法运用技巧，只有用意久练才能求得。

练太极拳者，腰胯变换灵便，速度疾快，不论防守或进攻，都会圆转自如，有的功夫能达到“腰胯一转鸟难飞”的境界。因这些功夫是在用意指导下，久练而形成的。劲力的潜转、变劲无人知，也就是调兵遣将的变化。在实践中，就是较量时速问题，谁的意快，谁就能取胜。练时要在大脑的指挥下，练习声东击西，佯攻诈取，三节劲互用，击首则尾应，击尾则首应，击其身则首尾皆相应的方法。

二、寸劲击发

太极拳要练寸劲击发，推手时，就要验证自己的这一功夫。所谓寸劲击发，就是要在距离目标一寸之间发劲或接触击发点后再进击一寸击倒对方。“劲力短，势凶猛”讲的就是时速问题。“打人不见手，手到不能走”，就是寸劲击发的作用。反之，动长、劲缓，需要时间就长，易被对方发现，给对方有防御的时机。所以，在练拳架时，要刻意求出梢点的寸劲击发。在接触点上刚发，追求挨着何处何处能击的功夫。用寸劲击发时，要表现出如皮燃火、如泉涌出一样之气势。

三、舍远求近话攻防

拳论曰：“权彼劲之大小，分厘不错，称彼来之短长，毫发无差。”这句话强调说明了推手时要对劲力长短和大小做出准确的判断，然后采取适当而果断的防守反击措施。

例：

（1）金丝缠腕法。当我手腕被对方抓住后，应感知对方抓握劲力的大小、距离的远近。如对方劲力大，应当划大圆圈而擒拿之。若对方劲力比我小，就不要转大圈，因为大圈比小圈用的时量和耗费比较大。

（2）当对方封我领口时，我要衡量彼来劲之长短，应截击对方的劲头。因为我比对方动作短、时间快、劲力整。而用缠腕擒拿对方手腕部，就不一定成功。对方身体被我切截后，距离一定缩短，正是我进攻对方面部或胸肋部的有效时机。再如对方用劲击我，来劲已接近我身，此时，我的防守武器双手远在外围，应当取对方来劲之根，不宜以双手抽回防御，如果收回就耽误时间，反被对方所制。

（3）在推手时，要求“肘不贴肋，肘不离肋”，都是为攻防争抢时间。若我用採挒之劲，迫使对方之手离开中线，我好趁机而击之，对方要随势缠绕到我外侧或上侧，肘不贴肋，可防御对方攻击我的耳门。若对方强行使肘取我耳门，我就用手、肘进击对方胸肋。因为我的时间在前，无论贴肋怎样弥补，对方一定手头先行，取击咽喉、面部，我应立即用挒劲取对方肩臂之根节、肘的中节，方能避过。

（4）小鬼推磨招法。采用离心力，折叠捆绑之术。当我出左腿管套对方前步之后时，上肢采用右手一管二的採挒劲通压对方双手。对方若采用缠绕掤劲破我左侧，使我重心不平衡时，在此一瞬间，我要立即采用挒劲，用下肢合力发劲，对方必倒。若比我右手稍快一时，我应变招法而击之。

四、腰胯旋转身灵便

拳论曰：“差之毫厘，谬之千里。”讲的就是各部位角度、距离的问题。要注意无过能及的分寸，过与不及就容易被对方所制。因为腰胯角度不到位，虚实腿不分，上肢也不能到位，进去就不能制人。

例如捋挒折别的劲法，不论上、中、下还是左、右腰胯的旋转都要身法灵便。如果遇到对方没有被我劲发出时，必向后抽，此时，我应灵活地采用打折叠劲进行反击，不能被对方趁机击之。

五、旋转要有目的

首先，应有内劲作主导，其次要做到“彼不动，已不动，彼微动，已先行”，以接触点为中心（轴），不迟不早，利用掤劲粘黏对方之劲。使对方进入我的有意之环内，迟疑者容易被对方所制，过早者对方容易察觉，他会变动进击。

总之，攻守都应在时间上下功夫，时机是推手的关键，要“机不可失，时不再来”，研究时间差问题尤为重要。还要注意研究发劲的三要素，即发点、落点、发劲的速度，叫作发落点对即成功。

功技结合　摸爬滚打

——初练推手如何尽快提高技艺

初练推手如何尽快提高技艺，这是许多太极推手爱好者都非常关心的问题。然而，就目前推手训练的状况而言，真正认真研究如何快速有效地提高推手技艺的却不多，几乎都是调调架（熟练）、转转圈（转会、空圈）、师傅咋推他咋推，甚至还有许多人推手自始至终一个劲地求“放松”（实为懈）、“柔化”（实为比划虚假的慢化）、“用意不用力”（实为臆想、想当然也），这种不求实际、投机取巧，完全丧失了拳术技击真义的练法，最终只能是害人又害己。

拳术技击是实践的科学，所以拳谚云：“一力降十会，一巧破千斤。”就非常重视功力和技法的结合训练。这句话的前者之“力”，并不是指僵力、笨力、死力，而是指技击功夫的专项身体素质——功力，同时“十会”指只学会了技术的方法，而没有功力基础和实用性的虚假花法，即中看不中用的“比划式”“嘴把式”“假把式”；后者之“千斤”是指在功力十足的基础上建立起来的真技术，是力与巧完美结合的、实用性非常强的真功夫、真把式也。因此，太极推手的真功夫训练，应该是先求“一力”（功力），后得“一巧”（功技结合的妙法），或者是在练功力的同时，紧密结合技法，进行科学系统、踏踏实实、一丝不苟、摸爬滚打、出大力流大汗的训练，才能快出成果，这就叫作

“用功力来武装技法，以技法来体现功力”。

功力与技法的结合训练，首要的是练好功力。功力的关键在于一个“力”字，即如何得力、如何用力的问题。力是人人都有的，经过系统科学的训练，一个人的整体冲撞击打之力会是身体重量的3～4倍，加之抖发、惊炸、螺旋之力的正确运用，对付人的血肉之躯已是足够了。

拳学是实实在在的人体运动科学，技击是实实在在的实践科学，来不得半点虚伪和投机取巧，什么“一丝不动，粘手即飞”，全是哄骗小孩子而已。所以，聪明的拳术家，特别是勤于技击实践的人，总是首先从提高自身的实用功力入手，否则，学来的技法还得哪里来哪里去，仍还给老师。也就是说此时再好的技法，只能是空中楼阁，没有根基。

太极推手是追求技击实用的，它不能例外地要踏踏实实地从练力找劲开始，并且得有很长一段时间，不能讲“用意不用力”，要一心练粘连黏随（控制）、螺旋、崩炸、抖发等太极力。

推手之初，处处都有力的撞击，磕磕碰碰、顶顶撞撞、时脱时接、时断时续是很平常的事。在用力伸缩的动作（活力运动）中，能使出弹性力，并且有了韧、柔之劲时，才算初步进入了太极劲味的层次，然后再经过相当时日的对抗、推磨摔打、锤炼加工，使劲又大又顺达，就又深进了一层，具有了初步的功力基础。

此时，不但同学之间要互推较劲练习，更重要的是老师要根据学生的块头、力气差异，给以劲力的强烈刺激。高明的老师，一搭手会叫学生肩臂酸不可耐，不管其身强体壮，还是体弱力小，都是如此。对力小者老师用劲小一些，对力大者用劲则重一些，而其感受则一样，都得竭尽全力，一刻也偷不得懒，无不推得动、走得顺、弹性强、韧劲足，劲都能自足而腿而腰而肩，直达于手臂，使其小腿肚、腰背、肩臂无一不酸痛。随着练功的深入，感受日益强烈，甚至难熬。这种运动，使劲深入筋脉骨骼，搓揉伸拉“运动如百炼钢”，使刺激不断深入，从而使学生对劲的敏感性、准确性以及承受能力不断提高，使听劲、承受劲、吃劲、受纳得到千锤百炼。强劲柔耐的太极劲经过这道工序的百般揉搓磨练才能真正具备。因此，在老师手里，不要试图化劲（化不掉），只有全吃全耐地承受，才能出功夫。

用力练劲的方法，是渐变的过程。此时力期短而劲期长，进一步讲，就是继续追求高质量的劲。从物理学角度讲，仍为力的相互作用，还是力的行为起主导作用。不过推手寻求的是从用拙力到大而顺、顺而活、活而灵、灵而敏、敏而捷、捷而准、准而巧、巧而妙的用力技术（太极劲），始终得在用力上下功夫。其中用大力的过程相当长，相当艰苦，而又相当有情趣，要花费很大的精力和时间去重视这一过程。因此，只有把用大力功夫下足了，用小力和不用力（力点集中、准确而巧妙），则水到渠成。

功力练到此时，结合技法（实用高招）稍加熟练，便可以得心应手地应用。倘若不想用技法採拿折别、跌掷摔打对方，单纯凭功力拿控时，也可以收到事半功倍的效果。譬如一搭手，就用自己的十分绵软紧跟紧逼对方，不让有丝毫的放松和休息的时刻，令其用力，不让动弹，把他困死。使对方感觉吃力无比，不用力不行，不用力即被困住，用力也不行，肩臂酸不可耐，有力无气，斗志消失。

初练推手，就追求轻灵，讲用意不用力，轻轻地推，慢慢地化，甚至不是化的劲也化，这种不关痛痒的练法，是违背武术技击运动规律的，太极推手技击训练也更不例外。这种错误目前相当普遍，贻误了许多人，致使一些久练推手不上功夫、更谈不上学以致用的人，对太极拳的技击持怀疑的态度，严重阻碍了太极拳技击运动的发展。其实，人贵应有自知之明，不务实地求“松”、求“化”、求“用意不用力”、求“四两拨千斤”的神技，到头来仍是一场空。当然，倘若仅求健身而转慢圈、比划圈圈，不求技击实用，则另当别论。

灵机一动　瞬间爆发

——“劲力妙用”乃太极拳技击之魂

“变劲不变招，伸手把敌消”。太极拳之妙，全在于劲力，这是一切武艺的基础，任何不许和不提用力都是不对的。所以说，劲力及其应用，是太极拳的精髓和灵魂。胆、力、智、法是功夫的综合表现，搏击之术的太极拳武功也同样如此。

“劲”是在正确理论指导下，通过特有的训练、艰苦的磨砺才能领悟到的。“劲”速度快而“劲”灵活。就“劲”字本身的字义讲：“劲”字的头是由“久”字演变而成，再加上“工”“力”三个字型组合而成。其含义是：长久时间用“工”、用“力”去磨练，才能领悟形成“劲”。因此说：“劲”大必然会“力”大。

“起如风，落如箭，打倒还嫌慢；起如箭，落如风，追风赶月不放松”，这便是“劲”的真实写照。

在物理学中，力和劲可划为同一个概念，但在武技中，却成了两个不同的概念。因为在武技中还讲究灵活与变化，这与人的操作密切相关。劲是瞬间、变幻、爆发的。但从力学角度讲，在武技产生作用的瞬间，实质上却是力的作用。

事实上，不管是哪国、哪派、哪家武技，当其作用于一个事物（人或物）时，其最终效果就只会体现在一个元素上：劲。

不是吗？招术的变化是劲的方向的变化，发力方式的变化是劲的大小的变化，我们在与对手过招时，终究要体现在对敌方劲力大小和方向的控制上。所以，历来拳家都强调劲的训练。

太极拳练功人的劲、力绝非常人的用力方法，它是意识支配下按太极拳的运动规律，通过气息吐纳和肌肉伸缩产生的一种能量。此劲具有传递迅速、变换灵活、随意性大的特点。太极拳的用意，用的是合乎拳理规矩的意，并非只讲意而不讲用力，那种单纯求意、不敢用力的认识，是不符合武术对抗规律的。

万法皆于力

“一力降十会，一巧破千斤”。究竟是力重要，还是招重要呢？答案是力重要。所谓“一力降十会”的意思是指当一个人的力量大到一定程度，就可以战胜那些会一些招式但力量明显不足的对手，而“一巧破千斤”的意思是运用功力便可以破解更大的拙力。由此可见，这一句话谈的都是力的问题。

太极拳的技击是通过自身肢体的巧妙运动，将力作用于对手身体，达到将对手击倒或击伤之目的的一种技术。我们也可以运用力学理论来解释技击，将对手击倒（或我方身体的运动），使对手（或我方的身体）产生位移，属于理论力学的研究范畴。而将对手击伤，即以我之坚硬部位或巧妙方法挫伤对手身体，属于材料力学的研究范畴。因此，在技击中没有需要力还是不需要力的问题，只有如何用力的问题。也就是说首先要有力，其后才谈得到力的技巧。

力有三个要素：大小、方向、作用点。其中力的大小是首要的，而力的方向、作用点，甚至力的大小变换均属于用力技巧。作为一个技击家首先应谈练力，只有具备了雄厚的力量，才足以与强悍的对手搏斗，也就是人们常说的“一击必杀”。那么如何练力呢？按照传统的说法，力有先天力与后天力之分。所谓先天力叫本力，它是局部肌肉的绝对力量，一般是通过负重锻练即外功（如石锁、石担等）来提高。所谓后天力也叫内力，它是通过整个身体的协调发力使相关的肌肉紧张，使无关的肌肉放松，并使身体各个部位肌肉的力量聚合在一起，由身体的某个部位放出。后天力一般是通过一些与心理、呼吸、肌肉、骨骼有关的徒手操练（如站桩、走架等）来训练。后天力与先天力的关系：

（1）先天力是后天力的基础。为什么几乎所有的武术流派在选择门徒时都以身高体壮为优先选择的条件之一？这是由于“身大力不亏”的原因。为什么几乎所有的技击家都有苦练外功的经历？这是因为先天力是后天力的基础。试想，如果没有基本的肌肉力量，则如同无源之水、无本之木。何谈发力的协调性？此外，在训练时，良好的先天力素质可以帮助拳手尽快找到后天力的感觉。在技击中，良好的先天力素质也可以弥补后天力技术上的不足。

（2）练后天力可望趋于大乘。如果我们将武功分为初级、中级和高级的话，初级与高级之间最本质的区别就在于前者不会发后天力，即不会运用内力。不会发后天力的拳手会产生这样或那样一些问题：

①杀伤力小。用后天力打人可以在瞬间产生巨大的力量，并且这种力量是可以持续作用于对手的身上，从而将对手发起并在对方的受击部位以至于全身产生巨大的震荡和渗透力，使对手的身体受到极大的伤害。而以先天力打人，即使拳手本人的肌肉力量很大，由于不同肌肉的互相牵制，使得作用于对手身上的力量减弱很多，并且呈断续状态，其结果只限于使对手局部受伤。

②变化慢。高明的拳手在发后天力的同时就在听力，因此他可以根据对方的变化，顺势变力，通常一个很小的动作，便能产

生新的打击效果。而仅凭先天力的拳手主要是依靠局部肌肉的屈伸而积蓄和发出能量，因此对方变招时，便需要换手，或采用其他肢体来续招，由此产生的动作就要大得多，同时也就需要更多的时间。再者，不练后天力的拳手，往往听力较差，因此，他们对于对手变招的反应时间也相对较长。

③连续性较差。打拳讲究打连环，但是不同水平的拳手招式连环的方式不同。高明的拳手根据听力来变招，并且由于是发后天力，因此在对方后撤时蓄力跟进会连绵不断。而初级拳手连环招往往是根据练习时所熟悉的组合，这些通常是一厢情愿的，倘若对手没有按其事先设想的方式出招，他便无法继续连环了。

④费力。单纯运用先天力格斗，体力消耗极大。我们以拳击运动来作比较可以看到，运动员每一回合打三分钟便相当累了，更何况若是打多人时，体力更是难以承受。而且，随着年龄的增大，拳击运动员技击能力下降的速度也相当快。然而，对于掌握后天力的内家拳手来说，即使是年龄很大，也可以在两三个回合之内轻松地将对手打出，却无需花费多少体力，端的是潇洒似闲庭信步。

⑤难以周身浑圆。先天力是靠局部肌肉的屈伸来发力的，因此，身体上那些肌肉屈伸幅度小的部位便无法发力，所以，它不能做到身体的每个部位都能打人。而后天力是靠整体发力，并可凭意念将这种整体力由身体的任何一点向外发出，所以它可以使人达到周身浑圆、无处不弹簧的境界。这样拳手才有可能反应极快，变招迅速，才可能一人胜多人。

无招难尽人力之巧。拳可无招乎？否。招为何物？技击中引导巧妙发力之技术和战术也。兵法云：“以正合，以奇胜。”有力而无招是有法而无术，必然难夺天地之造化，难尽人力之巧妙。练习技击不是为了战胜常人，而是为了与其他的技击高手较技，一人胜多人，从而向人类徒手或器械格斗的能力极限挑战。当你面对一个比你力量大很多的对手时，正面以力相抗最多能打个平手，当你被一个或数人拿住时，只有用招才易于引动内力，从而达到一击即开的效果。

武术是打出来的，它需要不断进行格斗实践，通过身体接触时，便听到对手的发力，从而下意识地接招拆招，发力伤敌。如果期望在格斗时通过大脑进行逻辑思维再指挥手足去发招，那只能回家去写武侠小说。所以，“武术是两个人练的”这句话永远是武术界的至理名言。

用力之久方可豁然贯通

太极拳的用力，既有柔力，又有刚力，还有刚柔兼用之力，这样才能符合太极的用力。太极拳的练力程式为轻力、柔力、刚力、巧力四步骤。

轻力练拳架是对初练太极拳者的要求。拳论曰，“用意不用力”，强调了用轻劲练习。这种练法是为了催其僵劲，增加肌肤灵敏而提出的。如果从高层次技击角度讲，还应练出柔力、刚力、巧力才好。既有灵感能借力，又能用千斤之力合之发劲，这样技击时，强敌能掤，重体能抛，以重击轻，一举成功。

太极拳练成的力称之为劲。它是通过盘架子与推手练成的活力。力与劲不可截然划分，但是有一定区别。概括言之，力方而劲圆，浑厚而充满；力滞而劲畅，遍及全身，通于四梢；力迟而劲速，意到劲至，刹那遍体；力散而劲聚，集中一点，威力无穷；力浮而劲沉，劲力，它像水银那样沉甸甸的；力钝而劲锐，发劲能入骨三分。直力显而横力稳，虚力刚突力柔。

太极之劲，灵捷无形，手到劲发，内劲潜转，巧用结合，避实击虚，寸劲击发。

太极拳的劲力，一般称之为柔、刚两劲，这是基础劲。再从力的三要素研究。从力的大小讲，太极拳要练出重、轻、空三劲，从力的方向讲，太极拳练柔劲走圆弧，打刚劲出方点。从劲力的运行速度讲，盘架要求先慢后快，然后快而复慢，最后能快能慢。推手时，能与对方合拍，能“动急则急应，动缓则缓随”，随心所欲。怎样练太极拳的劲力呢？

1. 轻劲练法

拳论曰：“用意不用力。”这个原则是初学者应遵循的原则。同时，要求心静用意，螺旋转动，筋骨松开，劲力合住，其目的是为了排除身体僵劲，增加灵感。轻是保证全身内外充分放松的必要措施，所谓“一举动，周身俱要轻灵”。只有用力越少越好的“轻”的练法，动作才能越练越灵活；不轻就不能松，不松就不能灵活。灵是轻的发展，在轻的基础上发展灵，方能达到“一羽不能加，蝇虫不能落”的高度敏感的“灵”，将来在“忽隐忽现”中兼练沉着的功夫时，也不致妄动拙力。

2. 柔劲练法

由轻入松，由松入柔。运劲走圆弧，凡动要在圆中注力。两个矛盾力同时表现出外似棉花内似钢。柔劲增加浑厚的掤力，与敌搭手不被对方所制。

绝不能误解“练拳始终不用力”。试想，力不增大怎样能掤住对方的千斤之力呢？又怎样把重体抛得很远呢？推手重量级比赛就说明这一点。两人体重悬殊大，重量小者推逼重量大者绝对费力。

这种柔力练法，外形不论平圆圈还是立圆圈，是顺螺旋还是逆螺旋，要有规律地反复绞转，配以内动。里边不动，外边不发。要用意导对气沉丹田、气宜鼓荡、内气潜转的调动，逐渐对架势注力。

怎样注力呢？要注意研究呼吸。内劲运转全在呼吸，呼吸是催力的动力。要有规律地进行逆腹式呼吸。开实用呼，合虚用吸，要与动作合拍。运气在呼，增气在吸。通过深呼吸扩大肺活量，推动内气潜转。先求气达四梢，再求内气充满，再次求内气灵转，最后研究气力的冲出。柔劲练成既有打硬拳的劲力，又不使外形显露；既无断劲（丢劲），又不显于外的掘动，柔劲像和成的面团，柔软丝连，拉拽不断之劲。

3. 刚劲练习

何为刚？在发时内外合一，意气风发，将自己的力量发到出击点即为刚。能将自己百分之百的力量发到出击点就是刚劲的最高标准。

练习刚发劲，首先须明拳理。拳论曰："以心行气，务令沉着上，专注一方。"其次要研究发劲的根源，其根在脚。要在意识指导下，进行腹式呼吸，使气沉丹田。放劲时，有助于稳定重心，增强两足力量，使下盘稳固，利用地面反作用力，加注爆发力。练时要注意纠正形不到位、气不跟随、形到气不到之病。

拳论曰："身如弓弦，手如箭""劲起脚跟行于腿，主宰于腰，发于梢"。这里的"手"和"梢"，并非局限于"手"和"四梢"，而是指击点即劲的气头，要达到周身各个部位都能发劲。按照循序渐进练习，先单式练习，把拳、掌、肩、肘、膝、脚等武器练好，然后再求挨着何处何处击的技击要领，达到随心所欲发劲。

4. 巧劲练习

巧劲是太极拳达到神化地步的综合技击功能。表现为高度的敏感，精确的判断，采用绝妙的招法，处处得机得势。

俗话说："熟能生巧。"只有量变才能质变。盘架子细心研磨知己的功夫；推手总结知彼的经验，不断总结，不断升华，久练方可得到太极真功。

太极劲体乃筋骨要松、皮毛要攻

1. 松柔功

太极拳强调以柔克刚，不丢不顶，顺势借力，粘连黏随，节节贯串，松活抖弹。为此，必须百分之百地放松。只有周身放松，才能灵敏地体察敌情，便于重新组合，集中周身力量，非常顺道地把劲力迅速地从施力点发透到着力点上去。所谓"集中兵力打歼灭战"者也。周身有一处骨肉不松，一个关节不活，就很难达到力从其心。

2. 意念力

太极拳特别强调用意。意念是人体潜在的一种隐形的、强大的力。拳论云"势势存心揆用意"，就是强调在练拳时，每招每式、每个动作运行都要用意。"意领形，腰走劲"。懂得每个动作的技击含义、劲点所在、劲路变化，用意念引导每个动作，使全身的意、气、力、精、气、神调动起来，集中周身精力于一点（劲点），"运劲"的实质也就是用意。

3. 螺旋劲

根据人体力学原理，运用自身以腰为枢纽的立体螺旋力，忽顺忽逆地随势变化，从而充分发挥以丹田带动周身的向心力（合）和离心力（开）。催动四肢而发放劲力，是太极拳运动的主要特征之一。太极拳的粘连黏随劲，就是靠这种顺逆变化的螺旋运动来实现的。

4. 整体感

太极拳主要之发劲，体现在整体感上，这不仅要根据人体力学来调顺整合，而且要注意阴阳的搭配，以求整体协调、对称、平衡和统一，如左发右塌、右发左塌、欲左先右、欲右先左，从反面入手而形成的“一动无有不动”的整体协调劲。

5. 弹簧性

太极拳运劲强调不断加大掤劲。掤劲是一种周身处处都向外膨胀、灵敏而柔韧的弹性劲，拳论中“周身无处不弹簧”“筋骨要松，皮毛要攻”都是这个意思。平时练拳力求做到“松透掤圆”，一旦发劲则可达到“松活弹抖”。

太极拳的劲别、劲源、劲路、劲点

由着熟而渐悟懂劲，由懂劲而阶及神明，这是太极拳练习的必经过程。何谓懂劲，首先要弄懂太极拳劲力的特征、组成、源泉、种类（劲别）、劲力运行的枢纽，以及每个拳式、动作中劲点所在及其变化。要把每个拳式动作中的劲源、劲路、劲别、劲点的变化搞清楚，练拳才会越练越充实。一式可以多用，一动可以多劲，劲力可以变化多端，奥妙无穷。

打拳行功过程中，最重要的是弄明白每个动作起点到落点的劲路和劲点变化，即弄清楚每招每式动作中的劲点所在，以及这个劲点在整个动作运行中的变化。否则，练一辈子太极拳仍是空架子或半空架子。

传统太极拳每式、每动都有鲜明的技击含义，劲点、劲路都十分清楚。练习这些劲路、劲点及其变化，在推手和散手中也大有作为。通过单式训练和发劲练习，可以在健身的同时练出特殊的护身本领。

劲别：即太极拳的掤捋挤按、採挒肘靠八种劲，以及其他撩、戳、切、劈、摔、打、擒拿诸法，加上各种腿法。要明白通常说的“太极八法”（八门劲别）主要是用于推手锻炼的一些手法，而散打实战中的手法、身法、腿法还非常丰富，万万不可仅局限于“八法”的锻炼。

劲源：劲起于脚，脚蹬地，借助大地的反弹力而形成人体力的主要根源。所以打拳要弄清人体劲力的起点（即施力点，如同电源）、支撑点、劲力运行的路线，以及枢纽（如同电动机），乃至发力点（着力点）。意识上弄清、运动中注意这些劲力运行的路线，才可以逐渐使周身劲力顺遂、协调而形成一股整体劲。

劲路：劲路如同电子器械之电路，即每个动作劲力从起点到落点的运行路线。不论这个动作走上弧、下弧、里弧、外弧，还是走圆圈、走S线，都要求弄清每个过节中劲点的变化。节节贯串，节节明白。“线中有点，积点成线”。往往粗看某一个动作只是走了一个上弧线，其实内含丰富多变的劲点。

劲点：每个动作运行中往往包括若干个劲点。如果不注意，丢掉一个力点，就空了一个技击含义。要把拳打得非常精到，就必须弄清每个动作中的力点所在，以及力点在路线中的多种变化。这些变化练到身上，一旦同敌人搏击时，就可以不假思索、得心应手、淋漓尽致地发挥出来。

太极拳运劲的枢纽——丹田内转

太极拳运劲，主要是采用螺旋形式的力，而形成周身主体螺旋的枢纽在于人体的腰部，也即丹田部位（含骨盆包涵的腰椎肌、腹肌及小腹内的脏腑，和中医所讲的命门、气海、海底、会阴等穴位）。

拳论一再强调："腰为主宰""刻刻留心在腰间""活泼于腰""以腰为轴""命意源头在隙""紧要处全在胸中腰间运化""松胯塌腰""有不得劲处，必于要腿求之"。拳论所云"一动无有不动"，其"一"者，腰也，丹田也。所以，太极拳各种劲力的启动关键在于腰部（丹田），要把腰劲练出来，首先要练好"丹田内转"功。

丹田内转功："主宰于腰"，实质上是在意念引导下主宰于丹田内转。丹田内转并非小腹内的脏腑如何转动，而是依靠意念引导内气鼓荡，而使腹肌、腰肌之内的小腹（包括腰椎及小腹内的脏腑）形成一个万向轴心。通过它的鼓荡作用，使腰部在左右旋转、前后（上下）折叠运化时运动自如而有力，起到人体上下左右劲力运行的枢纽作用。一句话，使它既有向外膨胀的八面支撑的力量，又有灵活的旋转力量。丹田内转的起点（导引入手处）在海底穴（会阴穴处），它的力源在于脚蹬地时大地的反弹力。

勤学苦练出功夫

功夫养成，要从以下几个方面去努力：

一要反复地、不间断地勤学苦练，认真仔细地揣摩技术，悟出搏击技术要领，体会技术中劲力的变化，在实战中才能不误时机地发挥技术的特长，打出一个真正的“巧”字来。

二要真打实作。在熟练掌握搏击技术之后，经常与人练习、实战。老拳师们经常讲：“不会挨打，就不会打人”。在练习搏击时，只想打别人，占别人便宜，光想赢对方，不亲自尝一尝被别人打是什么滋味，就不可能知道对方是什么劲道，用什么手法破对方招式更合适。真可谓“要想知道梨子是什么味道，就得亲口尝一尝”。这样，从实践中不仅练就了快速反应能力和应变能力，还能培养出敢打、敢进、敢拿、敢拼的勇敢精神。艺高人胆大，胆大才能艺更高，更重要的是通过交战思磨，真正体会养成“运动知觉”。

三要有恒心毅力。做到“拳不离手，曲不离口”“学艺容易练艺难，练艺容易守艺难；守艺容易懂艺难”。守艺就是锻炼，终身不懈的锻炼，要的就是习武者的恒心和毅力。而懂艺就是明其精髓，知其真谛，善其应用，真正练到艺上身，达到运用自如的程度。

四要勤于实战运用。武的本意是搏击实战，然而有不少习武者，一辈子练拳，可就是在实战比武中发挥不出来。究其原因，第一是练艺不精，所学的招法华而不实，没有实战价值。第二是只注意学套路，不注意养练功夫。常言道：“练武不练功，到老一场空”。没有功夫，所学的套路再多，也只是一个空架子。第三是只注意练功，不注意实战，缺乏应变能力。招法、套路都是为了实战，所以当熟练地掌握了套路和招法之后，就应当不断地在实战中去体会，不假思索地百拿百破、百打百破、克敌制胜，挥洒自如。

随机变化 连珠炮动

——赵堡太极推手理念

传统的赵堡太极拳特别注重实用，这首先表现在它的推手训练上。赵堡太极拳推手就是在实际操作中训练和体验，在与对方肢体相接融时体察其力量的虚实、强弱及施招用劲的企图，并善于在各种不同的情况下控制对方、破解对方、反制对方，继而施以有效的打击。所以，推手在训练的内容和难度上要难于散手，因为它往往是在贴身短距离的情况下进行的，但它可以弥补散手之不足，可以看作是散手过渡形式的辅助性练习。虽然它不能代替散手，但在很大范围内，可以作为实战交流的一种有益手段。

一、传统赵堡太极推手技术的成熟，一般要经过的几个阶段

1. 无进攻意识的打轮阶段

在初级的打轮训练中，由于双方刚刚接触这种形式，还没有形成进攻意识，只是进行固定模式的打轮练习。

2. 有进攻意识的推手“顶碰”阶段

经过一段的打轮练习之后，双方对劲力有了一定的认识，并

逐步形成了进攻的意识，然而由于此时各自的技术还不成熟，训练的经验还不丰富，所以往往会用僵力去生拉硬扯，机械地施用招法，所以往往会形成“顶碰”的现象。

3. 各种技术灵活运用的一味施招进攻阶段

当“顶碰”甚至于“顶牛”僵持阶段被疏通之后，各种技术已基本掌握并能灵活运用，这就大大增进和加强了向对方施招进攻和表现自我的意识，于是这个阶段的推手往往一味进攻、施招、发放的较多。

4. 各种技术灵活运用的控制阶段

经过一味进攻阶段之后，推手中发现不用进攻仍能制止对方，即推手者能够很灵活、灵敏地感觉到对方的力量和轻重虚实，和企图用什么招法，不但能体察预知，而且还能有效地化解和加以控制，同时也学会了在控制中进攻，将进攻与控制相结合，使对方始终为我所制，犹如孙猴子翻不出如来佛的掌心一般。

二、推手训练常常强调的问题

1. 关于精神意识

推手时，要想象对方是只饿虎，你能走神吗？这就要求精神的高度集中，眼睛始终盯着对方，并将真实的意识融入到与对方的变化之中，假想四只手臂如四条蟒蛇缭绕，或像机器的齿轮一样交错相咬，要仔细体会每一动的细微变化，而不要只是无目的地一味打空轮。

2. 对打轮的认识

推手时两人一搭手，我则直接进攻无须打轮。打轮是因为我找不到对方的点，而对方又以强大的攻势直逼我的中线，我得有效地控制对方，保护自已并寻找机会进攻对方才去打轮。可以说，打轮只是一种过程，击中、放倒、制住对方才是目的。所以说真正的推手比武较技讲究直接进攻，即旧语说的“出手见红”，打轮只是为进攻服务的。

3. 关于点的问题

双方搭手时双臂所接触的部位称为“点”，点在推手中占有重要的地位，因为双方力量的松紧、大小、虚实、强弱及各种技术的应用与变化都是通过点来体现的。推手不管具体形式如何，都要使点上的力量指向对方的中线，同时要始终注意点上的控制，不要主动脱点。

4. 关于力量的运用

（1）力量瞬间的变化：推手时要始终保持力量的均整适中，不松也不紧。只有在这种状态下，我们才能根据对方劲力的大小、虚实，而相应地变化出各种力量。推手要求力量能在瞬间变化，即神经肌肉瞬间的松紧转换。其转换的频率越快，力量越灵敏，出击越连续迅猛。如对方一顶，我就变，不要去硬抗，要学会放弃，放弃是为了选更有利的位置，更有效地去攻击对方。推手力量应在瞬间变化、松紧协调上下功夫，要能瞬间改变力量的大小和角度，这种瞬间的变化源自于扎实的基本功及临场的经验。

（2）力量的均整协调与平衡：推手时应注意整体力量的运用，即源自于脚的蹬地拧转反作用于身体之整体力，而非手臂之力。推手要用整个身体去推，而非仅仅局限于两手臂的绕圈。很多人在练习基本功时做出的力量很整，可是一推手又散了，这是因为在基本功中培养的平衡用于推手这种新的用力状态下被破坏了，你得逐渐去找才能逐渐培养建立新的平衡。所以说，这种均整协调也是一个逐步培养的过程，而推手的最终目的就是在对抗中多角度发力去破坏对方的平衡，从而建立自己的平衡。

（3）力量的疾速、爆发、连续：推手发力时，要有一种惊弹力，即要使对方受到一种震颤，劲力要冷、脆、猛，犹如炸弹爆炸一样。同时，一旦有机会就要施以连续性进攻，一环扣一环，如连环炮一般，这一切都源自于神经肌肉松紧转换的频率。

5.关于技法运用的全面性

推手时不要仅仅局限于旋、偏、挂等几种常用技法，而应在变化中随机随势，浑身都是打击点。抓我手，我手发力；抓前臂，前臂发力，周身如打足了气的球，碰哪儿哪儿就发力。不仅合理运用身体正面的攻防，更要注意运用身体侧面的攻防。当对方突然转到你的侧面进攻时，如果你来不及转身以正面对应，就要用侧身当正面给予还击。总之，推手中的技法要大胆使用，失败了不怕，怕就怕在不敢去做。

起手如闪电　击敌如迅雷

——太极拳的技击

八字诀曰："勇猛短毒，疾狠快利。"太极拳的本质是快。只知太极拳的柔，不知太极拳的刚；只懂太极拳的慢，不晓太极拳的快，不是一个真正的太极拳家。有柔有刚、有慢有快是互为依存、辩证统一的关系，这些一说人们都可明白，但一说太极拳技击运动的实质落在一个快字上，恐怕明白的人就不一定太多了。

其实，太极拳在技击实战中的表现形式必定是"快"，竞技对抗，双方争强斗胜，战机稍纵即逝，抓住战机，以威猛的内劲，加上迅雷不及掩耳的速度，方能克敌制胜。《拳论》中对"快"字有十分生动的描述，如"力贵迅发，机贵神速，一迟即败，一迅疾即得势""进如疾风吹人，电光猛闪，愈速愈好""彼挨我何处，我意即到何处，气也随着而出，如斯响应，疾如电挚""如皮燃火，如泉涌出"。七打谱曰："头打乐意随脚走，即使神仙也难防；膀打起势进中意，去势好比虎扑羊；肘打去意占胸膛，两手只在洞中藏；脚打踩意不落空，消息全凭后脚蹬；膝打裆腹奔胸膛，灵机全在心中藏；胯打中节必相连，掀飞打倒不为难；手打几处要分明，好像猛虎出了笼！"

如此可见，太极拳的技击与其他对抗性的竞技运动一样，都十分重视力量和速度。"快"才是实战和应用时必备的重要条件。

一、太极拳技击的实质仍是“大打小，慢让快”

“四两拨千斤”其实质就是集中优势兵力，攻击薄弱环节。有位太极先辈曾说：“我则从旁击之，以我之顺力，击彼之横而无力……”他干脆说出了“……顺力击 …… 横而无力”的有力打无力。运动体在运动方向有力，而其他方向则无力，在流体则还会形成侧压力。在家不妨试试，如果一辆行进中的自行车向你冲来，你让开正面，从侧面给它一巴掌，它会顺着你的力和运动方向的合力方向跑去，如果你使的劲大，它可能倒下。太极拳的技击法之一就是这个力的关系，如对方用百斤之拳直冲过来，他的力在拳头前进的拳峰或拳面上，其他方向是无力的，而且运动着的拳与臂还减轻了重力。另外，这百斤力的效果还必须是打到目标距离时才会有的。这样，①如果在来臂上加力，不管什么方向，都是打到了无力之所在，打击效果由打击角度和自己功夫来决定。截劲与採劲施打即是这样体现的。②在来拳没到目标距离时的中途任何点上，是体现不了百斤力的，如果在对方伸拳进攻的运动战线上以己身还以弹抖拦截，用力适度，对方照样可以被弹出而后退，也就是把来劲捂回去。③太极拳的攻防劲是整劲，所谓“势虽不侔，而劲归一”，全体整劲比一肢之劲当然要大。练出来充足的内劲是高目标，“如遇劲敌，内劲猝发……孰能当之”，显见是要大力的。

从许多情况都可以找到大力打小力的例证。如强调攻击的速度，力量和速度是互为因果的，像“发之至骤”“发劲如放箭”，以及“练就全身太极尊，浑身合下力千斤”等，都说明大力才能打出好的效果。

太极拳的打击效果多产生于“防守反击”的战略战术思想，尤其是推手，人如果不“喂劲”，好效果很难出现，这劲喂得不好效果也会大打折扣，往出发一个躺在地下的人，是很难有效果的。“人不知我，我独知人”“彼不动，己不动，彼微动，己先动”等拳诀，多是用于粘在一起的推手。推手中的速度观是“动急则急应，动缓则缓随”，便宜占在利用彼劲上，所以必须“来宜听真”。经过很多时间的训练，身肢反应是高度灵敏的，有了灵敏的感知和反应，会利用彼劲，还以正确的劲力，造成好的打击效果，这就是敌我之间的“懂劲”。许多力学讲究正是在这个环节上出现的，曾有的先辈们用“分合力”“杠杆力”“轮轴力”“摩擦力”等解释太极拳的打法，可以帮助人去理解，但太不够，也很难概括更多。人是活的，双方是站在那里，双手相搭，形成力的关系是复杂而瞬息万变的。不管双方劲力关系如何，速度还是至关重要的。“力贵迅发，机贵神迅，一迟则失败，一迅则得势……”“去贵神速”“心如火药，手如弹，灵机一动，鸟难飞……”“起手如闪电……击敌如迅雷……”这些论述都是指自身的绝对速度，就是出手要快，进击要快，快了既不误事，劲力又大。这本是生活中常见而人人都知道的道理，其实王宗岳所说的“快何能为”，是对耄耋之年常能御众现象的看法。耄耋之年而能御众，是诸多因素的综合，但其中绝不包括手迟脚缓、呆滞难动的状态，我们不应该向神秘的方面去想。太极拳师的快取决于松活弹抖和出击路线的简捷明快，对时间、距离、力度等综合因素掌握得准确无误，恰到好处，绝没有丝毫的浪费，所以常常应战时脑子冷静，动作果断，“依着何处何处击”，简捷快速，立竿见影。

二、太极拳技击引进、化、空、击依次在瞬间完成

其原则是：不引不能进，不进不能化，不化不能空，不空不能击。

1. 不引不能进

太极拳属近身短打拳种，拳谚说“打人如亲嘴”，形象地说明只有贴近对方，才能发挥跌拿掷打的技击技术。技击格斗以肢体为利器，只有在有效的范围内，才能给对方以重创。运动中主动粘逼，将对方的直力转化为我方的切线力，用步法、身法的协调配合，达到我顺人背。如对方用右拳向我进攻，我右手掤接，左手顺接其右肘向我右上掤引，同时我向对方身体左侧外上我之右步，瞬间达到上引下进（不可脱节），打其揽扎衣。

2. 不进不能化

引进的过程是诱敌深入的过程。如对方冲力大，即可顺势而发；如冲力小，对方可在我顺人背的状态下，为寻求得势而挣扎维持自身平衡。此时，我即以自身轴性运动体系走化其力，以粘黏劲紧紧粘逼对方，使其由一个背势转变为另一个背势，迫使对方处处用力而不得力，欲向我进攻，又摸不准我的重心线，在螺旋运动中，使其险境丛生。

3. 不化不能空

当对方为寻求顺势而挣扎时，我劲已由内换，螺旋劲突然一松，同时配合惊抖手法，使对方的劲力顿时化为乌有，两脚腾虚

失控，这谓之“空”。这种空并非完全劲之空，也是心之空。突如其来的化空，一般会使对方精神受到很大的震慑，精神一乱，其劲必散，就在其愣神之际，为我的发放创造了有利条件。

4. 不空不能击

当对方大势已去，再无法调整身法的时候，对我来说，瞬间内不能犹豫，不能迟疑，应紧抓战机，“远用手、近用肘，贴身用靠不让走”，以恰当的部位，集心劲、神气于一体，爆发出强有力的弹射劲，冷脆快狠，势如破竹，轰然而发。

三、太极拳技击注重“借力”之法

1. 顺势借力

这是运动惯性原则在技击中的具体应用。太极拳术以弱胜强、以巧取胜的核心，就是在运动中掌握并操纵对方的运动惯性。因此，顺势借力之法是太极拳术中借力打人的一个基本原则，贯穿在整个拳套的各势之中。顺势借力，即顺彼之来势，接彼之劲侧，引彼之劲落空，吸彼之劲与我之劲合在一起，改变其运动方向，使其劲锋偏离我身并作用于彼身上，并增大其运动惯力，令彼失去平衡或倾俯歪斜，为我所制。例如太极拳术中的捋手抖势，彼以右直拳击我中上盘，我让过其拳锋，顺其来势接彼之劲侧，以右手接其右腕，左手抓其膀根，借其冲拳之惯力撤右步向右后大捋对方。即顺势加大其冲拳之力，彼必拔根前倾；我又及时向下45°角改变其拳锋方向，使其向我右后方跌出。如果我捋对方，对方不跟，换劲挣力后撤时，我即顺势进步上掀，此即放手抖发之势，所谓来者欢迎，去者欢送也。

2. 造势借力

即我先造一个态势迷惑对方，使对方误以为自己得势，而现力失势。在技击中如遇到练内家拳之高手，其进其退全是浑圆劲，周身上下相随，劲路不露凸凹，因其来力不明，一时很难找到可借之力。尤以静制动之高手，不显来力，更使你无从着手。此时就需要造势借力了，即所谓“没有条件创造条件也要上”。要制造出一个我背人顺的表象，以引对方进攻，通过引劲给对方造成假象，然后顺势取之。正如《十三总势说略》所云：“如意要向上，即寓下意；若将物掀起，而加以挫之之力，斯其根自断，乃坏之速而无疑。”例如太极拳术中的蝴蝶手势，我以右掌前穿对方之咽喉，有穿、措、挤、压之劲，如对方不接手，我即得势，乘势而击。此即虚中有实。对方若以相应之掤劲接，我即借其掤劲翻手叼腕下捋，彼必顺势靠我，而此时我左手早已托起，正等着对方之下颏往上撞。如果我穿右掌时对方锁掤，即顺势捋我，我则顺势跟步，落右臂扑左掌护脸，同时以右肩靠对方中门。

3. 蓄劲借力

即将对方打我之力蓄到自己身上，然后再造势或乘对方换劲之机借势把力还给对方。李亦畬先生在《四字撒放密诀》中云：“擎起彼身借彼力，引到身前劲使蓄；松开我劲勿使屈，放时腰脚认端的。”对于“引到身前劲使蓄”句，多数人只理解为“引彼到自己身前使之贴近自己的身体，与此同时曲蓄收敛自己的身体，为发劲做好充分的准备”。从太极拳术技击法的角度，则认为上述理解只是在技击上对形体要求的一个方面。还有一个很重要的方面，那就是不仅利用自己形体的收缩来蓄自己的劲，而是在将对方身体引到自己身前的同时，将对方的进攻之力蓄到自己身上，然后通过“松开我劲勿使屈”，再把劲还给对方。例如太极拳术中的搬弓子势，对方以右冲拳击我面部，我以右拦手让过其拳锋接其劲侧，掤住对方前臂。对方力大，继续续劲试图将我掤劲压扁或将我推倒。而我之右臂似弹簧弓子一样被对方一节节压缩，此即意味着把对方之劲蓄到了自己身上。当压缩到一定程度时，我即用左手上挑对方右手，将我被压缩的右臂、掌放开，此时我的右臂、掌则像被压缩的弹簧猛地被松开一样，将所蓄之劲崩还给对方面部或胸部。

4. 杠杆借力

即运用杠杆原理借用对方之力。古人云：“秤砣虽小压千斤。”讲的就是杠杆原理。《十三总势说略》云：“其根在脚，发于腿，主宰于腰，形于手指。”讲的也是对这个杠杆原理的理解和运用。人身本来就是一个活的杠杆系统。其下肢是支撑点，有力的作用，即其根在脚。所发的力又通过腰的作用传导给上肢及手臂，在传导的同时又加大了手臂的力量，这就是腰的杠杆作用，即主宰于腰。掌握这一原理并将其运用于技击中，就可以借对方一指一掌一臂之力作用于对方全身，即所谓“牵一发而动全身”。如太极拳术中的採手抖势，对方以右手拳击打我下颏，我以拦手让过其劲锋，接其劲侧，并以右手转腕捏其右腕脉门，左手接其肘部，顺其劲势向右、向后、向下方捋对方。在对方刚要跟劲靠我还未来得及动步时，我双手即合力向右下旋，造成对方反关节后，右手上提左手下压用採劲，对方关节疼痛自然后挣，我迅即随其后挣之力将彼送出，彼必失衡跌出。

5. 轴心转动借力

即将对方击我之力，通过以腰为轴心转运后返还给对方。《太极拳论》云："立如平准，活似车轮，偏沉则随，双重则滞。"在技击中，四肢如车轮，腰如车轮之轴心。一边沉则转，两边沉则滞，只要不使之双重，在技击中就可以达到"左重则左虚而右已去，右重则右杳而左已去"的顺势借力之高境界。所谓重者，对方击我之力也；虚者，我顺受其力也，去者，通过以腰为轴心的转动，将我顺受对方之来力还给对方。如太极拳术中的叶底藏花势，对方以右冲拳击我右上侧，我以右前臂上拦，让过其拳锋接其劲侧，乘其来势，顺其来力，以腰右转化解其进攻之力，同时出左中平拳击对方之软肋。此左拳之力非我之力，乃对方打我之力，通过我腰之中轴转动还给对方。此即所谓粘走合一、阴阳相济之高级技法。柔走和刚粘是不可分割的一个整体。每逢柔走的同时必须有刚粘相随，即通过腰胯及粘着点的螺旋缠绕，将对方来力未被化走的部分通过自身的中轴作用加于对方身上。

6. 随彼换劲借力

就是借彼换劲后之劲力。武汝清之《太极拳论》云："人劲将来，未能发出，我即打去，谓之打闷劲。人劲已动，我早静待，着身便即打去，此谓之打来劲。人劲已落空，将欲换劲，就随打去，此谓之打回劲。"所谓随彼换劲借力，就是借彼换劲后之劲力。即将对方之原劲引进落空后，对方为保证自身平衡，并能继续进去，必然要随势而换劲，而我在其将换未换之际，就已摸清其将换之劲路，立即顺其劲势加大其力，使其失去平衡或被挫而为我所制。或我早已准备好，摆好架势等其自投罗网。例如太极拳术十四捶中的钻捶和肘下捶，对方以右拳击打我胸口部，我以右拦手避其拳锋接其劲侧，并翻手以双掌抓住对方前臂之衣袖，以双擒坐抖势顺彼劲撤步后捋。只要对方没有后挣之力，必然会顺势进步靠我，我在捋对方之后，就立即起右拳上钻，等着对方自己面部来撞我之拳。此面部撞拳之力非我之力，乃对方顺势靠我之力，只不过是在其要靠我的部位还未接上我身时，其面部就已经接上我的拳了。此时，对方发现自己的面部将被击，必然要撤身后仰，我则顺势进步，以左拳从右肘下击出，此即肘下捶。如我双擒坐抖时未捋动对方，可迅即顺对方后挣之力前进半步，将双手向前上掀，此即放手抖也。

功夫练至懂劲阶段，其借力打人则完全是意、力的运用，非招势所能表述清楚的。如李亦畲先生所示，“彼有力，我亦有力，我力在先，彼无力，我亦无力，我意仍在先。于彼劲将出未发之际，我劲已接入彼劲，恰好不后不先……此谓‘借力打人，四两拨千斤’也。即“彼不动，我不动，彼微动，我先动”。我之意、力均在彼先，使对方之劲在将出未发之际就被我以敷、盖、拦、截等气势与技法控制住了，使其发不出来，闷在自身体内，自受其力，自食其果。

四、太极拳技击的自我训练与实战训练

太极拳技击有一套较为完整的训练体系，这其中就包含自我训练和实战技击训练两个部分。

自我训练包括站桩、盘架子、推手（主要是程式化的单推、双推、大捋沾手和接手等）、功力（包括静态与动态训练）、发力、抗击打训练等。以上每种训练方式，实际上都有其独特的功效，可以分别培养技击实战中所必需的各种基本素质，各人都可以根据自己的具体情况进行有选择的训练。但必须指出的是，单靠这些盘架和程式化的推手训练，是不能成为太极功夫高手的，因为它和真正的实战，还有较大的距离。

实战技击训练，则是在自我训练有了一定基础后进行的较为接近实际搏斗的训练。由此可以看出，这是两种不同层次的训练，有实质性、决定性的区别。但是，自我训练是实战技击训练的基础，这一点必须清楚。实战技击训练主要是在对方不断变化的情形下，自己随机应变，逐步培养充分发挥个人拳学素养的能力。这一阶段，主要训练与对方的距离感、时间差、角度、速度、步法的灵活变化、灵敏性与本能击打发放的力度等。是在动态中，针对实战状态的综合训练。如缺少此过程，就很难发挥出太极拳的技击威力，难成真正的太极拳技击实战高手。

五、传统太极拳技击还必须进行抖大杆子及负重训练

20世纪50年代，在北京健身太极拳武术总社的兵刃架子上立着两根很粗的白蜡杆，长有丈余，呈枣红色，光滑锃亮，这种器械就是太极大杆子。大杆子不是战斗武器，也不是演练套路用的，它是操练基本功用的器械。老师在教你练器械之前，先让你练习抖大杆子。太极大杆子和太极大枪不同，太极大枪演练有招法和套路，太极大杆子没有套路，只有九个杆子点，即抖、抽、点、拧、摔、扎、挑、拨、撩等。九个杆子点可以穿插配合练

习。例如：抖杆时可以用扎或摔杆混合练习，摔配合挑、点，拧配合拨、抽和撩等，随心所欲，灵活运用。步法也同样随杆子点灵活变换，半马步、马步、弓步、虚步、仆步、丁步、横挡步、进步、退步、绕步、插步等，总之要练成活步。抖大杆子要求用丹田的内气、周身之劲力，力由脊背发出，使周身松沉之气和力要贯到杆头向前抖动。抖动不超过一百次就会大汗淋漓，练习日久则内劲渐增，功力大进。大杆子比较长又很粗，其重量也是一般枪杆的2～3倍，练习时右手握大杆尾端，左手握大杆的中下端，右手如锁握紧，左手如管使大杆能前后滑动。大杆横在腰前，左脚向左迈出一步，两脚距离要比肩略宽。左脚尖向外撇，双腿下蹲成半马步。抖杆时要以腰为轴，肩、肘、腕、胯、膝要协调一致，随杆子点的变化而变换步法，抖起来虎虎生风，雄壮有力，整个杆身都在颤动，力量要达杆头。没有一定的太极拳功底，不掌握其要领是很难做到的。练习一定时间的大杆子，臂力和腰劲会与日俱增，对以后练习各种武术器械是很必要的。

抖大杆子，要当作一门功课，长期坚持，一天少说也得抖几百次，甚至上千次，必要时，练挑法可挑掷沙袋，可由轻到重，这样若能坚持几十年，其功力当然不可小视。

制做大杆子的白蜡杆，质量最好是山东和四川等地种植的，有韧性和弹性，不易折断。尺寸要达到一丈以上，杆头如鸭蛋黄，尾端如鸭蛋粗，上下直而光滑没有疤痕的为上品。大杆子使用多年以后变得绵软红亮，在尾部用双手一抖，整根杆子都要突突乱颤。抖大杆子是很吃功夫的一项基本功训练，必须常抖、常练，坚持不懈，日久见真功。

太极拳最讲究技击，是技击当然就离不开力气的训练，在这方面，太极拳和其他功夫并没有太大的区别。以八卦掌的器械来说，单剑可达三四斤，单刀可达七八斤，还有负重行走，如腿绑沙袋、脚穿铁鞋。还有上肢功夫的负重练习，如用黏土和泥做成土坯，在土坯未干的时候先以五指插孔，泥块由小到大，晒干后抓、走、推、拉、轮转以练指力；形意拳的大刀、抖大枪、舞石担子；赵堡和陈氏太极拳家自古舞春秋大刀、抖大杆、拧转水缸、拧太极尺、玩石球。另外，有资料显示著名的清代太极大师李亦畲曾用五六十斤重的铁棍练功，更可见一斑。

卷三

承架要求阐秘

武当赵堡承架太极拳的健身与基本要求

一、太极拳的保健强体

太极拳，是我国著名的武术健身拳种之一。新中国成立以来，在党和政府的关怀和倡导下，太极拳和其他拳种一样，被从民间秘传这一单一形式中挖掘出来，在我国和世界范围内广泛传播，得到了真正的发扬和光大。广大的群众从练拳实践中获得了益处，身体愈来愈健康和强健，许多人所患的多年痼疾得到了缓解，有的甚至悄悄地消失了。

太极拳的保健作用，在于它有一整套系统的理论和经过长期实践所证明的、良好的锻炼方法。它与其他外家拳的重要区别，就是尚意不尚力。要求以意领先，用意念把自身与天地大自然融为一体，在练拳时要求意形合一，使身体处于高度的松静状态，并且强调以心（意）行气，以气运身，气流周身。这样，即与祖国传统医学中“气血畅通百病除”的理论相吻合。从现代医学的角度讲，由于人体达到了高度的松静，大脑皮质的中枢系统相应地也处于高度的兴奋集中状态，气血在人体得以通畅，人体所患疾病的兴奋灶即可得到消除，内脏的平衡失调也可得到调整和改善，从而使身体的防病治病能力得到增强。

太极拳作为辅助医疗其适应症相当广泛。它对各种慢性病如高血压、糖尿病、神经衰弱，以及各种神经痛、腰肌劳损等均有一定的疗效。

为了提高锻炼和医疗的效果，在练太极拳时，最好站站太极的浑元一气桩，从而得到很好的内养。这也是健身和武术技击的筑基功夫。练太极拳贵在坚持，不仅要坚持冬练三九、夏练三伏，而且在各种恶劣的气候条件下，都要坚持经年不辍的锻炼。这样，既可提高人体的素质，练就坚强的意志和耐力，也可增强人体适应各种自然环境的能力。

（一）太极拳调节身心的奥秘及对各系统的影响

太极拳健身是一种整体锻炼，太极拳锻炼并不是针对某些疾病或某个局部起作用的特异性疗法。而是以改善人体整体机能状态、提高人体素质为目标的锻炼方法。作为一种疗法，其作用机理是复杂而又全面的。主要是通过加强人体自我调节机能，提高免疫机能和防御能力。古人认为太极拳是锻炼精气神，而精气神是人之三宝。通过练功，可使精充气足神旺，这是正气充足的表现，自然可以祛邪防病。正如《素问·刺法论》所说："正气存内，邪不可干。"练太极拳可使阴阳调和、气血流畅，因此能扶正祛邪。《内功图说·叙》曰："平日尤重存想于丹田（意守丹田），欲使本身自有之水火（阴阳）得以相济，则神旺气足，邪不敢侵。"所以说太极拳健身是一种整体疗法，它通过不断加强正气，而且能使健康机体强壮长寿。这说明太极拳健身是从整体上发挥作用的，通过自我锻炼，调节和控制内脏机能活动，从而改善全身机能状态和新陈代谢过程，达到健康的目的。

近年来的实验证明，太极拳的医疗保健作用是多方面的。可以促进血液循环，降低心肌耗氧量，减轻心脏负担，改善心肌供血，从而增强心脏功能；可以增加肺活量，增强肺通气的换气功能；可以改善神经系统，特别是植物神经的功能，增强人体动作的协调性和平衡能力；可以加强胃肠蠕动，使消化液和消化酶的分泌增加；可以调节垂体或更高的神经、内分泌中枢，改善胰腺功能，促进机体代谢，增强人体免疫力，抵御疾病，延缓衰老。

1. 心血管系统疾病

病人精神疲倦，心悸气短，面色不华，甚者心胸懋闷或作痛，脉细弱。坚持太极拳锻炼，可使心气旺盛，血脉充盈，脉搏和缓有力，面色红润光泽。临床上常用于冠状动脉粥样硬化性心脏病心绞痛，心肌梗塞后恢复期，Ⅰ、Ⅱ两期原发性高血压病，风湿性心脏瓣膜病和肺原性心脏病Ⅰ、Ⅱ度心功能不全者。上述病人可以练全套太极拳，也可以视病情和体质选练单式，如野马分鬃、搂膝拗步、云手等。其运动量应以运动中心率小于亚极量（亚极量≈195－年龄）为宜。练拳最好在早晨，选择空气新鲜，较为温暖、干燥的地方。

2. 神经系统疾病

病人头痛眩晕，烦躁易怒，失眠多梦，健忘神疲。进行太极拳锻炼，可以调畅气机，协调阴阳，宁神定志，潜阳降逆。因此，可用于轻、中度神经衰弱症，各种类型的植物神经功能紊乱症。患者每日坚持练拳1小时左右，体弱者适当减量。运动中要特别注意放松和入静。

3. 消化系统疾病

病人食欲不振，倦怠消瘦，胃脘胀痛，嗳气吞酸，便溏或便秘。打太极拳可使脾气健运，肝气条达，增进食欲，增强消化功能。一般可用于慢性胃炎、胃肠神经官能症、胃下垂、迁延性肝炎、老年性便秘及胃、十二指肠溃疡无并发症者。锻炼时可配合内养功进行治疗。运动中要注意腰的转动，以加强对内脏的按摩。

4. 呼吸系统疾病

病人咳嗽气短或干咳少痰，重者动则喘甚，怕冷或阴虚潮热盗汗。打太极拳可使习者气道通畅，呼吸调匀，具有补气益肺的功能。可用于慢性支气管炎、老年性肺气肿、慢性非活动性肺结核等的康复治疗。练太极拳一般采用自然呼吸，力求做到深、长、细、匀，这对呼吸系统是一个很好的锻炼。练拳时最好选择空气新鲜、植有松柏的地方。

5. 各系统机能衰退等疾病

病人多有腰膝酸软、头晕耳鸣、发脱齿摇、小便频数、足痿无力等衰老现象。坚持太极拳锻炼可以补益肾精，强壮筋骨，抵御疾病，延缓衰老。其运动量视病情而定，以运动后微微汗出、精神爽朗、不觉疲劳、食量增加、睡眠转佳为宜。若以强身延年为目的，则可适当增大运动量。

（二）太极拳健身的妙处

1. 太极拳的气血循环调节

众所周知，太极拳对于改善人体的血液循环有十分重要的作用。但是具体到对每一种疾病产生多大影响，人们却知之甚少。这里仅对太极拳锻炼产生的调节动脉血压的效果加以说明。

从科学试验来看，太极拳锻炼对于人体动脉血压具有明显的调节作用，尤其收缩压练习前后差异显著。特别值得指出的是，通过对部分中老年知识分子的对照观察，发现长期坚持太极拳锻炼，可以提高高密度脂肪蛋白水平，降低低密度脂肪蛋白的浓度，因此有利于防治或减缓某些心、脑血管疾病的发生和发展。情绪变化对高血压病的发生发展有密切的关系，太极拳锻炼可以通过调节情绪变化、增强副交感神经的活动、抑制交感神经的兴奋等途径，降低动脉血压；可以通过增加能量的消耗，促进脂肪分解，减少体内脂肪含量，防止中老年人因过分肥胖而致病。

微循环是指微动脉与静脉之间微血管中的血液微循环。人体内的大血管如同大江大河，小血管好比支流，毛细血管则像纵横交错的灌溉渠道，人体的组织和细胞如同秧田里的秧苗。细胞所需要的养料（包括氧气和营养物质）以及排出的废物（包括代谢产物和二氧化碳）靠上述各种血管共同完成运送，其中毛细血管的运送过程就称为人体的微循环。

人体仅靠心脏有限的收缩力，不可能将血液送至各个组织和细胞，还必须依靠血管自身的节律性的运动。微血管的这种自律性运动与心跳并不同步，起着第二次调节供血的重要作用，被当今医学界称为人体“第二心脏”。

正常情况下，微循环血流量与人体组织、器官代谢水平相适应，使人体内各器官生理功能得以正常进行。毛细血管若不通畅，就像一块块秧田的“水渠”受阻，禾苗得不到水分就会枯死，人体内脏器官也会因此而衰老和产生疾病。现代医学已证明：人体的衰老、高血压、糖尿病及许多心脑血管疾病都与微循环有着密切关系。毛细血管内凝血引发微血栓形成时，可能会堵塞肺、肝、肾、肠、心、脑等许多器官的血流，造成细胞机能和代谢严重紊乱，甚至发生变性坏死。“衰老微循环理论”认为，人体微循环障碍是导致衰老的主要原因。人体的毛细血管微循环不通畅，会逐渐引起组织脏器的衰老。而微循环功能随年龄增长而呈下降趋势，其中尤以50～60岁最为突出，是多病和衰老的危险年龄。所以微循环的功能正常与否，是人体健康状态的重要标志。

当人们长期缺乏体育锻炼或随着年龄增长，毛细血管的血流不通畅，产生微循环障碍时，就会逐渐引起许多疾病和机体的衰老。而我们在习练太极拳时，通过身体的伸缩旋转运动和内气在周身各个部位的畅流，就能在很大程度上激活遍布全身的毛细血管，促进微血管的自律运动，加速微循环。

太极拳属于内家拳，主张“以意行气，以气运身”，强调体内气血的畅通。太极拳理论中所说的“气”，不是呼吸之气，因为呼吸之气只能在肺部活动，它指的是人体的“内气”。只要练功得法，经过一定时间的练习，行拳时就会产生“气”的感觉，如手指有胀、热、饱满感，腹腔内气流咕咕作声等。以上感觉，实际上是人体气血循环加快，也就是微循环加速的外在表现。通过这种微循环加速，就能起到强身健体的作用。

2. 太极拳的呼吸意念调节

太极拳作为一项运动项目，其健身作用已被大众广泛接受，太极拳防治疾病的生理机制是在呼吸意念引导下通过神经系统的调节机能来协调全身各个系统、器官的生理功能。练习太极拳要求心静用意。从生理学角度讲，心静用意是大脑皮质兴奋和抑制的两个过程，即心静为抑制，用意为兴奋。由于大脑皮质有许多功能定位区，当用意练拳的部位处于高度兴奋时，脑组织的其余区域则转入抑制状态，这就使大脑皮质的兴奋与抑制得到调整，为大脑提供了休息和修复机会。

在太极拳的练习中，正确地运用呼吸和意念，可使动作更加规范，技击意图更加鲜明，功力大增。如何使呼吸、意识、动作三者紧密结合，形成内外合一，根据多年太极拳的训练经验，大体可分为三个阶段：

第一阶段——重动作。

在此阶段，动作处于泛化阶段，正确动作概念尚未建立，做动作时显得手脚不随，上下难顾，动作笨拙、僵硬，很不协调，更谈不上呼吸与动作的密切配合。所以应先注意呼吸自然，心静体松。

第二阶段——重呼吸。

当达到动作规范、套路熟练、心静体松时，应注意呼吸与动作的紧密配合。并运用柔、匀、细、深、长的腹式呼吸，突出懂劲的练习。如搬拦捶，搬时应呼气，拦时应吸气，捶时应呼气，凡是由虚变实的过程应呼气，以此达到刚柔相济的高级阶段。

第三阶段——重意识。

太极拳达到高级阶段，必须达到意、气、神合一，即“拳式呼吸”。根据太极拳的特点，一般说来，凡是肩胛开放、胸腔舒张时，应该有意识地吸气，而用力沉稳坚实；肩胛内含、胸部收缩、收腹时应呼气，这就是“开吸合呼”。总之，凡属向外发劲的动作态势应呼气，凡属向内、蓄力的动作态势应吸气。具体什么时间呼，什么时间吸，应动作相配合，使意识、呼吸与动作自然结合，做到以意贯穿全套，势换劲连，劲换意连，气顺力达，连绵不断。

3. 太极拳的中枢神经调节

传统医学养生之道，首先重视精神调养，所谓“调七情”，即喜、怒、忧、思、悲、恐、惊等情绪反应。刺激的强度和时间在正常范围之内不会导致疾病，但是过度的七情刺激就会导致疾病发生。太极拳锻炼恰好能对大脑进行特殊的训练，起到调摄精神、陶养性情的作用。为什么太极拳能有这样的作用呢？必须结合太极拳内涵精髓的拳理来探讨。太极拳运动的特点在于要求“内外兼修，刚柔相济，动中求静，以静御动”，并强调调心、调息与调身三者的协调统一。这里的“心”，是指精神意念，在生理学上属高级神经活动范畴，是大脑的功能。“息”是指中医理论中的气，武术家们称之为“中气”“内气”“内劲”。

练拳时的调心，是把意念高度集中在拳路上，心中不存杂念，使大脑进入一种“恬淡虚无”的安静状态。实验研究证明，练拳者在打拳后脑电图显示大脑进入 a -波为主导的同步化状态，即大脑进入一种高度宁静的醒觉状态。著名神经生理者勃雷兹尔（Brazier）将 a -节律的意义贴切地喻为引擎在空档的状态。可以理解为抹除了脑内一切干扰信号，这种变化与气功的人静态非常相似。但有人发现太极拳名家在练太极拳时，a -波的趋同步化与同步化是有序性地交替出现的，可见又不同于气功的入静态，这提示了太极拳是“内外俱练”“动中求静”。表现在练拳时，大脑有兴奋，有抑制，而且兴奋和抑制又在不断更替，使大脑的神经活动过程（兴奋与抑制）进行着正常转化。有人用安菲莫夫校正法测定打拳前后大脑皮质工作效率，发现练太极拳有提高工作效率的作用。受试者也反映，打拳后感到头脑格外清晰，精力充沛。

综上所述，练太极拳时的调心，是调节大脑皮质功能，由于大脑皮质排除了干扰信号，建立起新的兴奋、抑制转化过程，必然经由神经纤维与皮质下中枢（边缘叶系统）联系，致使皮质下中枢活动也发生相应变化，再通过神经调节和神经体液调节，调整躯体、内脏活动变化，而躯体、内脏活动的变化的反馈信息，再传回大脑，调整大脑活动的程度和方式，从而可使受过度“七情”刺激引起的不正常情绪表现和体验消退，而趋于正常的情绪表现和体验。所以坚持经常的太极拳锻炼能使人精神饱满、情绪健康。

4. 太极拳的心理调节

专家指出，太极拳锻炼具有十分明显的炼性怡情作用。长期练太极拳，可以潜移默化地陶冶性情，培养沉着从容、温和冷静、耐心细致、做事有恒、意志坚强、吃苦耐劳、乐观进取等优良性格，且不为“七情”“六欲”所困扰。遇有烦恼，只需在大自然中觅个幽静之处，练练太极拳，即可去烦消恼、心平气和。工余学后，闲暇之时，练太极拳也是一种积极的休息、健康的消遣，从而达到炼性怡情的目的。与此同时，太极拳的炼性怡情作用还和它所具有的调理气血作用有关。太极拳练习时要“以意行气，以气运身”“行气如九曲珠，无微不至”，气遍周身滞。这样就可以使全身之气机通调无阻，血脉自然和顺。气血充盈，必然神清气爽、心情通畅，还有什么心理障碍不能克服呢。

5. 太极拳的“内脏按摩”

太极拳锻炼在客观上能产生一种“内脏按摩”效果，因而在绝大多数情况下，对于治疗五脏虚弱疾病都有良好的效果。练太极拳时的腹式呼吸“气势鼓荡”，使内脏蠕动加强，对肠胃等内脏器官进行自我按摩，使三焦气机通畅，脾胃升降和顺，新陈代谢加强，中土运化水谷功能健旺。由于化源增加，营养充足，肌肉自然丰满光泽，四肢强健灵活。脾气旺盛，营血充盈，统血功能亦必正常。

太极拳气沉丹田的腹式呼吸，使胸廓开合起伏、气势鼓荡，从而加强了“肺主气”的功能，增加了肺活动，有利于肺的肃降。通过吐故纳新，不但充实了“宗气”，而且肺朝百脉，进一步推动气血在全身的运动，使身体各部都得到营养与活动。练拳时要求保持均匀深长的腹式呼吸，既锻炼了肺的通气功能和换气功能，又由于横膈膜运动幅度加大，促进了血液和淋巴循环，加强了对腹腔脏器的按摩，促进其功能活动。内脏的运动又可经传入神经，将反馈信息传给包括大脑、大脑边缘系统等高级神经中枢，并调整其功能状态，而经调整的脑高级中枢，可再调整外周植物神经功能和内分泌系统的功能。通过神经性调节和神经一体液性调节，使心血管、呼吸、消化、血液、代谢、排泄等系统的内脏功能增强，机体内脏功能调节趋于平衡，营养物质、氧气得到不断补充，代谢废物得以排出，体内的酸碱度、渗透压、温度等趋于相对稳定，人体代谢正常进行。

6. 重视呼吸方法

武当赵堡承架太极拳为内家拳法，着重于内练一口气。在练拳过程中，很注意呼吸的运用，历代太极名师都有关于呼吸方法的论述。因此，正确运用太极拳运动中的呼吸方法，是练好太极拳的关键。

对于初练太极拳者，一般不过分强调呼吸。要求其在练拳时，掌握好沉肩垂肘、含胸拔背、虚灵顶劲、收腹提肛、舌抵上腭（俗称搭鹊桥）、气沉丹田、自然呼吸（鼻呼鼻吸）就可以了。这主要是基于初练者对于太极拳的动作套路以及太极拳的要领尚未很好掌握，倘若一味将注意力放在呼吸上，就会出现呶、压、闷、憋气的现象，易入歧途，不仅很难达到上述要求，甚至会发生痔瘘、小肠疝、内脏下垂等病症。

太极拳练至一定程度（因各人存在个体差异，所用时间亦不相同），呼吸会由原来的顺呼吸，不知不觉中转变为逆腹式呼吸。及至练到中乘至上乘功夫时，胸腹中之气不仅要沉于丹田，而且要求出自中焦并通脊。一个呼吸应沿任督二脉和周身运转。这时，气可分为两层（先天气和后天气），呼时上层气（后天气，即人肺部之呼吸）由鼻呼出，同时下层气（先天气，即丹田呼吸）降入丹田；吸时上层气由鼻吸入，下层气由丹田经尾闾沿脊而上。此境界，在太极拳中俗称气通脊。达此程度，即可力由脊发。凡坚持依法练武当太极拳者，到相当程度，均可达之。对于初练者，应注意不过分求之，以免欲速而不达，走入歧途，出现前述之弊端。

太极拳的上乘功夫，还要求懂劲。俗言道："学拳容易懂劲难。"所谓懂劲，就是"知彼"的功夫。只要练到意气劲、精气神高度的结合，天人合一的境界，在与对手一搭手这一皮肤接触的瞬间，即可探知对方功夫的深浅程度，并可知对方来劲、劲道的变化和呼吸之转换。要达此境界，就必须练习武当内家功内部气机之转换。这个内部气机转换法，分为先天往后天与后天往先天两种。

（1）先天往后天。即丹田气往下达于海底，循尾闾而起，沿脊上行，经玉枕、天灵等穴，下过前额、人中、喉结、天突、心窝、脐轮等处而归于丹田。

（2）后天往先天。即丹田气往上过脐轮、心窝、天突、喉结、人中、前额等处，经天灵、玉枕等穴，沿夹脊下行，经命门，循尾闾而过达于海底，往上归于丹田，与先天往后天正好相反。

这种行气，初、中乘时亦甚渺茫，随着功夫的长进，日久即可达此境界。

武当赵堡承架太极拳练至上乘功夫，在与对手交手时，其呼吸中常露“哼哈”二字（二气），此乃无意中所发。它可使内气舒畅，无屏压受伤之虞，并使自己的内劲全部透空（太极拳中使对方有手摸不着手，有肘摸不着肘，不让人知我，唯独我知人，谓之透空），令对手惊惶。“哼”多用于听、探、顺、化，此时为吸气。“哈”多用于冷、脆、快、狠的拿放，此时为呼气。太极拳经歌诀中有“拿住丹田练内功，哼哈二气妙无穷。动分静合屈伸就，缓应急随理贯通”等句，可知“哼哈”二字的妙用。

二、对手眼身法步的要求

（一）手型

掌：五指松展，微微并拢，手心微微内含，手指不可僵直，亦不可弯曲。此掌名团聚掌，又称刀片掌、阴阳掌、柳叶掌。

拳：五指卷曲，拇指压于食指、中指第二指节上，握成空心拳，不可握得太紧。

撮手：五指第一指节捏拢，成撮或成勾。唯腕不能屈，而宜平展。手指和腕部都要松活自然。

阴阳掌法变不尽，空心拳打穿透功。不得已时撮手用，撮手点打致命功。

（二）手法

手头要高不能低，手头要活不能死。

1. 掌

正掌：指尖向上，掌心向前方，腕部平展，沉肘松肩，使掌腕形成90° 左右的直角，为之正掌。

立掌：指尖向上或者偏向上方，掌心不向前方而向其他方向的，都为立掌。

垂掌：指尖向下或偏向下方者，不论掌心向着何方，都为垂掌。

反掌：手掌侧立，拇指在下的，都为反掌。

侧掌：拇指指尖向上，手掌侧立者，不论掌心向着何方，都为侧掌。

仰掌：掌心向上或者偏向上方者，不论指尖向着何方，都为仰掌。

俯掌：掌心向下或者偏向下方者，不论指尖向着何方，都为俯掌。

托掌：屈臂沉肘，仰掌托出，上托、前托、斜方托掌，都为托掌。

压掌：以俯掌向下或侧方盖压，都为压掌。

按掌：以正、立、侧、俯掌用单、双、工字，螺旋掌、滚掌，向前下或侧下按，掌心向下，臂微屈，沉肩垂肘，劲达掌心，为按掌。

挤掌：以正、立、反、侧掌以挤劲挤击对方之掌，都为挤掌。

平掌：以仰、俯、托、按之双掌在一平行线上而使用之掌，都为平掌。

插掌：臂由屈到伸，直掌快速前插，劲达指尖，为之插掌。

分掌：以我掌之螺旋活劲，将对方之外加力分开发击之，为分掌。

穿掌：手心向上，臂由屈到伸，掌沿身体某一部位穿出（向前、右、左穿掌）劲达指尖。

挑掌：（伸臂上挑，屈肘挑掌）伸臂或臂微屈，由内向外划弧，由下向上挑，劲达四指。

劈掌：（直劈、向里斜劈、向外斜劈、向外横劈）由上向下侧掌劈出，劲注掌外沿。

拍掌：（正拍、反拍、横拍）臂微屈，直腕拍击，快速发劲，劲达掌心和掌背。

撩掌：（直撩、斜撩、反撩）伸臂和臂微屈，由内向外，由下向上撩，劲达四指和掌外沿。

贯掌：（内贯、反贯）两臂微屈，沉肘，由外向里划弧，双掌掌心或掌背合贯耳门。凡掌心、掌背相对合击，均为贯掌。

切掌：俯掌或用侧掌外沿由上向下、向前或向下切击，劲注掌外沿，均为切掌。

刺掌：臂由屈到伸，直腕向前穿刺，劲贯指尖，为刺掌。

点掌：臂由屈到伸，用掌指指尖点击穴位或要害，为点掌。

锁掌：拇指外展，以八字掌用虎口封锁对方者，为锁掌。

扣掌：用八字掌锁后，五指微屈，向内扣合而击，为扣掌。

盖掌：凡掌心向前、向下扑盖，不论指尖指向何方，为盖掌。

摆掌：以俯掌或侧掌，向前或向左右斜方摆击，均为摆掌。

合掌：两掌心相对合起而用之为合掌。

滚掌：掌心向下，用掌沿向前、向侧、向下滚按而出，均为滚掌。臂微屈，直腕，劲达掌沿。

抹掌：俯掌沿另一臂上方向前柔抹出或向后柔抹回，劲达掌外沿，均为抹掌。

拨掌：用掌心或掌沿，以内旋劲向侧方拨出，为拨掌。

推掌：用掌心或掌沿向前推击。臂微屈，沉肘，劲达掌根外沿。

探马掌：掌心向里由胸前经口向前外探出。

倒卷掌：由垂掌内旋由下向上倒卷成擒拿掌，为倒卷掌。

八字掌：拇指外展，虎口展圆，其余四指自然并拢，形如八字，为八字掌。

脑后掌：以外掌沿内旋上撩劈或外旋以外掌沿反掌上撩劈击打脑后，均为脑后掌。

缠手：手掌由里向下、向外、向上缠绕；同时前臂内旋使掌心朝下封闭，为缠手。

擒拿手：以手擒手、臂、肩，由上向前下方扑按摔出。

採挒手：以太极圈对外加力，用往返折叠、分筋挫骨的反关节之方法得心应手、变化无穷地予以採挒之，为採挒手。

搂手：用臂和手以内旋外开或外旋内合以搂击之，均为搂手。

云手：屈臂展手由下向上左右双手轮换绕立圆，为云手。

十字手：两臂微屈，两掌展开，十字交叉而相合抱，以变换无穷的掌法来防身御敌，为十字手。

2. 捶

金刚捶、三步捶、掩手捶、肘底捶、串捶、丁字捶、指裆捶、连环捶。

（三）步型

平行步：两脚并列，脚尖齐向前方，两脚之间的距离约为本人的肩宽，如预备式的左脚平行分开的步型。

弓步：重心在前脚，弓膝（膝盖与脚尖上下对正，膝左右侧亦与足大趾、足小趾对正，勿向前闪或左右歪斜），后腿弯要舒直，后脚跟要蹬直，后脚掌全部虚着地（正、隅皆如此），如金刚、斜行、揽扎衣等。

马步：两脚并列分开，两脚尖微向外斜，中间距离约为两脚长。两腿弯曲，上身在两脚之正中蹲坐，如坐骑乘，故又名骑马步。如闪通背、伏虎、斜行等过渡步。

丁虚步：前腿略直，脚尖向前虚立，如丁字之竖，后腿屈蹲之位置略横，如丁字之横，全身重心放于后腿，前腿虚悬以便移动。如太极拳之站桩步、高探马之左右丁虚步、后招定式、穿梭前之丁虚步。

仆步：一腿屈膝，胯向下坐，一腿伸直，仆于地上。一名半仆叉，脚尖脚踵均着地，两脚尖向同一方向，如跌叉下势。

金鸡步：金鸡步，亦名钓马步，又名独立步。一脚着地，一脚提护裆间，金鸡独立、探马钓马步步法是也。

龙门步：一名骑虎步。两腿下蹲，一虚一实，裆开如门，跨虎式即此步也。

以上列举，为拳式中步型之类别，若言步之运行，不外前、后、左、右、中五步。骤视之，似甚简略，而变化实乃繁多，择其要者略举之。

（四）步法

上步：前步不变，后步向前迈进，曰上步。如上步插脚、上步分门桩等式。

进步：在前之步，更向前迈进，后步随之跟进，曰进步。用于紧逼对方不及上步时，身稍卸而步即进。是以退为进之法。如琵琶势、穿梭、串捶等式。

开步：未有任何步法，而开始动作时，谓之开步。如开步预备势之平行开步。

退步：前步向后退却，后步变作前步，曰退步。盖以手进则步退以进为退也。如倒卷肱步。

卸步：后步斜撤，前步向侧方撤卸，名曰卸步。与退步之向后退者不同，乃缓卸敌力，引进落空也。如斜白鹤亮翅、小开合等。

顺步：右手在前，右步亦在前，或左手、左步皆在前，名曰顺步。如野马分鬃、琵琶势。

拗步：右手在前，左步在前，或左手在前，右步在前，名曰拗步。如斜行和栽捶。

坐步：步式蹲定，以擒制敌力，使不得逃遁。如坐步搌揽。

仆步：由坐步再下擒压敌于地上，谓之仆步，又称铺地锦。如跌叉之仆步。

敛步：前步不及后撤斜卸，而收回至后足前者，曰敛步。如小开合、琵琶势、高探马之收步皆是。

跟步：前步如进步之式，进短而速，连续迭进，谓之逼步，亦名冲步。后步跟进谓之跟步。此种多以顺步为之，拗步不能也。两足相靠较近者，名曰连枝步。此种跟步用于追逼敌人，如琵琶势之握挤手、下琵琶变上琵琶、小开合之卸进跟步均是。

曲步：步法曲蓄以待发，皆为曲步。如插脚、旋脚蹬根之敛势曲蓄，将发未发之时之步法是也。

立立步：两脚平立，名曰立立步。如白鹤亮翅之立立步。

斜行步：步式如弓箭，而向斜方开进者，曰斜行步，亦称隅步。如斜行和跃步斜行步。

翻步：身向后翻，步亦随之，所谓翻身向后，后即前也，名曰翻步。即五步中之属于后步变前步者也。如翻身二起脚、鹞子翻身势。

叠步：两腿交叉蹲坐，以变换方向，谓之叠步，又名仙人步。每施用于不及改变其他步法时，拧身蹲坐。此步在五步之中，属于中定。倒插步势，又名透步。盖步势，又名跃步。盖步（跃步）、透步下蹲即叠步是也。

丁八步：大于丁虚小于八字，故曰丁八步。此步是上下步推手之主要步法。丁八步的特点是纵横之稳定性都较好，故武当太极推手取其长而施之。

抹转步：以脚后跟或脚前掌为轴，随身体之转向而抹转，随之脚尖或脚跟外摆和内扣，谓之抹转步。如定步的云手、足之左右抹转。弓步的正身蹬前脚掌。跨虎转身、鹞子翻身足之抹转均为抹转步。

摆步：上步落地时脚尖外摆，与后跟成八字，曰摆步。

（五）脚

蹬脚：支撑腿微屈站稳，另一腿屈膝拾起，然后慢慢蹬出，脚尖向上，脚跟外蹬，如转身蹬脚。

插脚：一腿微屈支撑站稳，另一腿屈膝提起，向前舒伸，脚面要平，脚尖向前点插而击之，谓之插脚。如左右插脚。

二起脚：纵身起跳，一腿前踢之后，其脚未及着地，另一腿继续连踢。纵跳要高，两脚悬空，踢腿、拍脚在空中完成。拍脚准确响亮，高度最好过肩。

踹脚：一腿微屈支撑站稳，另一脚提起，后脚跟用力迅速向前蹬踹，高须过膝，也可用脚外侧向体侧横踹，低不过膝。

踩脚：支撑腿微屈站稳，另一腿提起用脚掌下踩，高不过膝。

踢脚：支撑腿微屈站稳，另一腿向前上直摆，脚尖勾起谓之踢脚。

摆莲脚：支撑腿微屈站稳。另一腿从异侧摆起，经面前向外做扇形摆动，脚面平展，两手在额前迎拍脚面。击拍两响，谓之双摆莲，单手击拍一响，谓之单摆莲。

拍脚：插脚的脚向前向上，而两掌由额前下落拍脚，脚面要平，谓之拍脚。

震脚：支撑腿微屈站稳，另一腿屈膝直提，随即直下把重心转移在落下之脚踏震之。单脚震之为单震脚，双脚震之为双震脚。如金鸡独立后之双震脚。

勾脚：支撑腿微屈站稳，另一脚脚尖勾或脚跟内收横落于敌脚跟后，斜勾内提，使敌跌倒，为之勾脚。

倒勾脚：支撑腿微屈站稳，另一脚向后用脚后跟直上勾击，为之倒勾脚。

（六）身型

头：意领顶劲。要求头正顶平，目平，下颏微向内收，喉头永不抛，神态自然，聆听八方。

颈：自然竖直，肌内颈椎骨节亦要放松。

肩：要保持松沉，不可向后扩张与前扣。

肘：自然弯曲下垂，不可僵直扬起与亮肘。

胸：平正微含，舒松自然。要真正做到含胸拔背、通脊挺胸，一气相贯。

背：舒展拔伸，不可弯弓（驼背）。

腰：自然松垂，拔背后撑，圆腰突命门。这就是拳论中所谓之刻刻留意在腰际，不可凹腰。

脊：保持正直，不可左歪右斜，前挺后弓。

胯：保持松、活、正，不可凸出，歪扭折叠。

臀：要内敛卷尾，不可外凸撅起和摇摆。

膝：伸屈自然柔和。

脚：十趾微屈抓地而立，着地必须虚实分明。

身型总的要求是：头平项直，意领顶劲，沉肩坠肘，含胸拔背，通脊挺胸，气沉丹田，空胸实腹，松腰坐胯，卷尾敛臀，胯正裆圆，两膝微屈，柔和舒伸，踝松自然，十趾抓地，虚实分明，三点一线，尾闾中正，神贯于顶，神形合一，身心兼修，舒服自然，原则不丢。

（七）身法

论拳法，不能舍身法而言手、步，亦不能离手、步而言身法。以身法者，辅助手、步法而成其用，唯其妙则又非手、步法所能及也。太极拳式手、步之动作路线，至臻至微，全恃身法转换以进退反侧，却与身躯直之而徒舞蹈其手足之拳式有根本差异。故曰：“力由脊发，步随身换”，而所重在一“近”字。近则非专恃于步所能为。而远击偷打之法，毫无所施其技矣。练习身法，以推手术为最有效。其法繁多，须即势即时以言之。不一一详述，而只择其显著之身法简述于下：

起身：仰之弥高，不仅是掤劲的上乘手法，身法尤为重要。

其要在意领顶劲上提，脊骨具有弹性。如揽扎衣、分门桩抱膝、金鸡独立等式。

伏身：敌力下行，我随之而俯，所谓俯之弥深也。其要在粘连机敏。如砸七星、跌叉等式，是为最著者。

进身：步随身进以欺敌，使敌失其重心，谓之进身。如野马分鬃、白鹤亮翅、斜行等式。

退身：退身即以其退步来缓化敌力而用之。如掤、搌、挂、搅和倒卷肱等身法皆是。

蹲身：蹲身蓄而待发。即“曲蓄有余”“蓄劲如开弓”之意。最显著的各种腿法皆蹲身曲蓄以致用也。

转身：向后盘旋以迎敌，皆曰转身。为战群敌之法，如转身蹬脚、转身摆莲之身法皆是。

翻身：折叠身躯，变换方位，谓之翻身。恃身法转折，不假手、步之力，谓之撇身。翻身二起脚、鹞子翻身等皆是。

披身：侧身半伏，如披衣状，以避敌强硬之力，曰披身。与撇身异。如斜行、十字单摆莲、弯弓射虎、指裆捶等皆是。

拧身：扭转身法，蓄而待发，谓之拧身，或用叠步，或用合步。如转身琵琶势、野马分鬃、斜行上金刚等皆是。

靠身：以身法击身，名曰靠身。所谓肩靠胯打之类是也。如琵琶势、回头看画、十字摆莲、斜行靠等皆是。

贴身：紧贴敌身，使之无术避制吾力，名曰贴身。其要在一近字，远则不足致用。太极拳各式皆用之。

闪身：避敌力之直线，而侧闪身躯，一闪即进，至灵至速，与远躲和避者不同。凡乎捋时多用之，其妙无穷。如前、后照，闪通臂等式。

实则太极拳身法之玄妙，已极超越以其近身而用之法也。唯其变化无穷，是必要实践而验之，非空谈可得也。凡坚持日日从事锻炼，好学深思者，当能悟之。

（八）眼法

神聚于目，眼是心之苗，意从心里起，我意欲向何往，则眼神直射何处，周身亦直对何处，一转眼则周身全转，视静犹动，视动犹静，总须从神聚而来。

武当赵堡承架太极拳七十五式

——图示、歌诀、动作、要领与用法说明

名称：

一、起势
二、金刚
三、揽扎衣
四、左白鹤亮翅
五、单鞭
六、斜金刚
七、右白鹤亮翅
八、斜行
九、琵琶势
十、跃步斜行
十一、小开合
十二、转身琵琶势
十三、跃步斜行上金刚
十四、伏虎
十五、小擒拿
十六、串捶势
十七、肘底捶
十八、倒卷肱
十九、白鹤亮翅
二十、斜行
二十一、闪通臂
二十二、白鹤亮翅
二十三、单鞭
二十四、云手
二十五、左高探马
二十六、右插脚
二十七、右高探马
二十八、左插脚
二十九、转身蹬脚
三十、三步捶
三十一、翻身二起脚
三十二、分门桩抱膝
三十三、喜鹊蹬枝
三十四、鹞子翻身

三十五、旋脚蹬根
三十六、右拦腰掌
三十七、左拦腰掌
三十八、掩手肱捶
三十九、虎抱头
四十、单鞭
四十一、前后照
四十二、野马分鬃
四十三、玉女穿梭
四十四、白鹤亮翅
四十五、单鞭
四十六、云手
四十七、跌岔
四十八、扫蹚
四十九、左金鸡独立
五十、右金鸡独立
五十一、双震脚
五十二、倒卷肱
五十三、白鹤亮翅
五十四、斜行
五十五、闪通臂
五十六、白鹤亮翅
五十七、单鞭
五十八、云手
五十九、十字手
六十、小擒拿
六十一、十字手
六十二、单摆莲
六十三、指裆捶
六十四、金刚
六十五、揽扎衣
六十六、右砸七星
六十七、回头看画
六十八、指裆捶
六十九、单鞭
七十、左砸七星
七十一、跨虎
七十二、双摆莲
七十三、弯弓射虎
七十四、金刚
七十五、收势（合太极）

动作图解

一、起势

赵堡承架太极拳，古传绝技显特点。
披身滚臂展双掤，採挒折别手法灵。

身体自然站立，面南背北，平心静气，自然呼吸，排除一切杂念。两眼平视，神态中正安舒。意领顶劲，头似悬梁（俗称顶头悬），闭口叩齿，舌尖轻抵上腭，下颔微向内收。目不下视，头不下低，腰不打弯（师云：低头哈腰，传授不高）。

胸微内含，背要拔起，两肩放松，两肘下坠；两臂自然下垂，但不宜过直，而带一点弧形，十指放松，微微并拢，成团结掌，如若不到用时，拇指不展，虎口不开。完成含胸，定要两肩膀微向前扣，达到拔背必须气沉丹田，收小腹，卷尾敛臀，吊顶，尾闾中正，使头顶百会穴与前后阴之间的会阴穴上下成一条直线。松腰、坐胯、圆裆（即大腿根微微松开），两膝盖微曲蓄，左脚向左微微平开半步，与肩同宽，十趾微微抓地，虚实分明而站立。身体重心渐渐倒至左腿，成左实右虚，两臂旋外，两手心翻外，右脚以跟为轴，脚尖外摆45°，同时以腰为轴心，体右转45°，两臂向外分开（这就是武当太极常讲的腰似轴心，脚似钻，臂似车轮来回旋）。两臂左右同时侧上举，重心渐至右脚，成右实左虚；左脚向前上半步，使重心渐移至左脚，成左实右虚；两臂往前向内旋合，徐徐下落至两髋窝的同时，右脚前上与左脚成平行式，左右间距约一脚。（图1～图6）

图1

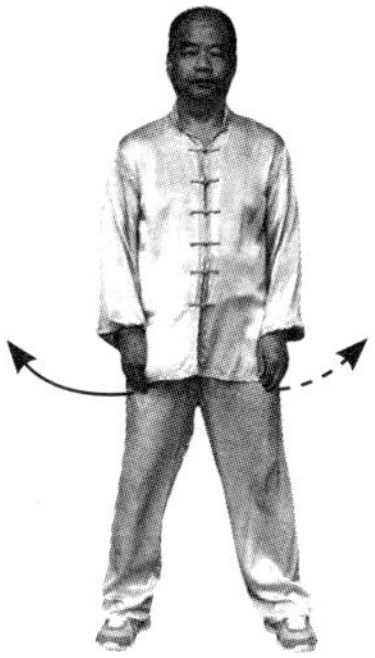
图2

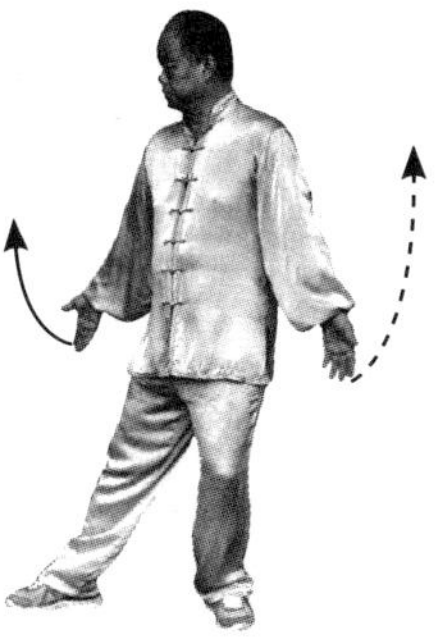
图3

图4

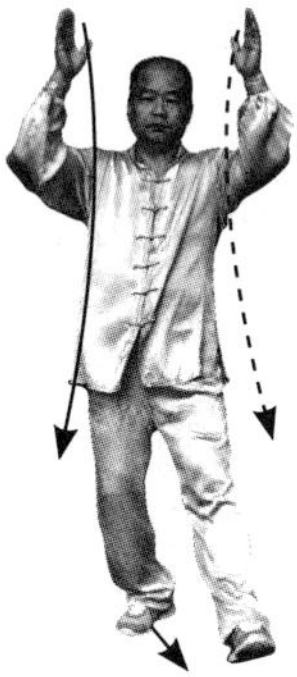
图5

图6

此起势右脚的动作犹如以脚跟为轴，用尖外拨弄什么东西似的，但脚尖不能翘起，脚掌须擦地面而行。两臂的动作犹如人体站立于一个比人还高一些的大型圆气球旁，两臂、两掌由球的下部一直向上摸，并且有欲合抱姿势，当摸到上部时，再徐徐下压圆气球于地下。整个动作体会充气之球体的柔软绵弹，与自己的太极劲融为一体。

【要领】中正安舒，舒适自然，以意领气，以气运身，气流周身勿稍滞，以意承之，因循为用。气以直养而无害，劲以曲蓄而有余；一举动周身俱要轻灵，即意念、筋骨、百骸、肌肉都要完全放松。松要松净，勿带一点滞气、僵劲、拙力。一气贯穿，周身一体。动若行云流水，行似微风摆柳。立若平准，不偏不倚，不歪不斜。侧身进步，蓄身起发。动虽慢，意要快。

【用法】

（1）双手外分，左右击打两边来敌。如挑裆、打胸、刺眼、刺喉、击面、打心等。

（2）右脚外摆可破其根，同时可用点腿、跪腿等。

（3）两手臂向下时，可截击对方肘臂关节，并随之击面、肘打。如对方双手或单手抓住我肩，或双手推击我前胸时，即施其法可奏效。

（4）左脚上步即可用膝点、脚扣、跪腿、劈腿，其法如野马分鬃的步法。

（5）如人从后扑我时，可向后肩靠、肘击、臀撞等。

（6）人从后抓我肩时，我双手可抓住对方手臂前捋，同时肩上抬，打对方捌劲。

起势，其法主要表现为侧身进步，亦称蛇形进步。前后左右上下皆可打。手臂路线由小到大均可用。大时拿肩，中时拿臂，小时拿腕。如对方左手紧抓我右手时，我右手由外内翻，以四指扣切对方手腕，其痛难忍。

二、金刚

上步出手金刚掌，拗臂掤捋敌地躺。

连环玄肘扣搬揽，捣心顶裆跺脚面。

身体重心渐至右脚，成右实左虚；左脚前上一步的同时，两臂由两侧向前如托枪式而出，左臂前右臂后，两掌心相对，指尖朝前。两臂微保持向下的弧度，成左弓步；身体重心后移，向右转90°（两脚依次先右后左以脚跟为轴），两掌随着身体右转，在胸前顺势划出两个立圆（圈的大小即一肘之距）。成马步，两臂屈曲约90°，与肩同宽，掌心相对，两眼平视前方（面西），身体再左转90°的同时，动作由原路再回到面朝南的姿势。重心继续前移，左掌心向内、向下转，右掌心在胸口前上转，右腿提上，左掌向前上方翻旋，右掌心向内、向下旋落。左掌向怀内，再向下划一前后的旋转立圆的同时，右掌也由怀内向下，再向上划前后的立圆，左掌心朝上，右掌变半握拳（立拳），当右脚前上与左脚成半马步的同时，身体下蹲屈膝170°左右，右拳下降于左掌心，沉肩坠肘，肘要回收护肋。金刚势完成。（图7～图15）

图7

图8

图9

图10

图11

图12

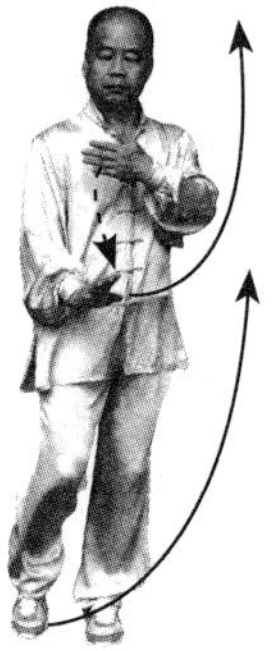

图13

图14

图15

【要领】掤在两臂要撑圆，捋在掌中走螺旋。挤在手臂滚时抖，按在腰攻顺势走。根节一动梢节发，中节齐到劲增加。周身内外一气贯，才得太极真谛传。

【用法】

（1）出手即掤，左脚上步即是点腿、扣步、摆撇、旋击。若是散开时，即左手击其门面，右手採拿其手臂。同时可用金刚掌、金刚肘，即左手挑开对方右手臂，右掌进击其面门，右肘击其胸，亦可切颈、锁喉。

（2）捋手、挒手、挤劲、採劲，匀可发放对方。

（3）捋手抬右膝击裆。

（4）上下搬拦、挒臂，可靠可採。一上一下走两圈，挒搬对方两个臂膀。手外旋或内旋均可採其手臂，採其手指。

（5）右手上戳对方面门，肘打对方前胸。

（6）右拳落于左手心可採拿对方。如对方右手紧抓我右手腕时，我左手由下紧扣抓拿对方手掌外缘，同时两手由内向外翻，使两手指尖向内。此时对方手腕痛苦万分（两肘内夹即可）。

金刚手法主要打挒劲，其法甚是厉害。掤、捋、挤、按、採、挒、肘、靠八法均可运用。

散打时，金刚手属于直接进内门的打法，打进内门，即可施各种方法，七星进击。

金刚隐藏的是顶膝打裆，架子中也不现形。

三、揽扎衣

太极绝技妙无穷，採挒跌打扎衣生。

掤捋挤按连珠用，钳手管肘呈英雄。

重心右移成右实左虚，右拳变掌，上领至眉齐；重心继续向左，右脚向左落向左脚内侧，右掌由上向外、向下，旋转向内搂抱，同时左掌由下向左外向上搂抱至胸前（两掌均走弧形，自然旋转而出划半个圆），此时恰好两臂成一个圆，变成右掌在下，且掌心朝上，左掌在上，且掌心朝内向下，仍为掌心相对，重心在左脚，右脚提起向右方迈出成右弓步，右掌由腰下向怀内，经左胸前向上，再向右划上方旋转到一大弧而出，右臂坠肘微成弧形，略高于肩，使掌心朝前（南），滚臂展出；与此同时，左掌由上经右肘外向下，经右腹侧，划一半圆，到左腹侧，掌心朝内，按放至左髋窝处。至此完成揽扎衣势。（图16～图19）

图16

图17

图18

图19

【要领】意起心内手指鼻，采挒肘靠手法齐。蓄身松胯要自然，两手划圈要划圆。抹转双肘腰上功，提掤滚按要悟通。

【用法】

“意从心内起，手向鼻尖落”，推手时稍往怀中转，右手搭住对方右手，往吾面门一引，左手抓搬其右肘，打对方右臂揽扎衣，上搬前打的方向，就是对方的鼻尖。

（1）右手向上击打对方脸，左手在下打击对方中下部。

（2）左手内搂外挂对方右手臂，右手打击对方上、中、下部。

（3）右手向上、向前时可採拿对方手臂，向下拧转时，收到怀中成手心向上，对方就可受制。

（4）左手在上时，右手在下击打其裆。

（5）右手走圈中，有如在推手时挑拨对方左手，然后进手进肘，击打对方上中部或下部。以肘捣其心窝较狠。

（6）推手时划圈到下方的左右拦腰掌、进门法，也属揽扎衣圈中的用法。

（7）左手内挂勾对方右肘窝之内搬拦，也属揽扎衣圈中的用法。

（8）左手拨对方右手，右臂屈肘击面或用肘击其面、胸等，以摆、靠肘为猛，以穿心肘、捣肘为利。

（9）接手脑后掌、太阳肘、肋下肘、击裆打面，如右手刚接住对方右手，左手即使脑后掌、扇嘴巴、打太阳、砍喉、击裆等。

（10）右手落于怀中时有个挒手，即左手抓其右手，右手由内向外挒其肘，使其向我身后栽出。

（11）左手划至右肘外时有个採手，即採对方托吾右肘之左手。

（12）右臂落成（完成）揽扎衣的姿势时，是一个拨手进肘或点肘。即右手外拨其左手，击面顶肘，或直接落于中门，用点肘。

（13）左手落于腹侧时，有一个向后的用肘，以打击侧后方之敌。

（14）若采取左脚后插，右脚向右迈步，成揽扎衣时，左脚后插步即是一个锁扣其左脚的用法。这一锁扣，右腿往下一坐，对方左腿可被折断。此为倒插步又是倒卷肱的高级用法。其破法是当对方刚倒插左步落下时，即上左脚外扣、管住其左脚，身体前攻，对方即可栽出，或双手向前推按，对方亦可栽出，一般情况下是逃不掉的。亦可在对方刚想倒插步时，左手抓其左手向外一拉旋，对方亦可栽于地下，或后仰倒地，反受我所制。

（15）右步向前一落就有攻、扣、摆、旋、跪等妙用之法，可使对手受制。

四、左白鹤亮翅

白鹤亮翅打腾空，合手端肘倒栽葱。
含胸拔背立圆进，顾盼轻灵拳脚迅。

重心左移，右掌由右向左至肩前下落划一大圆，左掌同时由下向上穿至胸部正中（怀内），左掌心朝内，右掌心朝下；右掌由上向下，左掌经右前臂内侧向上领起，稍高于头，掌心仍朝内，右掌置于左肘下，使掌心朝下，含胸拔背；身体展起，右掌向下、向外内旋，再由外向上划圆。重心由左移右，掌心朝上，左脚提起回收至与肩同宽时落下，双手腕内旋，成掌心相对，同时朝外旋按，双掌落于胸的正前方。此白鹤亮翅势完成。（图20～图23）

图20

图21

图22

图23

【要领】当右手向左肩回落，向右后翻转缠绕时，两腿必须屈沉，以马步过渡，左手食指接手领起时，右肩、右胯不能向右偏斜，若肩歪而胯必拧，胯成麻花劲，其平衡自遭破坏。当左食指向上领起时，右肩、右胯、左肩必须完全放松，重心放在左脚和左胯根，左臂微微掤起，劲变立圆向前滚进发出。在滚进时切记要收肘、藏肘，专注一方。发手如同火烧身，一发，即将步上的虚实倒回，避免惯性为人所借，发而不贪，不给对方留可乘之机。

【用法】

白鹤亮翅的打法主要是当对方逼我左手肘时，打进步、上步白鹤亮翅。除此之外，白鹤亮翅还有各种散手法、採拿法、靠法、肘击法、挒法以及下琵琶、低探马、倒卷肱、掏腿倒卷肱、闪通臂、搬拦肘等。

此处的白鹤亮翅，底下的步子要倒换虚实，其中由马步过渡，切记不能做成马步，否则就成双重了。腰和两手之间似乎横有一个棒子，以棒子中间为轴，两头划两个立圆，腰的左右和手的左右如此，都是左右各走一立圆。左手由下向上，经自己之口向上前吐出。右手以八字掌挂带领引对方之左手肘，左手使其左手塞于其左肘下偏后，右手抓其左肘上挂，向其脸面上直打，这样可以使其左肩对死，不留活动余地。此时如果打抖劲，对方肩关节即可脱臼。

（1）进步白鹤亮翅：当对方前逼我左臂时，我上身稍后撤，松左肘，左手向前上领，走立圆，右手外挂后带对方左肘（用大拇指、四指挂带均可），并使其左手塞于其右肋下，此时重心是在左脚（后腿）上，前腿（右腿）是虚的，右步直接向前进步，进步于对方裆中或右脚外侧，管住对方右脚小趾或全脚，或由后扣住对方右脚跟，打对方白鹤亮翅，都可奏效，但以后者为狠。

打进步白鹤亮翅，也可采取先开门的方法，即以右脚跟为轴，脚尖外摆、挂钩对方之左脚跟，目的是其重心倒于右腿上，使其右脚成为实腿，并同时打开了对方的门户，再进步打招就更方便，且没有多大之危险。如果对方左脚紧贴我右脚之外侧，使我右脚尖无法外摆时，我可以脚尖为轴，脚跟前上，如果对方前逼很厉害时，上右脚后跟或外摆脚尖的同时，上身右转，以自己的隅对对方的正，恰好掉转90°，然后进步打白鹤亮翅时，则更凶，等于打了一个180°。

（2）上步白鹤亮翅：右步脚的动作和上肢之动作路线及下开门的方法和进步白鹤亮翅相同，不同的是把右脚进步改成左脚上步，右脚上步扣住对方右脚后跟，意向远方时，此上步白鹤亮翅，将可打对方很远，且使对方很难逃掉。

（3）上步前斜行：对方逼我左手臂或抓我左手时，我左手腕向下翻转（有手不见手），以上步白鹤亮翅的方法，左手前切，滚按对方左脖颈，对方因后脚被我管住，会向后倒地。

（4）左右捌臂：当对方前逼我左肘时，我左手向上走立圆，左肘向外、向后上划小圈，使对方右手臂恰好伸直，这时，右手抓住其右臂肘外侧，左手抓住其右手，打对方右臂捌，此是左边捌。右边捌时，右手抓其左手，左手抓其左肘外侧，先肩靠其胸，后打捌臂则更能奏效。

（5）上下採手：对方前逼时，我身体稍右转，採其左手；对方右手前逼我左肘时，我可用右手由下採其右手。也可在对方左手前逼我左手时，在我右肘内侧採拿其左手（我之左手抓拿其左手）。

（6）拨手靠：对方前逼我时，我用右手外拨（由下内挑）对方左手臂，同时进右步，用右肩撞靠对方前胸。

（7）压手靠：对方前逼时，用左手下拨对方左手（下拨对方托我右肘之左手），同时进步，以右肩撞靠其前胸，若压手后对方还前逼，可马上进用拨手靠。

（8）拨手肘：对方前逼时，即用左手下拨对方托逼我右肘之左手，然后用右肘横击对方耳颊、太阳，反过左边又以右肘尖击对方右侧太阳穴，左边亦然。

（9）开门连续进击肘：对方前逼时，我上身稍右转，用右臂垫托其左手臂向我右方的同时（此时已打开对方上门），左肘顺势击对方前胸或右肋下，继而再右肘反回击其前胸。此连击肘甚猛。

（10）闪通臂：当对方前逼并用左手将抓拿我左手时，我即抢先用左手拿住对方左手，向左转身的同时，使其左臂伸直，我此时已向后掉转180°，以右肩为支点，以捌法打其左臂，使其向我头上摔出。

（11）搬拦肘：对方前逼时，我身体向一侧一转，同时一手抓住其一手腕或指，一手打其搬拦肘。如对方前逼，我可向左稍侧，用左手抓拿住其右手，然后，我之右手由外向内搬拦对方右肘外侧。

（12）散打法：拨手或挑手进掌、冲拳、击肘、肩撞、身靠、膝顶、脚踢都可以在白鹤亮翅中找到。如当对方前逼时，身体向后稍撤，同时，抬膝顶击对方裆部，对方前逼时，两手由下向内、向对方怀中向外拨挑对方双臂，然后双手合击对方脸面，双切对方颈部、锁喉、挖眼、双击胸，双手迎面贴金、双肘击胸等，一连串的打法均可运用。

破白鹤亮翅的破法也非常多，如下琵琶、低探马、前招、掏腿倒卷肱、夹臂挂、上琵琶、旋肘等。

（1）下琵琶：当对方刚想抬我左臂打我白鹤亮翅时，我即用左手抓住对方左手向左一带（使其左臂伸直），上左步于对方双脚后的同时，右手推捌对方左肘，对方会后倒于地。

（2）低探马：当对方刚想打我左臂白鹤亮翅时，我即左手抓住对方左手向左一带，左手腕上翻（抓住对方左手，由下向上翻，使彼手心朝上）的同时，右手虎口紧扣其左肘，上提下压，使我右手心和彼肘心正朝下方，此时用左脚后跟扣挂对方右小腿及脚跟的同时，左手上提，右手下压，对方就会屁股坐地被我以低探马打倒。

（3）前招：对方欲打我白鹤亮翅时，我即用左手抓住对方左手向左一带，然后在进左步于对方双脚后的同时，右手向左拍击对方左肩，或切砍对方左肋，对方会向我左方倒出。

（4）掏腿倒卷肱：对方欲打我白鹤亮翅时，我左臂掤劲不丢，以左右盘肘势紧逼贴对方，同时在左脚由外向内换的同时，右手抓其右肩或上臂外侧，左腿用劈的同时，右手向我右脚下捋转，此时对方会被我打翻。

（5）夹臂挂：对方欲打我白鹤亮翅，右手刚想上抬我左上臂，我此时恰好以火车挂钩状，让其挂上，上臂一夹，上身向左一转，对方即可被我挂劲摔出。

（6）上琵琶：对方打我白鹤亮翅时，我即左臂往我裆下（紧贴我身）一松，反上提，并向左后方上提，以上琵琶势将对方发出。

（7）旋肘：对方欲打我白鹤亮翅，其右手刚想抬我左肘时，我左肘突然向外划一小圈（脱掉对方右手），以肘尖横击对方右太阳穴。此防守的妙法是用八字掌的老虎钳子扣住对方肘关节。

（8）此外，白鹤亮翅还有一个用法：抱双臂捌摔。就是当对方前逼我时，我即左手上领，并用四指在外在上、大拇指在下抓住对方左手向后一带，使其左臂夹于我左肋下的同时，右手由下向外抓拿对方右肘外侧，使其双臂如抱柴禾式被我抱住（此时其双臂已伸直），向左后上方一挑、一捌，对方会从我头上向后摔出。

（9）对方逼时，以掤劲前挤（身步一齐进），对方可向后倒地。

五、单鞭

双钳臂肘拉单鞭，前后左右顾盼间。
上下绕打用不尽，鞭捶击根追人魂。

重心倒至右脚的同时，左脚向左迈半步，双掌与胸齐平，一同向右弧形摆动，并使双掌心朝下；重心左移至左脚的同时，右脚向左横跟半步，双掌在弧形位上一齐向左摆动，使双掌心朝上；身体向下蓄沉的同时，双腕旋内，使双掌心朝下，重心继续下降时，双掌下沉于腹下、左髋外侧，左掌在外，右掌在里，经腹下双掌向右侧外划弧，右掌至右髋上侧时变勾手，左掌经右肘外，向上经胸前向左上划一大弧拉出的同时，重心移至右脚，左脚向左方迈出一步拉出单鞭掌，成左弓步。左臂略高，同右手向后勾点之撮拳，均同肩平，不可过肩，应掌心朝外，微下扣，沉肩坠肘，支撑八面，立若平准，单鞭势成。（图24～图29）

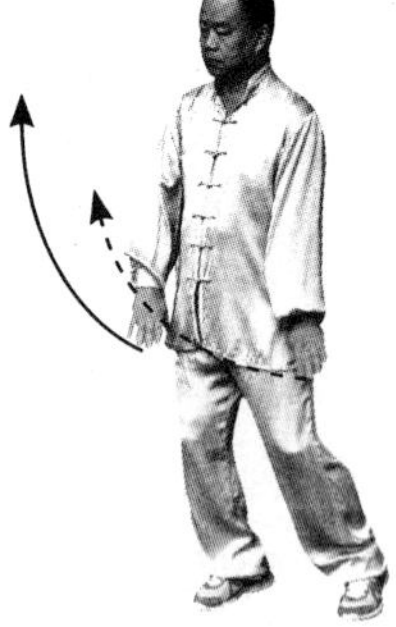

图24

图25

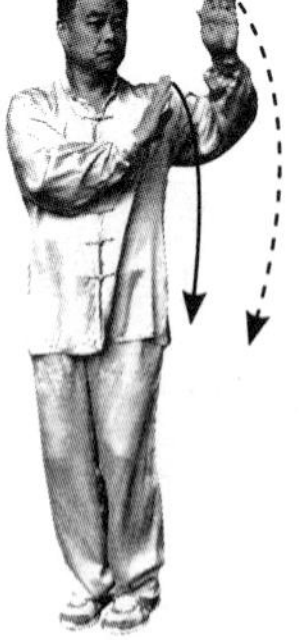

图26

图27

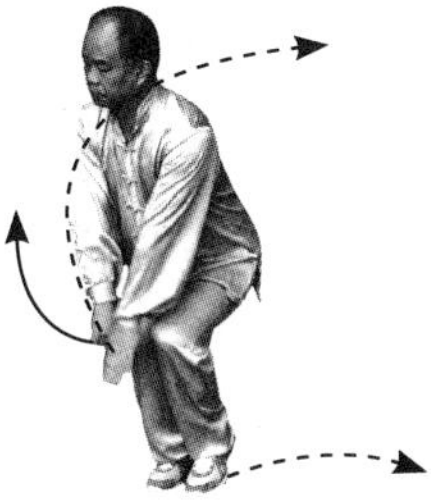

图28

图29

【要领】两肩松沉坠双肘，单鞭左掌右勾手。尾闾中正神贯顶，单鞭勾手腕平整。武当太极对手头的要求是手头要高不能低，这是有讲究的。

【用法】

赵堡太极单鞭之特点是两手此时似两把钳子，如左右的双手仰俯捋法，实际上是一八字掌，虎口如老虎钳子扣钳对方手、肘关节，而后施以捋劲制服对方，此外还有採、挒、滚、摔、击、肘、靠、挤等法。推手法以及散手法变化无穷。

（1）两手向左时仰掌，意是右手抓其右手腕（指），左手四指在下，大拇指在上钳住其右肘，可向右下施捋法，也可捋后再向前施滚压挤推劲；也可以左掌心抖推对方右肘外侧，使其抖断；也可四指在上由内向外（左后）搬扣，使其向我左后倒地。亦可用左肘打其右臂内搬拦，也可右手採住其右手，内上卷提的同时，左手掌切，指尖下戳其右肘上侧，或控制对方，或内卷上提后撤使其趴地，或使其右臂折断；或双手向前顺对方抽回之劲，上撩将对方发出。打反单鞭时，右侧相同。

（2）在推手中，向左下划圈时正好是一个按手，也是一个左捋手，如我左手抓住对方左手，右手四指在上，大拇指在下，以虎口钳住对方左肘，向我左下猛捋的同时，可用左膝扣顶对方右膝，对方则向我左后栽得更狠。此时也可打低探马、下琵琶、扣腿前按等。

（3）向右下时，右边有个挒臂，即右手以勾手内旋外挎对方左手腕内（并使其粘在我右手腕外侧），左手由内插于其左臂肘外，搬挒其左臂，可抖、可搬，或使其臂断，或使其摔于我左侧身后。此方法也可变为左手由内插向其左肋下，同时左脚外扣其右脚外，左前臂以外侧及腕外缘上拔其根，向左后、外或斜前旋摆，使其向我左后方摔出。此方法左手也切贴对方左侧颈部施之，都可奏效。也可用左臂外旋摆对方，此时左肘点击其胸，对方可倒地。

（4）两把老虎钳子式的手法，不但有捋法，而且有肘法挒法，即左右捋的同时，左肘挒推其肘关节，向下一沉，左右肘依次连环击打对方两侧太阳穴，向上一领，左右依次连击其左右两肋或心窝。

（5）右手由掌向内旋转变勾手的动作，实际上是个外挎对方左手臂的动作。此处有许多妙法，既可用于散手，也可用于推手。如，对方左拳冲来时，我右手向外一挂拨（已开门），顺势以食指的根节点打对方太阳穴，或以拳击其裆、胸、肋、喉、腭、面等，或右手挂拨，左手以刀片掌切击对方左颈大动脉，可令其休克。推手时的用法就更多了。如左手採住其左手，或手以食指根节及腕背粘贴对方左肩外或左肘下，或腰后命门，向右边一捋带，对方则会向我右后摔出，如果此时向上一个旋提，向左下一折，对方会直栽于我左下。此法同时也可用于散手，即左手抓採其左手的同时，左手打其耳光子、脑后掌、肋下拳等。此单鞭右臂的动作可用手背（上一个方法即是）、前臂、肘关节上侧，上臂以及左肩作支点，打对方单鞭旋捌。如左手抓採其左手的同时，右手由外下钻怀中，成双手抱住对方左前臂，以肘关节托住对方左肘下，身体向左一转（左脚向后撤一步）打旋劲，或以上臂托住对方上臂下侧，打旋更凶，或以右肩内扣打其左大臂外侧上段，并向左后打旋，将更为厉害，对方可如旋子般平旋出去，甚者可能摔残对方。

（6）贴身搂撞：右手由外向内挂拨开对方之左手臂后，插向其左腋下身后，猛力回搂对方后腰，同时进右，身体向前，以胸的右侧或右肩或身体撞击对方，甚者可使对方内伤。

六、斜金刚

上步出手金刚掌，捌臂挪捋敌地躺。
连环玄肘扣搬拦，捣心顶裆踩脚面。

右勾手变掌，向下至腰下划弧，掌心朝内，两臂由两侧向前（斜向东南）如托枪而出，左臂前右臂后，两掌心相对，五指朝前。右臂屈成90°左右，左臂微保持向下的弧度。身体重心后移的同时，即向右转90°，两脚依次先右后左以脚跟为轴，向右旋转90°，两掌随着身体右转，在体前划一自然平圆圈，圈的大小为一肘之距。蹲成马步，两臂屈曲约90°，与肩同宽，掌心相对，两眼平视前方。身体再左转90°的同时，重心渐移至左腿，动作由原路再回到原来姿势。重心继续前移，左掌心向内向下转，右掌心在胸口前上转；右腿提上的同时，左掌向前上方翻旋。右掌心向内、向下旋落。左掌向怀内再向下划一前后的立圆的同时，右掌也由怀内向下再向上划前后的立圆；左掌心朝上，右掌变半握拳（立拳），当右脚前上与左脚成半马步的同时，身体下蹲屈膝170° 左右，右拳下降于左掌心，沉肩坠肘，肘要回收护肋，此斜金刚势完成。（图30～图37）

图30

图31

图32

图33

图34

图35

图36

图37

【要领】掤在两臂要撑圆，捋在掌中走螺旋。挤在手臂滚时抖，按在腰攻顺势走。根节一动梢节发，中节齐到劲增加。周身内外一气贯，才得太极真谛传。

【用法】

此金刚和起势后之金刚没有多大之差异，唯一不同的是打的角度不同，是斜向左前方。实际上金刚势前后、左右、上下各个方位都可以打。

（1）斜金刚第一动，即单鞭向左一转时，就是一个掤挤劲，左手可直插对方怀中内开，可开门、叫门，也可採、拿对方手臂，也可外挑、下压、内挂对方手臂，右手向腰内划圈时有拿採对方左右手之意。

（2）两手一合有合劲、滚劲、捋劲、压劲、挤劲、挒劲、垫劲、撑劲、塞劲、贯劲、长劲、抖劲、肘劲、靠劲、发劲等。

（3）可打上、中、下三个搬臂挒劲。以抓其右臂为例，左手抓右手、右手抓右肘外，使其右臂伸直，左手在上，右手在下，左手向下一搬，右手向上一挑，将对方由我右肩上挒出；左手抓其右手向左平搬，右手抓其右肘外向右怀中平带，将对方挒摔于我右侧身后；左手抓其右手向下一搬，向前向上划一圈（即向对方右侧身后划一由下向上之立圈），右手抓住其右肘关节，双手似握短棍，以搅料式，使棍之顶端即对方右肩关节，并使其肩关节塞死，无法活动向我右脚后方猛力下塞，此时，对方可被挒栽于我右脚下。

（4）双手抓住其右臂向右下一捋，同时上抬右膝顶击对方裆部，可使其伤残。

（5）外拨或扣挂对方一个臂膀或双臂，打对方左右肘或穿心肘，或击面，或肩靠，或头击，或身攻，或採，或挒等用法。

七、右白鹤亮翅

白鹤亮翅打腾空，合手端肘倒栽葱。
含胸拔背立圆进，顾盼轻灵拳脚迅。

身体升起的同时，右拳变掌向上与眉齐，左掌由下向左外再向上，与右掌平行，掌心均朝前（东南方）；重心移至右脚，左脚向左后侧外移半步；重心移至左脚的同时，右脚向左横跟半步，不落，不停，再向右前方弧形迈出半步，左脚紧跟上与肩同宽而落，面仍回东南方。与此同时，双掌由上一齐向下经向左后复向上、向右划圆而出，双掌落按于胸正前方，略高于肩，掌心相对，向外旋滚按出，由阴阳掌变两掌心一齐朝前。至此完成右（卸步）白鹤亮翅势。（图38～图43）

【要领】两臂划圈时，以腰为轴，以中丹田为中心，两臂下不过脐，上不过鼻，经身体中线盘绕，左脚向左后侧撤步和右脚向前进步，亦都带弧形，此是由侧方闪击的打法。

图38

图39

图39附图

图40

图40附图

图41

图41附图

图42

图43

【用法】

此处的卸步白鹤亮翅，第一是盘右肘，而不使其亮肘。第二，卸步是一种迂回出击、避实击虚的打法，此处的步法外观上看来是卸步（撤退了一步），实际上是进了两步，右腿就没落步，它进了一步，右脚又跟进了一步。避对方手出的实，击对方肩、身的虚，给对方造成了错觉，所以，一般情况下这种方法都可奏效。在散手过程中，这种方法就更多了，因为它对自己来说既安全又实用。因为它废除了对方一侧手臂，是以我的正打对方的隅，以我的双拳打对方的单拳，取胜较易。

（1）卸步进步双手或单手推对方的右肩、右肋、右髋都可将对方推出。当然，左脚上步扣管对方双脚更佳。切记做此动作必须管住对方的右臂，防止它从下绕至我之左侧袭击。

（2）散手时，当对方右拳冲来时，我左脚向左侧一撤，身体向左一侧，右脚绕向左前方（由内至外）的同时，右手抓住其右手臂并施一控制，上左步的同时，左掌或拳击打其面、肋下、脑后、命门等，将其打倒。此时也可用肘、膝、胯、肩、头、脚打击对方，也可身靠。

八、斜行

避锋下势内捌撑，贴身扣腿弓膝崩。
十字手法变中论，肘靠膝胯顺势运。

两手腕交叉成十字手（阴阳十字手在右膝上，右手在下，左手在上，两手虎口相对，手掌心向里，两臂向内旋），左脚提收至右脚踝内侧，身体松沉下蓄，左脚前掌撑地，用右脚跟向右抹转45°，脚前掌落实踏地，右脚和身体向右抹转必须以腰向右旋而带动，必须牢记以腰为主宰。这就是欲要左跨步斜行，所以必先向右，这样向左跨步斜行即无停滞和断劲处。左步向左斜跨一步落实后，仍然松沉下蓄；两臂左右分开，向两膝后划圆，掌心向下、向后，当过膝后即滚臂翻掌，掌心向前，两臂沉肩、松肩托后向前环绕。当翻转轮绕时，必须含胸，忌挺胸。双臂轮绕向前、向中间合掌于鼻尖前，左手随沉身下落，捏撮向左后点击，左勾手背与命门穴相对，转臂使左手虎口对命门，撮之钩向上靠贴脊柱；当左手由鼻尖向下向后落击时，右掌从鼻尖向前按滚伸臂推出，沉身变左弓箭步。（图44～图48）

图44

图45

图46

图47

图48

图48附图

在完成此式时，必须右脚跟微抬起，用右脚前掌向右抹，微微蹬落，使右胯根松而正身，使周身以整体劲前按、后钩发出。前按必须注意松腰，后坐后撑，做到对拉拔长，松沉静稳。

【要求】斜形沉身身要正，正隅变化虚实明。太极不明虚实理，枉费功夫艺难成。由正变隅内施裹，松净引空敌难觉。侧身进步管双足，壁腿一到停不住。脚到靠到如山崩，靠在身肢用不空。靠在拳里占一法，有贴身靠、迎面靠、肩胸靠、肘下靠、拨手靠、分门靠、领身靠、托肘靠、背折靠、上下靠和左右靠之分。

【用法】

斜行的用法非常之多，且都是狠招，其中尤以双管脚、十字手法最厉害。除此还有双风贯耳的合掌法、撮裆法、抱花坛、斜行靠、背身靠、捋抖手、採挒法，以及秘而不露的叶底藏花击心法等，都是相当厉害的。当然斜行虽是厉害，但破它的方法也很多，也更厉害，如劈腿、劈腿倒卷肱、勾挂腿、内外壁腿、旋手、转身按手、滚肘，以及前挤法等，都可破对方的斜行。

打斜行不能拧身折髋，更不能亮左肘，必须两肘下坠，两手心向上，脚下以磨转法调之，步随身转，人面向哪里，其双脚尖也必须向哪里，这就是步随身换，身随步行，以中正为先。

（1）斜行靠：一接手时，右脚向右一摆或脚跟向上一摆，向右一转，向下一沉，左脚向其双脚后一扣，顺势以左肩撞靠对方前胸，使其后倒跌出。

（2）斜行挤：我在右转下沉的同时，右脚外摆，左脚扣管对方双脚，朝回轻轻一带或右转侧身使对方左臂伸直，右手托粘对方左肘，向前弓步连挤带送，对方则后倒于地。

（3）斜行叶底藏花：身体右侧身时，右掌指或拳从左肘下打击对方心窝。

（4）採挒肘：斜行往右一侧身转，这时恰好对方左臂伸直，我在右转侧身的过程中，右手由下经怀内抓拿对方左手或四指，左手在下抓拿其左肘外侧，右手下採内旋外搬，左手外扣怀内上提，对方若不往其左侧倒地，必左臂骨折。

（5）十字手：转到右侧落下时，右脚尖外摆，双臂及手粘带对方左臂向右后方一点，其目的是其落处于空处，然后在左膝腿管住对方右腿的情况下，向我左肩后猛力打十字手，此时对方恰被我掉转180°十字手打个倒栽葱。十字手在此时的散手法就更多了，如金丝缠腕，左手刁缠对方手臂，右手顺势击打对方肋、胸、面、头等，右手反之相同。十字手用肘加靠则更凶，“十字手法变不尽”，就是这个道理。

（6）上、下开门的双手反掌击面，双肘打心，挂抹贴金之满面开花，两肘双切、连环掌、连环撞、连环肘、连环靠、连环腿等技击方法，此时均可用。

（7）两手过膝外分的动作，有打切对方膝关节及下盘（破上攻）的意思，往后有打后面来敌之意。同时此时有一个夹臂摔，就是对方欲抱我腰或手插入我腋下时，我用上臂与腋下肋部紧夹其手臂，身体向一侧一摆，对方可被我摔出，此法也是挂钩法的一种。双手向前时不但可以击打前面来敌，同时也有化解对方双手或两敌抓我双肩，并使其爬在我脚下之意。双手向前落成时是一个合掌，此合掌法在推手中可用成合掌挤将对方发出，在散手中可用于击打对方脸、太阳穴及耳，可使对方耳聋，这也是合法之一。双手前后分开时，有打击前后来敌之意，前手（右）可掌击，可用打，可用戳，后手（左）可抓拿、点打，可击打对方小腹及裆下，使对方伤残。

破斜行之法也非常之多，下面就几个常用之法简述之。

（1）滚肘：当对方想打我斜行，刚向其右侧松沉时，我顺势右前臂由下向外，身体同时向前施以滚肘，对方反被我打出。

（2）劈腿：对方欲打我斜行，左脚刚欲管我双脚，放在我双脚后时，我上身可以不动，右脚跟擦地，贴着我左脚跟向后突然打劈腿，此时对方反被我打倒。

（3）勾挂腿：对方左脚刚想后管我双脚时，我用右脚跟勾挂住其左脚，朝后一撤带，其反被我打倒。

（4）摆腿：其左脚伸向我双脚后刚想管我时，我用右膝外侧外摆击对方左膝内侧，使其向外倒地。

（5）跪腿：对方左脚刚伸入我左脚后（这时其腿恰好正伸直），我用右膝跪对方左膝，使其向外倒地。

（6）内后壁腿：对方打我斜行时我不理睬他，他向我身后进左腿的同时，我也向他怀中裆内直进右腿，以右脚扣住其右脚，给其右脚后施一壁法，我身体向前时，对方反先倒地。

（7）外前壁腿：他进的同时，我也进右腿，由其右脚前迈出，以右脚跟壁住对方右脚，我身体向前，对方先倒地。

（8）勾挂壁腿：对方左腿后管我双脚时，我即用右脚跟施以勾挂，使其左腿落空，右腿变实，然后进身的同时，进右腿内后或前外壁其右腿，对方则栽得更狠。

（9）施以旋转法：当对方刚想打我斜行时，我即右手抓其右手，左手在我右肘下抓其左手，右手外展，左手怀内拉转，对方后仰倒地。

（10）採手沉肘法：对方刚想打我斜行时，我即用左手插向我右肘下，抓捂住对方左手，并使其紧夹在我肘下掌中，向上一带，往下一沉一折，对方就会前跪于地。

（11）採手展臂：对方刚想打我斜行，我左手就在右肘下採住其左手四指，并使其紧贴我肘臂，沉臂翻外，左手向回扣搬，同时右臂顺身体前攻之势而外展，此时对方会后倒跌出或下跪于地。

（12）转身前按：对方欲打我斜行，刚要在我右边迂回抱操我右后方时，我顺势右脚外摆90°，身体转90°，恰好和对方正对正，因为对方此时处于转换的过程中，恰好是我进攻的好机会，我施以双手正前按，其跌出很远。

九、琵琶势

怀抱琵琶上下翻，打了两头击中间。
连环翻肘掌中窍，端肘破法在此找。

右掌向外，划弧至腹前，同时，左手由后向左侧弧形而出，前臂旋外，两手掌、两前臂均与腹平，左掌心朝上，右掌心朝下，成掌心相对，重心右移；左脚向左上半步，重心左移，屈蹲之身稍上起，右脚向左跟上半步，双掌一齐向左前上平托而出，高不过肩，重心仍在左；右脚向右撤回半步，重心倒右步，左脚向右跟回半步成右侧虚步，同时双手向右下撤回，右腕旋外，使掌心朝上，置于腹侧，左腕旋内，前臂内收，向下旋，左掌变勾手，使勾尖轻置于左膝关节上（此完成下琵琶势）；左脚前上半步，重心移至左脚，右脚紧向前跟半步成后跟丁虚步，以左上臂为轴带动左前臂及肘关节由下翻转而上。其路线经由下向怀内，再旋转翻手而上，划弧落于左前上方，翻起上立之撮手与眉齐，右腕同时旋内，使掌心朝前，微下扣按，置于左肘内侧。此时完成上琵琶势。（图49～图56）

图49

图49附图

图50

图51

图52

图53

图54

图55

图56

【要领】以腰带动周身运动，松腰坐胯，松肩坠肘，意领劲，神贯顶，虚实转换身步轻。

【用法】

下琵琶：

下琵琶主要用于对方打我白鹤亮翅时起破的作用。下琵琶中也有採挒、靠、挤、头点、前招、勾腿、撩腿、挑腿、滚衬腿、扣腿、点腿、跪腿、跪摆腿、跪衬腿及散手的多种用法。此外它还常常和上琵琶配合起来用之，其效果甚佳。

（1）从斜行的结束动作开始，右手由外向内划弧时，有右手採其右手臂以右髋为支点（垫其右肘外）抖挒对方之意，腰部向左一旋，左手出，右手处于下腹时，有双手採其右臂之意，採的卷、压、滚、挒、点此时均可施之。双手向右后走时有捋劲，对方恰好使其重心前移，右臂伸直并落于空处，也无从变化，后捋的同时也有用右膝脚之意。双手走到右后上再向前时，虽是一个上琵琶，但此时除了用于破对方打我高探马（即对方刚想打我高探马时，我即用右手轻按其在上之左肘臂，对方可被我上琵琶打倒）之外，有抖、挒、长贯劲的用法。即右手全把握对方右手四指，使其手心向上，向右后捋走弓在上的弧形，再以左手托其右肘，右手向下回折其手四指，尽可能使其手背与腕相贴，这样对方既痛，臂又伸得很直，双手向前下方以长劲贯之，对方可被打出丈外，臀部坐地，重者尾骨折断。

（2）撤步、双手向下做下琵琶时，有双手採、挒、拧、抖、挤、压对方右臂之意，由上步做上琵琶时也有用右掌、右肘、右膝、右脚之意。同时下琵琶的定势有用左肘、左肩、左膝、右脚、头、髋、背身折靠之意。

（3）在推手时，下琵琶向下一个沉劲，只要左脚管住对方双脚，对方就可被打出。后管其双脚，朝下一沉、左肩一靠，对方则被靠倒。

（4）对方打我左手臂白鹤亮翅时，我左手朝下一沉，直接用左肘打击对方前胸，对方会被我击倒。

（5）对方打我左臂白鹤亮翅时，我左臂朝下一松，同时左手抓其左手向我左髋外一引（使其左臂伸直），并抓其左手内旋，使其手心朝外向上，肘窝在下，肘尖在上，这时我右手手窝紧扣，抓其肘关节（肘窝），可用捌、抖、按、推、挤、压各法，左脚上提，右手前下压，连推带送，将其打栽于地。

（6）对方打我左臂白鹤亮翅时，我右臂顺势向下一沉，并用左手抓住其左手，向我左髋外一引，左脚后管其右脚，使其髋折叠，右手前招击其左肩或肋、左髋，都可使其向我左侧倒地。

（7）对方打我左臂白鹤亮翅时，我左臂顺势向下一沉，左手抓住其左手腕向左一带，再往其右肋后一塞的同时，左脚勾、挂、撩或用左膝及大腿膝端滚衬，或挑后以左脚再打其左腿（实腿）点、跐、击、踢等之法，均可将对方打倒。

（8）对方打我左臂白鹤亮翅时，我左臂顺势往下一沉，直接用头前击对方鼻梁或左右太阳穴，或直接用左膝旋跪腿或跪摆腿，都可使对方倒地。

（9）对方打我左臂白鹤亮翅时，我用右手由内向下外拨对方右手，同时用左肘击其头、面，也可用右手外採其右手。

（10）对方打我右臂白鹤亮翅时，可用右手採其左手（以大拇指顶其手背作支点），亦可双手下採，亦可用左肘打其左臂外搬拦。

（11）对方打我左臂白鹤亮翅时，我顺势左臂向下一沉使其落空，顺便用左手抓住对方左手向前上一提，打对方上琵琶，对方被我轻轻摔于地上。

上琵琶：

上琵琶主要是和下琵琶结合而用的。在高探马的破法上，用上琵琶则往往奏效。此外上琵琶也可用肘、用膝、用腿、用拳、用掌，也包含着下打裆上打面的铁翻杆式的打法。

（1）对方上搬我左肘时，我向下一沉，再向上抓住对方左手一提，可使对方后坐于地。

（2）对方刚要打我左臂高探马时，我可用右手按推其左肘关节，使其后倒于地。

（3）上琵琶手向上一提，底下顺势用拳击其心窝或用右膝上顶其裆，或採腿均可制服对方。

（4）上琵琶手（左手）向上一提，就是一肘，击其心窝或肋部，可将其打倒。

（5）上琵琶手向上扬的同时，顺势用左肩撞靠亦可用背折身（即用左肩胛骨外侧）靠，左脚如果管住对方双脚时，则摔得更狠。

（6）上琵琶手（左手）向上一提，顺势左髋向前一摆撞，同时左脚管住其双脚，则栽得更凶。

（7）上琵琶手向上一扬，然后用左膝跪其右膝后腘窝，使其前扑于地。

用于散手时上琵琶就是击面掏眼的打法。

（8）对方欲打我左臂白鹤亮翅而想抓我左手时，我突然左手腕向下一翻转（有手不见手）于对方怀中，击面、击胸均可；或手腕向下一翻打对方小腹。

（9）对方打我左臂白鹤亮翅时，我左臂向前下一展、一沉、一滚，可将对方打出，或向怀中稍带，再向前一个往返，也可打出对方。

（10）对方左手刚抓我左手时，我向左一带，右肘向前横击对方脸部及胸部。

（11）对方抓我左手时，我左手一松，左肘向上一旋（转小圈）横肘击面，反向右边再以肘尖顶其左脸，再以肘尖连击带挂，击其眼、鼻等部。

（12）左手向上一领，右手击腹、抓裆、右肩靠等。

中琵琶：

中琵琶是对方左手抓住我左手，欲上搬打我左臂白鹤亮翅时恰好用之。它用的位置是在胸前，低于上琵琶的位置，高于下琵琶的位置。中琵琶也有用肘、靠、拳、採、拿诸法，也可用于散手。

（1）对方左手抓住我左手刚想上翻打我左臂白鹤亮翅时，我即用左肘及前臂外侧紧贴压对方前胸及右肩颈上，同时右手揣住对方左肘关节，双手封死对方双臂，左脚稍进步的同时，两手臂特别是左肘关节前下压沉对方，因我左脚管着对方双脚，所以此时其会向后倒地。

（2）对方刚想打我左臂白鹤亮翅时，我可同时以左肘击其右太阳穴，右拳击其心脏。

（3）对方刚想搬我左臂时，我顺势左臂朝内下一转，以拳击打其胸或小腹。

（4）对方刚想打我左臂白鹤亮翅时，我即左手抓其左手，右手抓其左肘，以水平位向右猛带（同时左脚管住其右脚），使对方倒于我之左方。

十、跃步斜行

跃步迈脚人称奇，踩臁踹膝还要踢。
斜行靠进十字肘，壁腿一落敌难走。

重心继续左倒，右腕旋外，使掌心朝上，右脚经左胫前向前踩踏而出，两腿交叉在右小腿之比目鱼肌和左小腿之胫骨前脊近端1／3处，右脚横踏落于左脚尖的左前方约30厘米处，重心倒向右脚，身屈蓄下蹲，左臂向下与右臂在胸前交叉，左勾手与此同时变掌，成掌心朝内；提左脚向左直接迈出半步成马步，双掌向左右膝外搂去，当双掌搂过膝后，既滚臂翻掌，双腕同时旋外，使掌心向内；重心左倒至左脚，成左弓步的同时，双掌由后下翻转向上，双掌抱合于鼻尖前，左手向下、向左后至底腰处，使掌变成勾手，靠贴于命门穴，同时右掌向前徐徐滚按而出，重心下降，做到松沉稳静。跃步斜行势成。（图57～图63）

图57

图58

图59

图60

图61

图62

图63

图63附图

【要领】跃步速进要轻灵，横踏膝臁踩法成。踩住膝臁横落定，分筋折骨要慎用。

【用法】

跃步斜行和斜行的区别主要是跃步。

（1）跃步踩对方的膝、臁，可切、踏、跺，以损伤对方的膝关节。

（2）跃步踩臁骨有一个踋法，可使对方小腿前面皮开肉绽。

（3）跃步首先就是用膝顶裆。

（4）跃步踩、摆、踢、点、跪、扣均可运用，也可脚不落地连续运用各法。如先蹬对方左膝内侧，再蹬右膝内侧，再上踢其裆，再朝天蹬。

（5）跃步一落就是扣脚跪腿。

（6）就上边而言，是一个十字手法的应用，右手一转就是一个採拿法，也可做捌其左臂的动作，可前送对方，可直接搬採于地，也可打对方十字手。

（7）其他如斜行靠、摔、击、打、前后、左右的用法基本和斜行一样。

十一、小开合

后撤避击卸步行，进步掀按摔法成。

此式开合称虎扑，意到俱到身似忽。

身体重心倒至右腿，身体左转，成面向正东，与此同时，右臂由上向下回收于髋的右侧，使掌心朝上，左勾手变掌，前臂旋外，使掌心朝上，前臂外摆，使左掌置于髋的左侧；左脚尖虚点地面，右膝屈蹲170° 左右，成右虚步；重心前移，左脚向前上半步，使重心倒至左腿，右脚向前紧跟上半步，使脚尖虚点地面成后跟虚步，同时双掌由下向上，划弧形向前上按出，高不过肩。此小开合势完成。（图64 ~ 图68）

图64

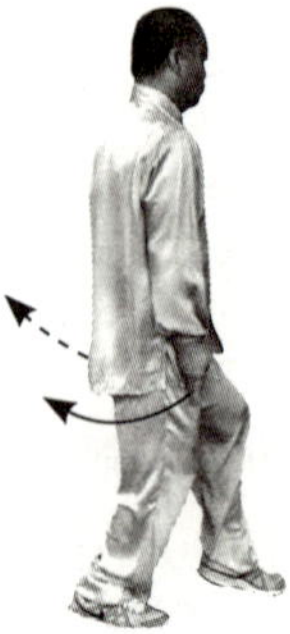

图65

图65附图

图66

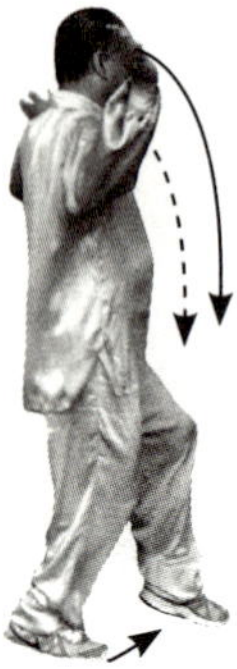

图67

图67附图

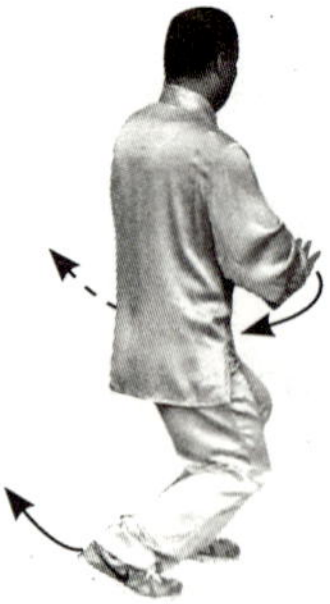

图68

图68附图

【要领】开合进步使按手，按劲全凭在腰攻。进步进身脚手到，三节齐到技法妙。不俯不仰正劲按，虎扑一按脚扣绊。虎扑进步成弓蹬，前弓后蹬身要涌。根节一动中节催，梢节发劲手一挥。身要正中劲要浑，周身齐发劲非寻。意到身到脚手到，如此发人才得妙。

【用法】

小开合主要在对方双手前按或双拦腰掌时用之。

（1）对方双手前按我腹部时，我双手向下外一拨，顺势进步进身，双掌直接推按对方。

（2）对方双手切砍我两肋或腰部时，我双手由内向外一拨，顺势进步进身，前按对方。

（3）对方双掌向我袭来，我双手向外一分，滑进、进步、攻身按击对方。

（4）也可一手拨一手进，扣步按推对方。

十二、转身琵琶势

回身拧转下琵琶，採捌劈挂敌爬下。
滚按卷挤不能停，得机妙发掌中擎。

右脚向左脚后外侧插半步成透步的同时，双掌一齐向右摆，双掌心朝下，高不过肩，低不过腹；身体重心倒至右腿的同时身体右转180°，面向正南，右膝屈曲170°左右，左脚尖虚点地面成右虚步，此时，右腕外旋，使掌心朝上，回撤于腹前，左前臂由后向前划弧，左掌变勾手，置于左膝上，形成下琵琶势；接

着重心前移至左腿，右脚前跟半步，左前臂上旋形成上琵琶势。至此完成转身琵琶势。（图69～图72）

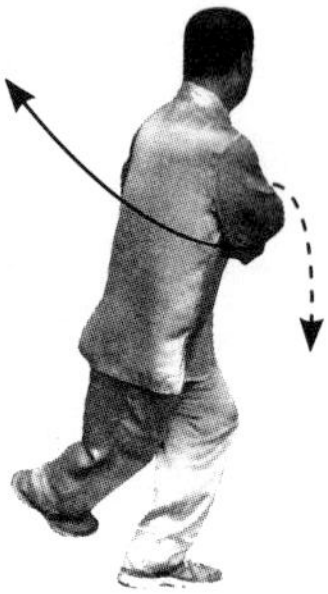
图69

图69附图

图70

图71

图72

【要领】开合转身先透步，全靠腰带膝手护。下边步法多变换，转身勾挂法莫乱。虚实转换清，后撤、透步、跟步、丁虚步，脚尖点落要记清。

【用法】

右脚向左一摆插的同时，双手向左一摆，这是一个捋法。当对方打我倒卷肱或白鹤亮翅时，向下一松，先向右稍带，接着向左后大捋，其可扑地。当然，也可用于散打。

（1）脚向左一摆，有一个踩蹬脚，也有和左腿配合起来的挟击腿含意。

（2）双手向右是一个捋，再向左就是一个大捋，同时又是一个往返折叠。

（3）用于散手时，双手向下就是一个双拦腰掌。

（4）转身成下琵琶时右手是採拿法，左手臂肘有扣压滚推法，同时转身时左脚掏向其右脚前，打其劈腿，双手捋，也是一个掏腿倒卷肱的打法。上琵琶和前面的动作及用法一样。

十三、跃步斜行上金刚

跃步中定人称奇，专踩两臁并两膝。
连环玄肘扣搬拦，捣心顶裆踩脚面。

重心继续前移，右腕旋外，使掌心朝上，左腕旋内，使勾手变掌，掌心朝下；右脚向前盖步踩踏而出，重心继续前移至右腿，左脚再向左侧迈出半步，成马步的同时，两掌均向两膝外搂去，过膝后，两腕均旋外，使掌心朝前朝上，再两臂侧上举；当两臂过肩后，重心继续左移至左腿。身体左转90°，右脚前上与左脚平行成马步，重心下降的同时，两

掌由上向下，左掌落于腹前时，成掌心朝上，右掌向下时变拳，成立势落于左掌心。至此完成跃步斜行上金刚势。（图73～图80）

【要领】松腰松肩并松胯，跃步踩进侧身下。下势完成向左旋，斜行转度大于前。有称此传抱虎势，王屠捆猪即此式。最后落成金刚定，身正体松配合应。

图73

图74

图75

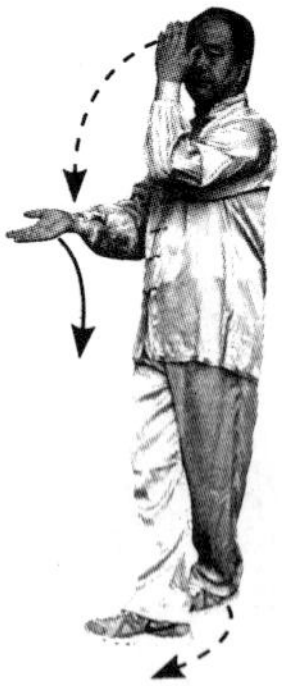

图76

图77

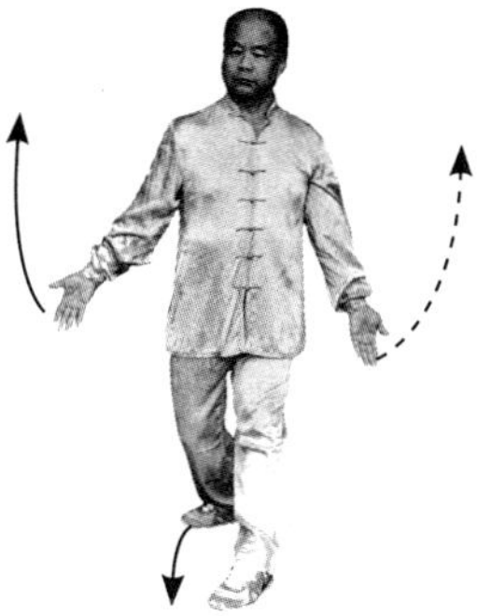
图78

图79

图80

【用法】

此处的跃步斜行和前面的跃步斜行基本用法一样，唯一不同的是，此处所打的角度是270°　。

（1）插步起来转身时，左脚随身子左转是一个抹转的用法，此处的左脚也是一个开下门、扣脚的用法。向左转时左肩背有一个摆撞靠法，又有一个肩及上臂的挂摔法。

（2）在推手时，斜行一下一起，左臂夹住对方腰部，向左后一转，有把对方摔向我左后之意。

上金刚：

（1）左腿向前一弓就是一个点、跪腿。

（2）上体向前一移，右肩就有一靠。

（3）右腿向前一提，有膝顶裆、腹，及踩踏之意。

（4）右臂向前一摆，有旋摔搂挂、打耳光、击肋下之意。

（5）双手向前一合，有贯耳、切脖、锁喉之意。

（6）两手合住时，有进肘之意。

（7）落下时，有拳击小腹、头打鼻梁之意。

（8）托拳定势，是一个沉採、金丝缠腕的用法。

十四、伏虎

若遇搂抱欲解束，十字抱胸劲沉住。
双臂环绕通脊抖，摔跌敌人随意走。

两臂坠肘，两手成掌，十字交叉合落于两肩内侧，掌指在肩锁骨下；两掌交叉内合时，左脚提起向右脚后透插，左脚落实即提右脚向右平开一步，成半马步，两掌内合向胸前滚翻，沿胸正中线，掌心向外，指尖向下插落至裆前，这时臀内敛，腰脊上提，两掌从裆前向左右膝外搂，此俗称束手解带；当左掌搂过左膝后，左脚变虚步，左脚尖微抬起，以腰带动左脚跟向左转，左掌由后变向前向左外滚翻，掌心向前，左臂向左后向上旋扣绕；当左掌绕至头时变拳，向内扣下落，这时将左脚落成实步，右脚成虚步，右脚尖微抬起，右脚跟向右抹转，右掌向内滚翻至掌心向上时，右臂向右后旋绕至头，掌变拳，拳心向右前方，拳眼与耳眼相对，这时左掌落于左胯上（左腰窝内），拳心向后，正身下蓄松成右弓箭步。至此伏虎势完成。（图81～图85）

图81

图82

图83

图84

图85

【要领】束手解带自松静，伏虎全凭腰裆动。欲解后抱双臂扣，敛臀通脊背上抖。左旋右转甩拧应，身意中定伏虎成。

【用法】

此是一个採拿手法，又是一个背摔法。

（1）脚向后一撤，就是一个踩踏法，同时更凶的就是一个倒勾金钩的挂裆法。

（2）右脚往后再一移，又是採踏法。

（3）双手向内一翻转，是採拿对方从后面来抱我之双手的方法，可採其手，也可採其一指。

（4）对方从我后面来抱我时，我恰好双手一抱，臀部上抬，腰下弯，大背对方，使其经我头上摔在我前方。

（5）对方双手从前面推按我胸时，我可用双手在前交叉位下採其手。

（6）也可一手抓住对方手臂大背，一手向后勾抓对方裆部，使其痛苦难忍。

（7）对方双手前按我胸时，双手向下分别採其四指。

（8）两手下伸时可击裆、进肘、点头等。

（9）双手向两膝侧一分，可破解对方之抱。

伏虎：

（1）手向外一分，是挑搂对方小腿的一个摔法。

（2）左手向上一挑，是一个挑裆法。

（3）左手向左一挥，是一个缠臂法。

（4）左手向下落时，是一个缠压採挒法。如对方右手抓住我左肩时，我左臂由外向内缠绞下压，可打对方栽于我脚下。

（5）左手落下时，有左肩后一个背身靠。

（6）左手向下一落，就是左肩一打。

（7）左手向下一落，拳向肋下一扣，就是肘击其前胸。

（8）落成伏虎左拳插腰姿势时，是一个搬拦肘。

2和8两法均可用于破对方的白鹤亮翅，担我左臂，非常有效。

（9）右手刚要向外分时，右肩后就是一个摆靠。

（10）左手向下落时，有一个挒臂摔。如对方右拳向我左侧肩上头部打来，我向右一侧，左手抓住其手，以左肩为支点，挒劲打使对方扑于我身前。

（11）右手向外一挑，有一个挑裆和挑腿摔。

（12）右手落于肩上时，有右肘前击之意，同时也有一个截劲。如对方左手刚摸上我脖子时，我右前臂内侧贴扣住对方肘外侧，向前一挤，可使对方后跌。

十五、小擒拿势

遇敌出手使擒拿，折叠反关把敌发。
分筋错骨制顽敌，翻腕抖捶击喉鼻。

右拳向右侧下落至腰间，内旋经胸正中，拳心朝下，左腰拳提起到胸中线时变掌，直接使掌心紧贴右拳背；右拳由内向外翻转，成拳心朝上（以挫折敌之腕背而擒拿之）。在收右拳时，右脚收成虚步，在右拳经腹胸中线向外滚翻下落时，右脚向右侧横开一小步。此即完成小擒拿势。（图86、图87）

图86

图87

【要领】擒拿用于防备敌之抓拿我腕臂，以腰带动全身走螺旋劲的发劲，内旋发敌右，外旋发敌左，内外合中同时用，以采破採擒拿敌之两腕臂。主在腰脊，横擒纵进的螺旋交错反关节采拿法，此乃太极的独特分筋错骨之打法，十分凶狠，切记慎用。

【用法】

（1）拳往下一落，上边是一个点头，下面是一个砸拳。

（2）右拳往下一落，重心朝后一撤，右脚往回一收有个勾脚，向后一撩，对方则会倒地。

（3）右拳往下一落，左掌往右前臂上一贴，以八字掌用之，是一个擒拿手，即俗称的金丝缠腕，可用扣劲、卷劲、提劲、扯劲。

（4）对方右手抓我右手腕时，我向右稍侧，向左下方採捌捋带之。对方左手抓我右手腕时，我左手紧扣死对方左手，向怀内一侧，以右肘顶压对方左肘外侧，可使对方极痛而受制。

（5）可用左手下拨，右肩靠、右进肘、左进肘。

（6）左手由下向上或向外挑拨进身进肘击之。

小擒拿（金丝缠腕）的破法：

（1）对方刚以左手扣我右手背时，我右前臂向内上一卷，四指卷压，使对方右臂腕痛苦难忍。

（2）对方刚以左手扣贴我右手背时，我右手抓紧对方右前臂猛向我右手一带，对方即会前扑于地。

（3）对方用金丝缠腕法对我右手时，我左手从下穿向其怀中，用左手四指扣搬其左手掌外沿，反採其左手，其受制，若加上左右两肘则更狠。

（4）对方刚想用金丝缠腕势时，我手向下一沉卷，向外提捆展，如绽发条，再加推放劲，则对方后倒更狠。

十六、串捶势

串捶巧打面胸足，两拳连环如串珠。
屈沉蓄劲抖捶风，进步肘靠破门中。

擒拿定势右拳翻，护拳左掌内变拳。右拳上提提右步，拳到胸前向前穿。穿拳进步同时到，右拳落下冲裆要。右脚一落掏管严，拳到脚到一瞬间。贵在沉身跟步赶，左脚抬起丁虚点。右腿屈膝脚踏实，右拳前冲不疑迟。（图88、图89）

图88

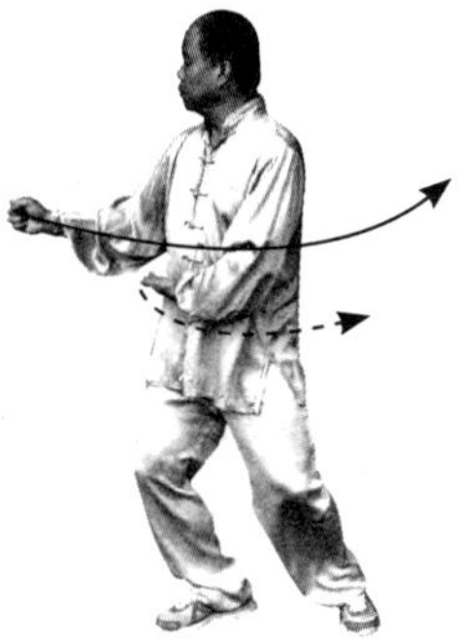
图89

【要领】十五、十六两式连成一体，两式俱用螺旋松沉劲，统统都是腰上功夫。速度关键全在意，以意领先用法急。

【用法】

串捶用于推手就是拨手进肘、拨手靠、挑手（开门）进身。用于散手时，就是连环捶。进步击头、胸、腹、裆、胯、膝等。

（1）脚往下一落，就是一个踩踏，重心往右脚上一移，就是一个跪衬腿。

（2）右脚往前一个进步，就有壁腿、点腿，也可以是开门腿，也可直接成插裆靠。

（3）拨手打裆、打心、打肋、打喉、打面等。

（4）压手右肩靠。

（5）左手外拨，右肘击太阳穴。

推手时若要用此法，必须先施开门之法，然后可运用之。也可边靠边挒，靠撞採挒结合运用，随机而行。

十七、肘底捶

打右顾左翻身肘，肘底藏捶看似守。
屈肘沉落千斤坠，肘捶齐进当心对。

身体左转的同时，右拳由下向左上方摆出，拳眼朝上，拳心朝左，左拳由右下向左前上方摆冲而出，同时右拳经左前臂外侧下滑置于左肘关节下，故称肘底藏捶，左拳与鼻平，右拳与心口齐平，左脚为虚，右脚为实，形成右虚步，目视正前方。（图90、图91）

图90

图91

【要领】翻转腰带足抹转，虚实不变走螺旋。上下协调体自然，技法连用刹那间。

【用法】

肘底捶是武当赵堡太极八捶之一。它是一种叶底藏花式的打法，一般使人难以防备，其击点主要是心脏部位，肋、腹、裆皆可击之。肘底捶虽是拳法，但也有靠法、腿法、採拿法、截劲、流劲、按劲、贯劲、沉劲、长劲及点腿、跪腿、劈腿、勾腿。还有散开的击头、打心、踢裆等变化无穷的用法。

（1）从串捶的定势开始，向左一转身有一个摔法，意是当对方后抱我身时，向左一转，以旋转劲将对方摔出。左拳向左前上方一摆，既是一个格挡动作，同时也是一个摆打对方左太阳穴的毒招。

（2）右拳左摆有一个搂合劲，劲前招，将对方搂倒。搂的时候右手臂有粘贴提拨旋扣之劲，效果更佳。但同时也可以是一个拦腰掌，也可以是摆拳击肋、髋等。

（3）肘底捶的定势是有一个沉合劲。沉合劲发劲用在腰上，出击用在右拳上，抖打其心脏。

（4）推手时肘底捶左前臂的用法：即用左前臂外侧贴紧并控制住对方右上臂顺向右划圆之式，向右下稍压，接着以沉、滚、长劲向前上拨撑将对方挤出，使之后栽倒地。

（5）推手时，左臂在上作掩护，右手变接手为拳，从自己左肘下（贴肘）向前出击，可打其心脏，使其倒地。

（6）左臂压住对方右臂，上面左拳以拳背击其面部，继而左肘击其胸部，可将对方打倒。

（7）右拳击其心脏后，接着向上击其下颏，跟着上右膝顶裆，这一连串的用法可将对方打倒。

（8）对方若抓我左臂时，我向左猛捋，将对方击倒向我的左方。

（9）一接手左膝就前点对方右膝，可将对方打倒。

（10）左脚向上一抬，可点其右膝（膝点）或裆腹。

（11）用左脚后跟劈其右腿，或用挂带之法，将其打倒。

十八、倒卷肱

退行三把倒卷肱，怎识退中有进攻。
进退顾盼都悟透，攻防防攻变化就。

重心稍移左脚，右脚后撤半步的同时，右拳变掌由下向后，再向上、向前下划一大立圆；重心后移于右腿，左脚后撤半步，同时左拳变掌由前向后，再向前下绕一立圆。依次左右各两次，完成倒卷肱势。（图92～图99）

图92

图93

图94

图95

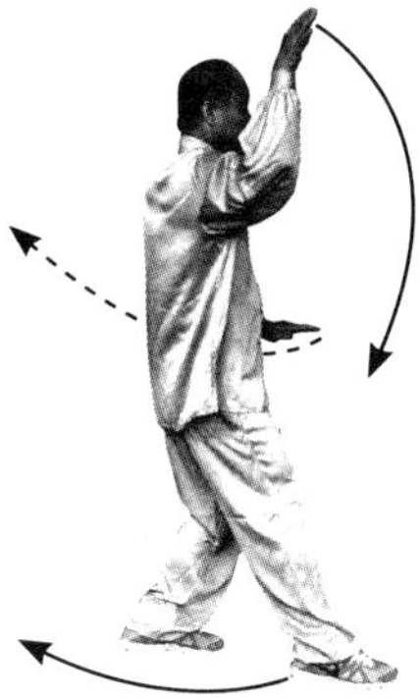

图96

图96附图

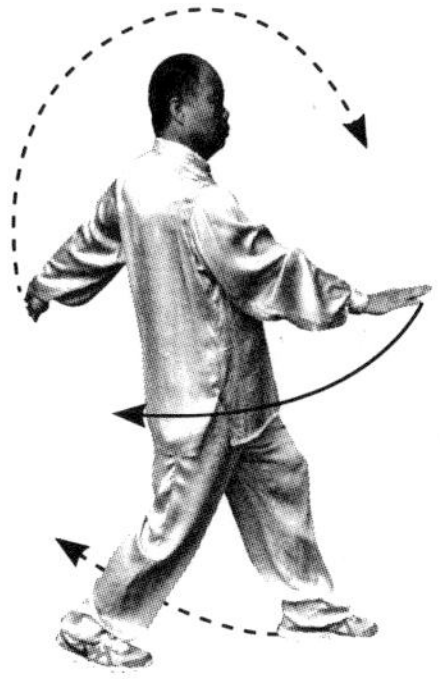

图97

图98

图99

【要领】松腰坐胯，沉肩坠肘，向后抡臂倒卷时，领指（食指）始终领起。这时可能会有股热流和麻胀的感觉通向手梢，这是本式正确、放松时气流周身的表现。

【用法】

“进在云手，退在转肱”。赵堡太极“打死不后退，后退必打人”。云手是进身打法，倒卷肱则是退步打法。太极无非就是进退转换，所以高度提炼，最后离不了两个东西，这就是云手和倒卷肱。

倒卷肱也可以打三个不同的位置，高、中、低均可打，可打迎面，也可打不迎面（即进步双管）倒卷肱。

（1）双手在我右边上领对方左臂的同时，左脚做倒插（偷）步，迎面向左拧身，双手抓住其左臂向左下猛捋的同时，右脚劈其左腿，可使对方前扑于地。若用右腿劈打其双腿则更狠。

（2）中倒卷肱（也叫插步倒卷肱）：双手领对手左臂向上的同时，右脚插入其裆，用大腿外侧或膝关节外旋分劲使其左腿处空，右腿变实（此叫打开门户），这时用右手前按对方左腋窝外侧，其会被我按出。用右腿打对方右腿（也可不打，以髋顶贴对方作支点）的同时，向左迈脸，拧身双手捋带，使其前扑于地。

（3）双手往上一领对方左臂，猛垂直向下一带，同时右腿打对方劈腿，其右侧头部栽于我脚下。

（4）进步后壁倒卷肱：双手上领对方左臂的同时，用右膝或大腿外旋分对方左腿（开门户），使其左腿落空。双手搬打对方左臂肘的同时，右脚进步插入其裆，并从后面壁其右脚，对方较难逃掉。

（5）进步前壁（即双管）倒卷肱：前面动作和后壁倒卷肱一样，唯一不同的是，右脚壁在其右脚外侧，并以我脚小趾和其右脚小趾对齐，效果更佳。否则壁得太深，对方或劈或挂，都可给我添麻烦。

（6）偷步壁腿：左脚做倒插步于其左脚后外，右腿向后打劈腿于其膝关节，因其左脚恰好处在了我两腿之间，右脚后劈可将对方左腿折断。

（7）劈、挂、带腿和推掌可将对方打出。如右手抓捋其右臂后，顺势进右脚于其右脚后，右腿壁、挂、带的同时，右手前推或下拍其胸，则可令其倒地。

（8）用散手来讲，手向前时就是击面，向下就是挂拨，向后就是击撩裆，在中间时就是前打心、腹，后用肘。腿往后撤时就有后踢、点、蹬之技击意义。

十九、白鹤亮翅

白鹤亮翅打腾空，合手端肘倒栽葱。

含胸拔背立圆进，顾盼轻灵拳脚迅。

由倒卷肱之左掌和右脚在前为起势，右掌由后下绕立圆于右前方，高与肩平，并与左掌平行，左脚向左后方撤半步，重心左移于左腿的同时，右脚向左回收半步不落地，再向左前方迈出半步，双手向左下再向右前上弧形按出；同时左脚前跟半步，完成白鹤亮翅，面向东南方向。（图100～图106）

图100

图100附图

图101

图102

图103

图103附图

图104

图105

图106

【要领】两臂划圈时，以腰为轴，以中丹田为中心，两臂下不过脐，上不过鼻，经身体中线盘绕，左脚向左后侧撤步和右脚向前进步，都带弧形。

【用法】

卸步白鹤亮翅主要是盘右肘，使其在推手当中不至于亮肘。左脚可撤也可不撤，右脚可向左后绕一半圆再落于前方，这实际上是上了一步。身体避开了正中打来的实，向旁边一绕，再向前打对方（侧面）的虚，以正对斜，效果则佳。

卸步白鹤亮翅用于推手时，是打其右臂，可採可拿，可打可发，可用肘可用膝，可靠可撞，可用腿打，可用步打，可用踩脚，可用壁腿，也可用踢、点、蹬、挂、挑、撩、缠、跪、摆、扣各种腿法和步法。

（1）上搬打其右臂白鹤亮翅，务使其右肘和其鼻尖对准打。

（2）向左一绕，进步，左前臂用滚肘将对方挤出。

（3）向左一侧，以左前臂或左手为支点，垫其左肘外侧，右手抓紧其右腕，一个抖捌劲将其右臂打断。

（4）向左一侧，上左步的同时，左掌打其右面或打其脑后，或拳击其太阳穴，或打其右肋，皆可奏效。

（5）左脚后撤有后撩击法，也有髋打靠撞法。

（6）右脚向左下后撤，有个挂勾撩带之法。

（7）右脚前上有个踩、踏、踢、点法，落下肘有跪、摆法。

（8）上左步有个用膝法、双管法。

（9）成白鹤亮翅时有个双手击面、按手法，也有双肘打心或打左右乳根穴的要命法。

二十、斜行

避锋下势内掤撑，贴身扣腿弓膝崩。

十字手法变中论，肘靠膝胯顺势运。

由白鹤亮翅变十字手（阴阳十字手，在右膝上，右手在下，左手在上，手虎口相对，手掌心向里，两臂向内旋，成交叉形）。收左脚提至右脚踝内侧，身体松沉下蓄，此时右脚前掌微微抬起，用右脚跟向右抹转45°，脚前掌落实踏地，右脚和身体向右抹转必须以腰向右旋而带动，必须牢记以腰为主宰。这就是欲要左胯步斜行，必先向右，这样向左跨步斜行，即无停滞和断劲处。左步向左斜跨一步落实后，仍然须松沉下蓄，两臂左右分开向两膝后划圆，掌心向下向后当过膝后，即滚臂翻掌，掌心向前，两臂沉肩、松肩、托后向前环绕，当翻轮绕时，必须含胸。双臂轮绕向前、向中合掌于鼻尖前，左手随沉身而下落，臂内合，左掌变撮向左后点击，左勾手背与命门穴相对，转臂使左手虎口对命门，撮之勾向上靠贴脊柱，此时，右掌从鼻尖向前按滚臂推出，沉身成弓箭步。（图107～图113）

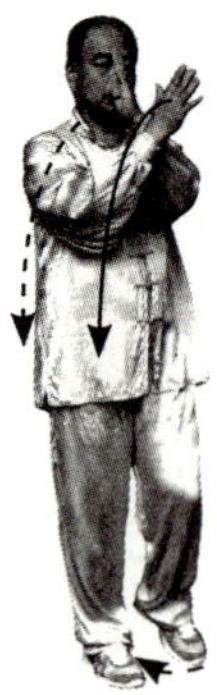

图107

图108

图109

图110

图111

图112

图113

在完成此式时必须右脚跟微抬起，用右脚前掌向右转抹微微蹬地，使右胯松根而正身。使周身以整体劲前按后勾。前按必须注意松腰坐胯，有后撑之意，务使对拉拔长，做到松沉静稳。

【要领】斜行沉身体要正，正隅变化虚实明。太极不明虚实理，枉练功夫艺难成。由正变隅内施裹，松净引空敌难觉。侧身进步管双足，壁腿一到靠身促。脚到靠到如山崩，靠在拳里占一法。可有如下诸类如贴身、迎面、肩胸、肘下、拨手、分门、领身、托肘、背折，上下和左右等靠之分。

【用法】

此处的斜行和前面的斜行基本一样，属于重复动作。斜行靠最方便的用法，其详解参看前面。

二十一、闪通臂

闪通臂式圈划圆，须知圆中有往返。
海底捞月单展翅，肘靠膝打不停止。

由斜行之结束动作开始，右掌由前向怀内下落，向外往右划一平圆，使右掌置于胸前，右掌心朝下，右臂向内保持弧度，左手由勾手变掌，由后经体侧置于胸前，使掌心朝下；同时右脚回收于左脚前，身体向上升展成高虚步式，身体重心前移的同时，右脚向前上半步，左脚同时跟上半步，成右实左虚，左脚尖点地；身体下蹲的同时，双掌在胸前依次绕以碗口大小之立圆后，使右掌向前劈切而下，左掌由胸前向后变勾手于底椎处；重心前移的同时，左脚向前上一步，同时左手由勾变掌，使掌心朝上，向前上方刺托而出，掌心朝上，同时右掌由下向上、向怀内划一半圆置于体前，右掌心朝下；身体重心继续前倒于左脚的同时，身体右转180°，右脚向左脚后斜上方上步，同时右掌由腹前向前上方托出，掌心朝上，左掌由前收回至腹前，面向西北方向，完成闪通臂势。（图114～图127）

【要领】闪通臂打四面八方，十三势全寓于此式中，前后、左右、上下、进退、正隅包含其中，变化迅速，转动角度大，所以要求身正步稳，步法轻灵，虚实分明。无歪斜俯仰、低头晃膀、折胯强滞处。气流周身无停滞，达到“通三关”。

图114

图114附图

图115

图115附图

图116

图117

图118

图119

图120

图121

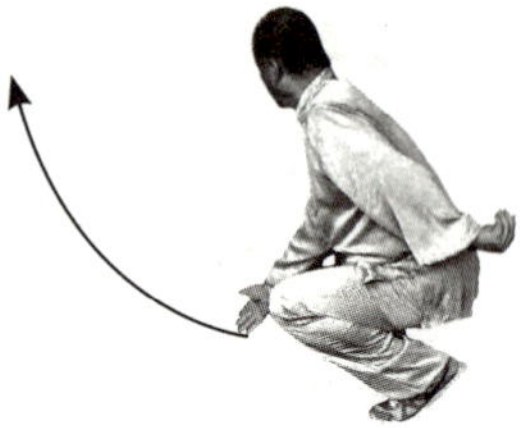
图121附图

图122

图122附图

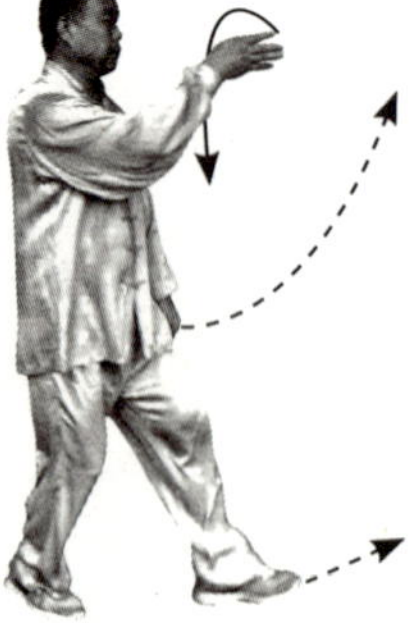
图123

图124

图125

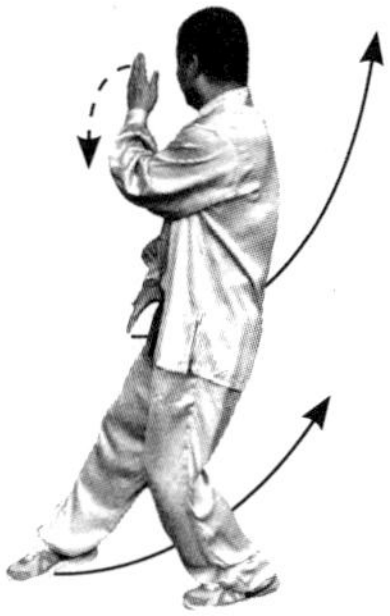

图126

图127

图127附图

【用法】

闪通臂的用法很多，捋、带、挤、靠、膝、肘、肩、髋、头、手、足无一不能，上八法、下八法均可用之，更可散打。

（1）从斜行的完成姿势开始，右手向右后一旋撤，有一个捋带法，如对方抓住我右手腕时，刚挂上我的手臂，我向右后一捋带，其便扑出。同时也是一个下格勾挂拨手法，如散手时，对方向我右肋下一拳打来时，右手勾挂拨开，顺势进拳可将对方打倒。另外，这里还有一个㧐法，如右手抓其右手往我右手腋下一带，以我右肋作支点，垫于其右肘外侧，一个㧐劲可使其手臂折断。

（2）右手从右后向前时有一个採手法，在推手时，如我右手背与对方右手背相贴时，我顺回转之势，不知不觉地右手内旋，变手抓其四指，向左侧怀内一个卷压，使其倒地。右手向前时也是一个扇耳光、打太阳穴的手法。右步向前一摆有踢法，最主要的是，此是一个勾、挂、挑、撩、带、蹬其另一条脚的技击法。

（3）成怀中两前臂上下相叠时，是个擒拿採手法，也是拨手击掌、进拳、用肘、膝顶、肩靠、头击之法。对方右手抓住我右手腕时，我左手扣住其右手，以金丝缠腕法下採，外切、内卷、上提、回带都可使其倒地。也可右左手前臂压于其右前臂内肘侧端，回搬下折，使其前跪于地。

（4）左手向右手外下划圈时，是个拨手，也可以是个击面手，继而右掌击面（双连环），也可以成拳击。

（5）右手向下时，可打其中间一线，劈面、击胸、打裆、砸膝、砸脚。同时也是一个沉回、往返折叠法，如对方紧抓我右手腕时，我右手向下一沉，向裆下一带，一般情况下，对方可前扑于地或失去重心，并使其臂伸直，再往上一个反贯劲，使劲在其臂贯通，达于其肩身，可使其后倒于地。

（6）右手向前时，是一个挑裆，可用戮、抓、捏、点等致使其死命。也可以海底捞月势，以挑法将其向我右肩后摔出。此法在推手时也极为方便，左手外拨其右手，我右臂向下一插，双手合抱对方右腿往上一捞，向头后背上摔出，使其头往下、脚朝上栽在我脚后，轻者脑震荡，重者伤残。

（7）左手向前，左脚上步，是闪通臂的扛臂摔法，用的是挒劲。如对方右手欲抓我右手时，其后掌刚向下一翻，恰好落于我右手中，我顺势往回一带，进上左步的同时，可用左拳或左肘击其右肘，也可用左肩先靠其右腋下，左掌插向其怀内，上看打其面，下看打其裆，中间肘击其心脏，并使其右肘外侧紧贴我左肩，我以左肩为支点，左肩猛上抬，右手猛下压，以杠杆式将其右臂（肘关节）打断。或以左肩为支点，右手抓住其右手，往下一压、一沉，向怀中、向上一抬，向右转身的同时，眼看脚前一丈开外，可将对方挒劲打出一丈开外，甚至二丈开外。此闪通臂法侯先生打得最为漂亮，可看录像，真可一饱眼福。

（8）右手转身（向右）托臂，再向左转挒劲打法和前面的用法一模一样，不同的是，前一个打的是其右臂，此一个打的是其左臂。一个打出是东南，一个打出是东北，其方向不同罢了。

二十二、白鹤亮翅

白鹤亮翅打腾空，合手端肘倒栽葱。
含胸拔背立圆进，顾盼轻灵拳脚迅。

重心左移的同时，身体左转180°，右脚前上半步与左脚齐平，与肩同宽，同时双手一齐向左上方摆按而出，掌心朝前，完成白鹤亮翅势。（图128、图129）

图128

图129

【要领】虚实转换要轻灵，以腰为轴，带动肢体动作。

【用法】

此处的白鹤亮翅和第一个白鹤亮翅一样，盘的是左肘，属于重复动作。也可以是双手击其面，也可以是双肘击其胸，也可以是左右摆横，滚压用肘，抬膝、点头、採手、擒拿均可。

二十三、单鞭

双钳臂肘拉单鞭，前后左右顾盼间。
上下绕打用不尽，鞭捶击根追人魂。

重心倒至右脚的同时，左脚向左迈半步，双掌与胸齐平，一同向右水平摆动，并使双掌心朝下；重心左移至左脚的同时，右脚向左横跟半步，与此同时，双掌在水平位上一齐向左摆动，使双掌心朝上；身体向下蓄沉的同时，双腕旋内，使双掌心朝下；重心继续下降时，双掌下沉于腹下左髋外侧，右掌在外，左掌在里，经腹下双掌向右侧外划弧，右掌至右髋上侧时变勾手，左掌经右肘外，向上经胸前向左上划一大弧拉出的同时，重心移至右脚，左脚向左方迈出一步拉出之单鞭掌，成左弓步。左臂略高，同右手向后勾点之撮拳，均与肩平，不可过肩，应掌心朝外，微下扣，沉肩坠肘，支撑八面，立若平准，单鞭势成。（图130～图135）

图130

图131

图132

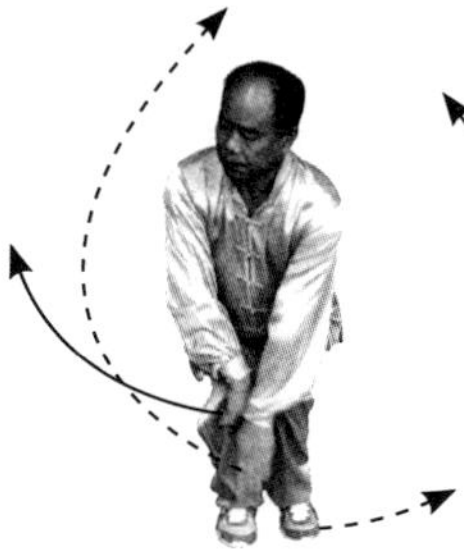

图133

图134

图135

【要领】两肩要松沉，两臂要沉坠，双肘要平伸，单鞭出时定要尾闾中正，含胸拉出；右勾手手腕要平顺。武当太极对手头要求是手头要高不能低，这是有讲究的。

【用法】

此处的单鞭也属重复动作，其用法和前面的单鞭一样。

二十四、云手

云手三进顾盼间，两臂交叉成连环。
上手打头后打面，分进捋挒左右换。

由单鞭换云手，先将右勾手展开成掌，向内合划圈，由下向上护头，左臂也向内合，下落护裆，两手在头、裆正中上下汇合，上立掌掌心向外，下倒掌掌心向内，然后向右划外开圈，右脚尖向右外摆，左脚尖向右相应内扣，反之向左亦同，身正腰旋转，这样两手一上一下交换连续不断地划成两个相交的圆圈。圆圈的大小与眉齐，不过头，下与裆齐，左右不过脚尖，中间两掌的大拇指以肚脐与鼻尖成两个360°的圆圈，这两个圈要相交成连环。两腿为左右弓箭步，在弓箭步形成的过程中用马步过渡。两脚跟为轴，随手的方向来回转动，转动时两脚尖微微抬起即可。此式要求松腰、松胯、松肩，进行轻灵圆活的左旋右转，在技击上能增强左旋右转的往返缠绕功。（图136~图149）

【要领】云手托臂腰旋转，轻灵圆活正为先。体若钟摆来回滚，身似坐钟立平准。往返滚动要均匀，两手拨转如分云。腰脊旋转虚实换，周身协调动连贯。

图136

图137

图138

图139

图140

图141

图142

图143

图144

图145

图146

图147

图148

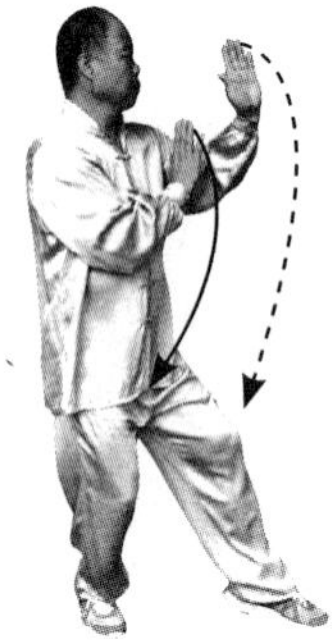

图149

【用法】

“进在云手，退在转肱”。进是“进退顾盼定”，五行八法十三势之一。所有的进法，如手上的开门法、散手法都是云手或者是云手的变异。云手是抢占中央、登堂入室、探囊取物、要啥有啥的技击法。掤、捋、挤、按、採、挒、肘、靠、推、托、带、领、缠、跪、挑、撩、劈、壁、挂、蹬、滚、点、跐、崩、弹、抖、勾、摆、旋、空皆可用之。

云手进门头打头，打了前头打后头。上手打面，下手击裆。但同时也是一个护面、封闭之法。云手可用于挑拨勾挂、肩靠、肘打、髋撞，左右捌手、反掌耳光。

云手的腿上有用膝法，有脚的抹转勾挂法。

（1）手往上一云，既是拨，又是挡，既是挂，又可拿，顺势就可以进掌（拳）击面、锁喉、打心、击肋，也可缠臂内扣或外挂，或夹臂摔。手向上一云，实际上直接就是一个反掌劈面，向上、向外、向下时可点其肩井，拿其肩、肘、腕、手指入臂膀。同时也可以护头，边化边打，防中有打。

（2）下手一边护裆，一边也可反掌打击对方裆部。

（3）云手挑进后一个靠肩打其前胸，接着一个抬膝击裆或双手捌其臂膀，折断其肘关节。也可双手抱其一臂而摔之。

（4）推手时的摸手不见手，散手时的乱环法、走空法、扇耳光，都属云手的用法。

（5）左右抹转脚时，肩的内外有靠法，膝的内外有扣摆法，前后有点、跪法，脚的内外有挂、摆、旋、转、挑、带法，这些都是脚底下的技击妙用法。

转身左手挥琵琶（中琵琶）

（1）向左转身的同时，左手反掌一个耳光，也可是摆拳（拳背）打其左侧太阳穴。同时也有向左的旋摔法，如对方抱住我时，我身体左转将对方旋摔出。左转时左肩有撞法。左转时左臂有摆、掤、挤、分、捋带法。

（2）右掌在左肘下时，有戳其心脏、腹，抓裆之法。

（3）成中琵琶定势时，两手臂有一个合、挤、送、放劲。如对方右拳打来时，我右手在怀中接住其右手，左手在其右肘关节外接其右肘，猛向回一合（两手同时，左右相行），其肘关节可被合断。如此拿住其右臂后，双手向怀下稍捋，再往前上连挤带送带放，其可后跌丈外。

（4）左脚有踢、点、蹬、勾、挂、壁之法，都可将对方打倒。

（5）左膝有抬顶、点、跪、扣、摆等技击法。

（6）更重要的是左脚点、踢裆部，挑、撩、挂、带其前腿，可使对方毙命或摔倒。

（7）另外，双手一上一下的定势动作，都有採拿之法，可依次拿，也可同时拿。左臂有扣、压、滚、挤的劲法。

二十五、左高探马

探马插镫蹬敌裆，翻身上马迎太阳。
惊上打下互为用，打瘫敌人不能动。

重心向下沉，身体向上展伸的同时，左膝提起，上体右转，双掌向下、向右后，再向前下落，同时划一立圆；当右掌划至正东方向时，身体又转回原来位置（朝东），右掌在前，左掌在后，右掌心朝下，左掌心朝上，高不过头，基本与胸平；左脚落步，重心继续前移，右脚向前一步，重心继续前移于右腿时，身体下蹲，双掌变拳；左脚跟上半步，以脚尖虚点地面，完成左高探马势。（图150～图152）

图150

图151

图152

图152附图

【要领】高探马打纵横交错与往返折叠劲，上搬下勾交错攻，往返折叠敌落空，手到齐到必成功。

【用法】

高探马是太极拳之名招，用法多变，巧妙细腻，发人颇狠，在推手中必须明确上、中、下的用法，在散手中其搬踩镫上马，都是脚、手、膝、肘的用法。

（1）上位高探马：即领起来打高探马，扣腿时更狠。也可左手领起，左腿稍进步的同时，右掌推按对方左肘，其可后倒跌出。

（2）中位高探马：即对方左手刚出时，即打。掉转身打则更佳。如侯转运之直接在胸前上抬下压打高探马；如侯占国在对方左手刚出时，在左则划一小圈后在胸前打高探马；刘会峙向右转身（胯不转），身体向下一松沉，使对方落于双空，再往返折叠，扣腿打其高探马，最狠，而且对方难以逃掉。

逃腿的破法：当我打对方高探马勾其右腿时，对方发现后抬腿想抽起时，左脚蹬踹其左膝及小腿，当其抬右膝要击我裆时，我则用右大腿或膝作滚衬腿将对方发出。

（3）低位高探马：即低探马。不同的是低探马须要带手头，即左手抓住其左手四指往右卷，使左手心朝上，同时右手以钳子式拿其左肘，向左侧一提一搬、前压推挤的同时，左脚扣勾脚上提，将对方打出。

打低探马时，如果对方有觉察，可变作打对方旋（回旋）手按，也可左脚勾旋（以脚跟为轴，脚尖内摆）的同时，左手拿住其左手向左捋带，使其倒于我之左侧。

从手挥琵琶开始，双手向右后时有捋、採、外挂；左腿有用膝、用脚之法。高探马时，左脚有扣、蹬、踹，左手向前时有刺眼、锁喉。左手同时也是一个拨压对方来手，以便右手进击。右手向前时，有拳击其头、掌打其脸、肘击其胸之意及用招法，右脚上步时有踩、踏、跐、蹬、踢以及用膝之法。

二十六、右插脚

插脚一起进裆里，劲力原源在腰脊。
脚面直撩尖对点，命门一突神技显。

身体展起的同时，双拳向下、向左后划弧，右腿撩起的同时，双拳变掌，掌心朝下，由后向前上方，双掌一齐拍击右脚面，完成右插脚势。（图153～图157）

图153

图153附图

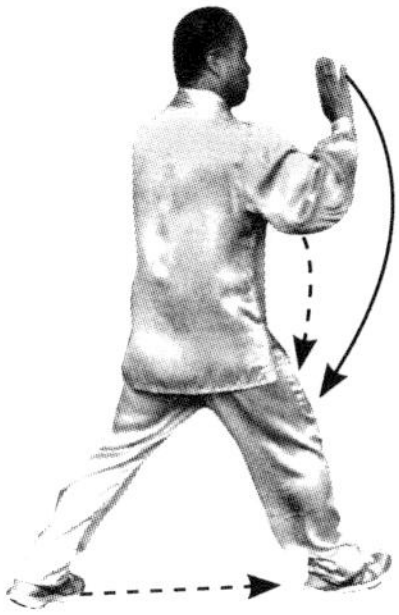
图154

图154附图

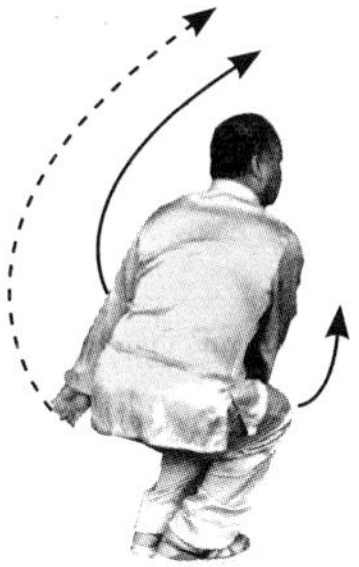
图155

图155附图

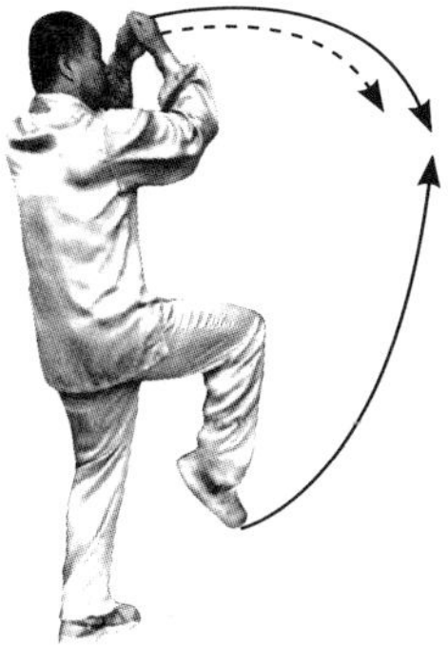
图156

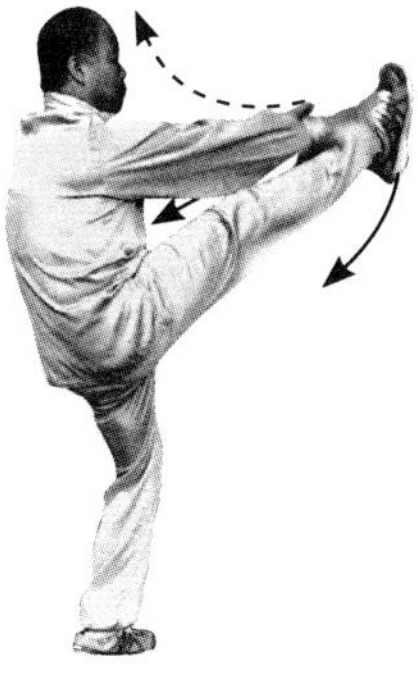
图157

图157附图

【要领】插脚时身体要正，神安体舒。且莫低头哈腰，俗话说，“低头哈腰，传授不高”。蓄沉蹲身松腰胯，特别是要松左胯根部，左膝要多蓄弹劲，手脚拍合时，要发出清脆的响声。

【用法】

双手向左下时，是一个捋劲，也有一个採劲。如对方右拳以上勾拳向我下颏击来时，左手下格截断对方之右肘内窝，或下勾，右掌下压对方右拳（有人叫作给猴子戴帽），可使对方前扑于地。如果对方进肘时，左手向左勾挂，做内搬拦，右手向左下方压对方之右拳，也可将对方打倒。

双手向前时其就叫作“霸王敬酒”，即双拳击其面，双拳依次击其面，双掌击其面，双掌依次击其面，双掌击刺喉，依次刺锁喉的同时，右膝上抬击裆，远则用脚击之。此种上下同时击打的用法，一般使对方难以逃掉，只有走侧门才可破解。

二十七、右高探马

探马插镫蹬敌裆，翻身上马迎太阳。
惊上打下互为用，打瘫敌人不能动。

右脚击响后不直接落地，只是落于半空时即前进一步，同时双掌一齐向下、向左后，再向前划立圆而出，同时上左步，跟右步，身体下蹲如同左式高探马，但方向相反。（图158、图159）

图158

图158附图

图159

【用法】

此高探马，难度很大，易被人发现，需要花时间、下功夫盘招练习，如果运用纯熟，则是相当厉害的用法。

此用法须双手向右前方的同时，左脚不向后（原来是应后撤再上右步的）而是直接向右前迈。双手回落于左后的同时，左脚跟壁于其左脚（后腿）跟后，双手向右前方搬打高探马时，右脚同时上勾其左小腿，此用法使对方难以逃掉。

二十八、左插脚

插脚一起进裆里，劲力原源在腰脊。
脚面直撩尖对点，命门一突神技显。

左插脚紧接右式高探马。其接法和做法，如同左式高探马之结束动作接右插脚动作，但左右相反。（图160～图163）

图160

图161

图162

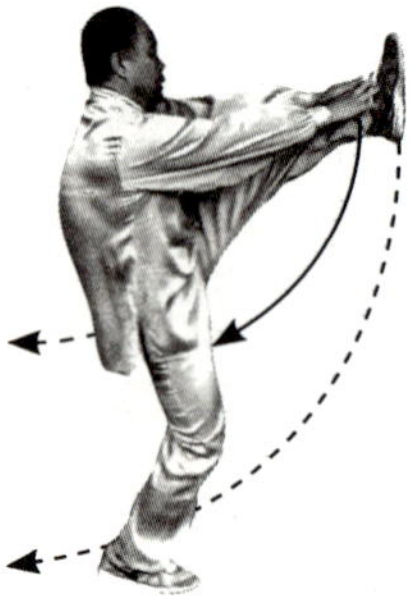
图163

【用法】

左插脚和右插脚的用法基本是一样的。不同的是下接动作用法更多。左插脚后有个下踩沉劲，又有个再次用左膝的用法。上肢双臂有个开合，开是分劲，合是集劲，开的同时用左膝，合的同时（双风贯耳）下踩（踏）脚。此外双手外下开时，也是一个凤凰三点头的用法，然后可用横拳或肘左右击其面颊。

二十九、转身蹬脚

转身提膝把脚蹬，双拳回贯前后冲。
蹬裆蹬腹又蹬胸，旁蹬软肋用不空。

当左插脚之双掌与左脚拍击完成后，不要直接落地，身体重心稍微下沉蓄，以作缓冲，稳定重心的同时，双掌心相对，分别由左膝的两侧下分，左右展开双臂，使双臂置于左右髋外，距髋约一拳之距；向上微展身的同时，右脚跟提离地面，以脚前掌撑地，并以右腿为轴，身体左转90°（面朝北），同时双掌变拳，由两侧对拳于腹前，拳面相对，间距约两拳；左脚向左方蹬出时，双拳向左右冲出，拳心朝下，两臂成平举状，左腿成水平状。至此转身蹬脚势完成。（图164～图168）

【要领】动作要协调、连贯、自然、舒展大方，意、气、神三为一体。

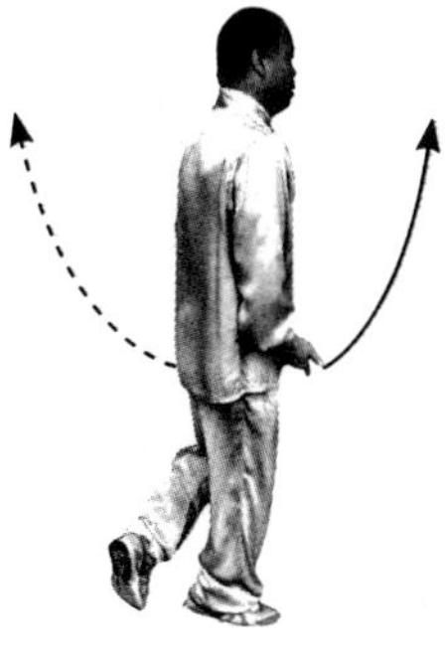

图164

图164附图

图165

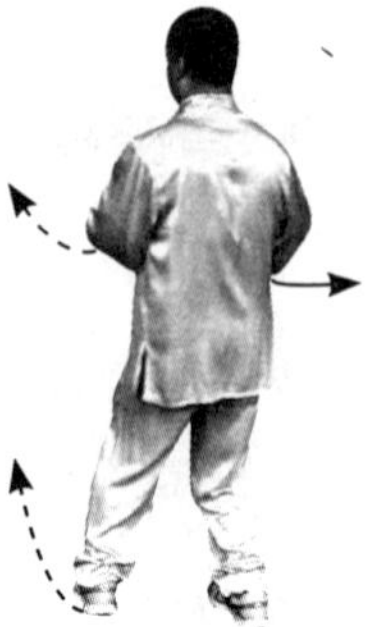

图166

图166附图

图167

图167附图

图168

【用法】

转身有旋摆摔法，双手在胸前做双风贯耳，也可做合掌。头有前后的点打；双肘向后有肘后击之法；双拳前后伸时是打前后之敌；左脚有蹬、踢、点、踹之法，可打击其膝关节及裆部。

三十、三步捶

顺裹拗搂三步捶，顺拗进步连击随。
进步栽捶扑面打，青龙探海中线耍。

左脚下落时，左前臂下格滚臂与腹平；重心前移于左腿的同时，右脚向前上一步，同时右前臂由后向前下格滚臂与胸腹平；重心继续前移于右腿的同时，左脚前上一步，同时左前臂由后向前下格压滚臂与胸腹平，两拳均拳心朝上，重心移于左腿成左弓步的同时，右拳由后向上、向前栽下去，过膝为度。至此完成三步捶势。（图169～图175）

图169

图170

图171

图172

图173

图174

图175

【要领】膀活胯松体自然，腰旋左右身要端。含胸拔背通脊胸，凝神思守意气通。跃步斩手截裹挤，手起步落跪腿抵。

【用法】

三步捶为武当太极八捶之一，其用法多变，非常巧妙。散手中的叫门，开门、滚捶（滚肘）的打法就是三步捶的前臂的用法。

从蹬脚的结束动作开始，左脚下落有踏、踩、跐的用法，左前臂有格、压、截、裹的用法；左脚落地后有点、跪、缠、壁、摆、扣的用法，左前臂有向前上的挤长、拨、贯的用劲法，欲将对方打倒。

用于散打时，如果对方右拳冲来，我左前臂截其右肘外，此法也是一个点劲，可打坏其右肘关节，也可下截其右臂，继而顺藤摸瓜，沿其右臂上打（以拳背）其面或咽喉。如果对方左拳冲来时，也向右截击对方左肘内侧，继而沿其左臂内侧反拳击其面，肘击其胸，抬膝击裆，头点打头，肩靠、髋打等。

三步捶的脚型是，脚尖外摆，脚跟向内，脚尖点地，脚跟抬起，这样便于用膝上的各种秘法。同时也是一个虚脚，可撩可击，可抬可摆，可抽（退）可进，脚跟往下一踏，就是一个劈、崩腿，可将对方打倒。

左脚尖踩住对方右脚尖，右脚上步使右脚跟落于其右脚跟外侧，脚跟向外（右）旋摆，可将其打倒。右脚跟向下一踏实时，崩夹其右腿，可将其右腿打断。也可右脚插入其裆中，用膝盖顶撞扣击其右膝内侧或大腿内侧，将其向左方打倒。

三步捶搂拳一定要过膝，特别是最后的左拳下搂，可击其裆，内砸其大腿内侧，右拳下栽捶可打对方中线一条，击头、刺眼、打喉、打胸、击心、打腹、击裆。砸膝、敲腿、砸脚面。拳打后可变肘击之，可头点，可肩靠，也可抬击右膝。

三步捶的左右用法一样，都相当厉害。

三十一、翻身二起脚

栽捶滚翻身腾空，空中连击两脚蹬。
脚到手到二起妙，踢裆踢腕踢喉要。

左腿为实，右腿为虚，身体右转（后转）180° 面向正东的同时，双拳如撇身捶状，左拳摆于腹前，右拳撇于前上方，高与鼻齐，两拳均拳心朝内，两拳向后下撤回于左髋后的同时，左腿抬起；两拳变掌由后向前上方拍击，同时左脚落地，右腿依次上撩，以右脚面同双掌同时击响。至此翻身二起脚势完成。（图176～图181）

【要领】栽捶探海要松肩，特别要松右胯根。起身滚翻要迅猛，回击身后来敌攻。击敌首先己身正，轻灵圆活二起用。脚起手落弹跳力，弹跳腾空两相击。

图176

图176附图

图177

图177附图

图178

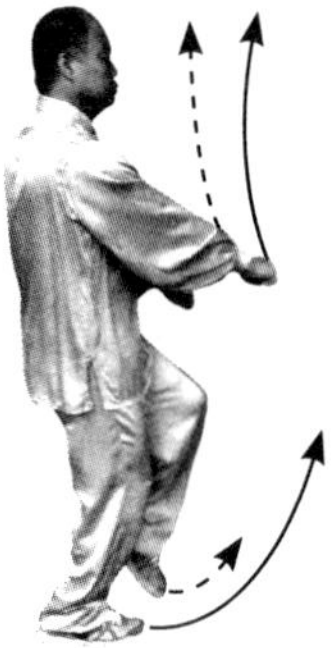

图179

图179附图

图180

图181

图181附图

【用法】

翻身二起脚是相当厉害的招法，主要用于散打。

从栽捶的结束动作开始，向右转身的动作本身就是一个旋摔法。如对方由后抱我时，我向右一个转身，即可将其摔倒。右拳后摆，以拳背击打对方叫撇身捶，是打后来袭我之敌。双拳向左下时有捋劲，也有採劲，也是一个猴戴帽的招法。同时左腿抬起时有用膝、用脚顶，撩敌裆、小腹、下颏的用法，左脚下落时有挂法（可使其前扑于地），踩、踏、蹬、跐的用法，同时右腿二起以膝顶其裆，脚踢其小腹、心脏、下颏。同时双拳是一个霸王敬酒击面或双拳扑面，或在向前的过程中双拳左右依次开门，继而左右拳击其面、胸等。

二起脚前的上步，有一个拉弓用法，即当对方由后抱我时，我上步使其落空，给我腾出空隙，然后以右肘后击其心脏的厉害之招。

三十二、分门桩抱膝

倒钩即进桩分门，十字手掤滚臂运。
上掤下点身攻进，三盘齐到着法迅。

击响完毕后，右脚落地，重心前移于右腿，双掌分左右、同时撩向后下方，左脚跟抬起向上倒勾，然后直接向前上左步，渐至重心落于左腿上，且成左弓步；同时，双掌成立掌，十字交叉，由后向前挤出，过膝为度，高与胸齐，左掌在外，右掌在内，两腕交叉相贴：重心后撤，落于右腿的同时，身体重心下降于右腿，左胯松。右膝屈曲170° 左右，左脚尖虚立地面，成右虚步的同时，双掌向外，向下划弧；稍展伸，身体重心稍微抬起的同时，左脚抬起离开地面，双掌由下向上托抱，高与胸平，掌心朝上。至此完成分门桩抱膝势。（图182～图185）

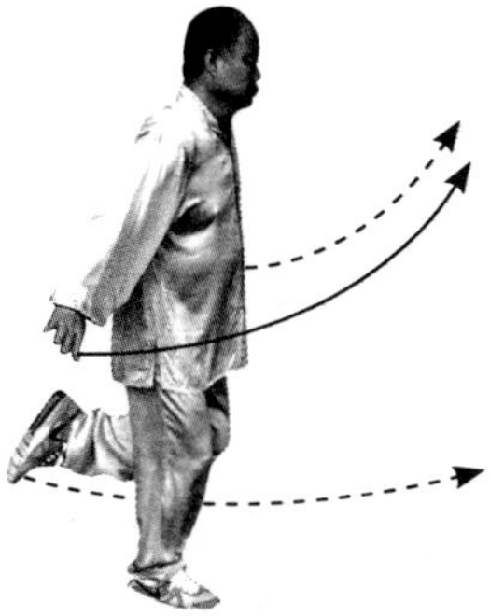

图182

图182附图

图183

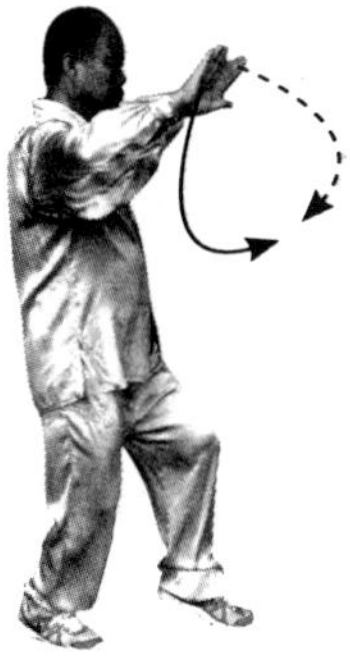

图184

图184附图

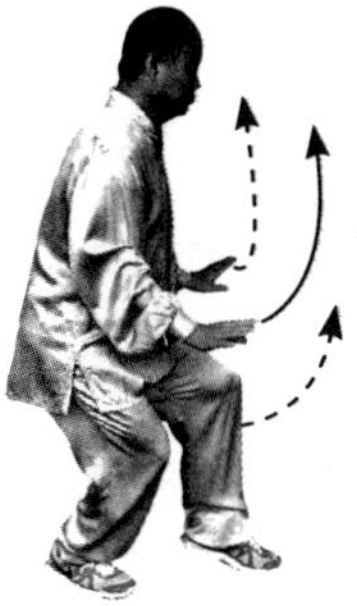

图185

【**要领**】两臂前掤要含胸，弓蹬步成腰后撑。松腰坐胯劲沉蓄，两臂拧裹托掌屈。根节一动梢节发，中节齐到劲最佳。

【**用法**】

分门桩抱膝也主要用于散打。推手时可用于对方前按我时，我双手插入其胸前内，下抹其双臂做凤凰三点头，打毁对方。

由二起脚的结束动作开始，上左步时，左脚后抬，以左脚跟后上勾击，名为“倒挂金钩”，是在敌后抱我时，我以左脚跟上击其裆的用法。左脚上步有踢、蹬、踹之法，更是点、扣、缠、摆腿，也是一个插裆。双手胸前交叉向前同时是一个掤、挤、弹、沉、贯长劲，可将对方打出，也可以是十字反掌，打耳光的打法。

双手向外是一个分劲，向下是一个捋、挂、带劲，膝上抬有顶劲，头有点劲，此法同时用时，就叫作凤凰三点头。双手外分后，可做合掌打耳光，向下有双切对方左右肋的打法，继而可有肘击、肩靠、身撞之法。

三十三、喜鹊蹬枝

顺势提膝拧裹就，双手端肘不许溜。
钻翻滚按鹊蹬枝，失敌平衡捋㧑撕。

身体重心稍下沉，左膝微内收于腹前，同时双掌心朝内，向胸前收回，距胸约两拳之距；身体向上展伸的同时，双腕内旋，变掌心朝前，使双掌向前推按而出，同时左脚向前平蹬，谓之喜鹊蹬枝势。（图186、图187）

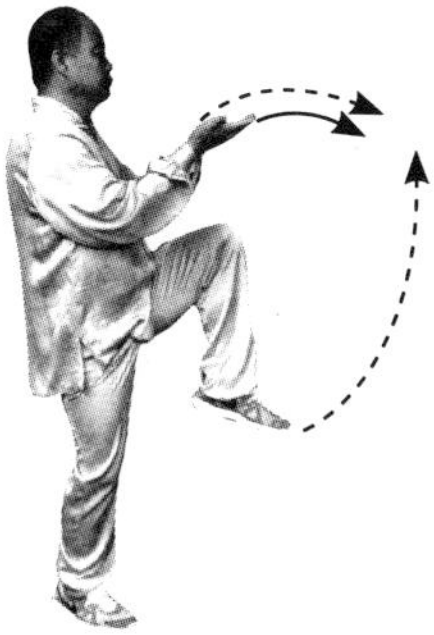

图186

图186附图

图187

图187附图

【要领】蹚腿提膝时，膝胯要完全放松，不能用力。

【用法】

鹊鹤蹬枝也主要用于散打。

当对方向我扑来时，我双手向上掤架对方双臂的同时，左脚蹬、踩、点其裆、小腹、面门。同时也有用膝之顶劲、用脚后跟的下挂劲。双手臂可夹抱对方双臂上抬击其肘关节，使其折断，同时，上抬前送可将对方发出。

双掌向前时是双掌面，肘击其心脏的用法。

三十四、鹞子翻身

鹞子翻身主在跟，转身採捌挑摔狠。
翻身之中遇肘靠，提膝撩扫摔跌要。

身体重心向下微沉，以右腿为轴，后转360°；同时左脚稍下落，再向后上撩起，并落于右脚后，前后相距约两脚之距，与此同时，双掌心上翻，成掌心朝上（成双托掌），随着后转翻身，右掌在前，左掌在后，同时向后上方托出，双掌同时向后划一立圆后，左掌置于胸前，掌心朝下，右掌置于腹前，掌心朝上；身体重心落于左腿，左腿屈曲170°左右，右腿屈曲使脚尖虚点地面，形成左虚步。至此完成鹞子翻身势。（图188～图191）

【要领】鹞子翻身旋腰功，拿手端臂抓捋拧。腰是轴心脚似钻，腰带足身右翻转。翻身之中闪撅臂，鹞子翻身臂抱脐。

图188

图188附图

图189

图189附图

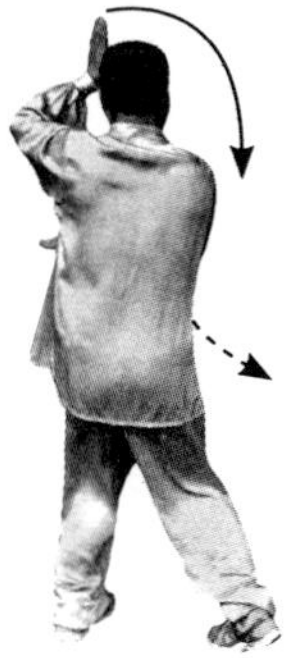

图190

图190附图

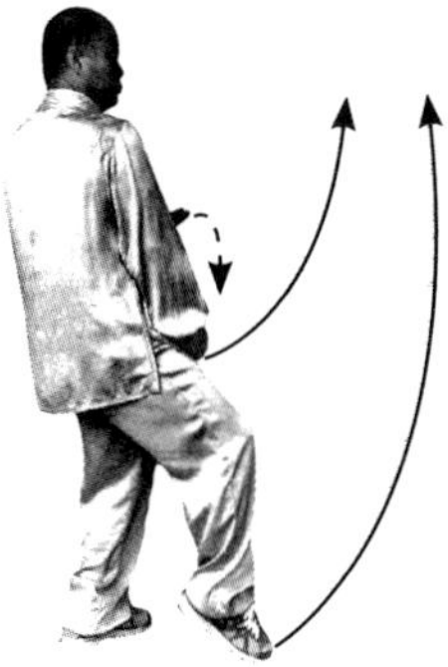

图191

图191附图

【用法】

鹞子翻身主要用于散打，也可以用于推手，其用法与闪通臂相似。

鹞子翻身前左臂有肘击其肋、掌打其裆、左脚用膝的顶法，以及用脚的踢、蹬、点等各种用法。

当对方右掌向我冲来时，我右手抓住其右掌（四指）向后一带，左手支（托）其右肘关节，向后转身180°的同时，将其摔于我眼前（原来的后方）丈外，也可使其右肘垫于我左肩上，猛抖、上顶下压其手，可将其肘关节打断。

三十五、旋脚蹬根

踡腿护裆旋脚蹬，提带敌腿玄蹬封。
手腿旋带返回送，顺势借力妙无穷。

右脚抬起前撩，右掌以掌沿向前撩出；右脚不落，以膝关节为支点，小腿收回的同时，右掌由前向左划一小弧线收回腹前，右小腿再向前蹬出时，右掌再以掌沿向前撩过而出，同时身体稍向上展伸。至此完成旋脚蹬根势。（图192～图194）

图192

图192附图

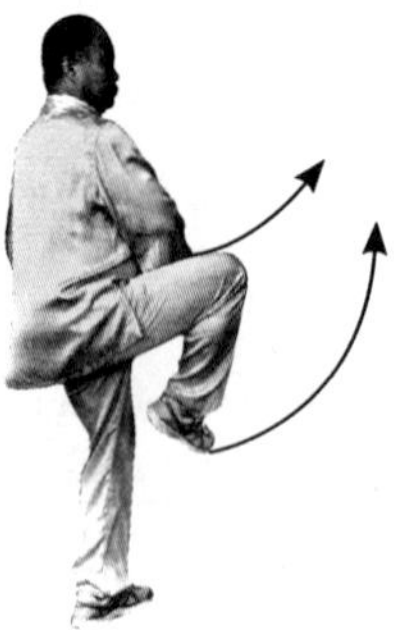

图193

图193附图

图194

图194附图

【要领】旋脚蹬裆手搂脚，敌脚到手跑不脱。踡腿是为防敌进，踡分敌腿护裆盾。敌若分搂吾脚跟，回旋引进蹬送分。送腿蹬脚一齐用，身手上下齐响应。

【用法】

旋脚蹬根主要用于散手，是破对方击来之脚的用招。

右小腿内旋挂，有用脚跟勾挂对方来腿之意，同时右手也是一个下捞其脚跟的用法。此时左手配合抓其脚尖，双手向外一拧，可拧断对方的踝关节，更甚者可将其大腿卸掉。

右掌前挑是一个撩击，切击对方臂、裆、腹以至下颏的用法。

右脚向外划圈是一个缠腿法，同时也是一个外挂、跪膝法，将其膝关节跪断。右脚外挂其腿后，有踢、蹬、点其另一条腿的用法；进步落脚可撞靠对方，也可打对方另一条腿的壁腿，均可将其打倒。

旋脚蹬根同时也有用肘、用膝之法，也有靠法。

对方脚来时，可不用手，只用右脚内挂或外开，也可避开其击来之腿，踢、蹬、踹、踏其膝、小腿、踝、脚等处。也可撩点其裆，也可脚蹬小腹，点打其心脏，上踹其头面。

右手划圈在左方时，是格拨挂採其右拳（掌），在右方时有外挎、拨、勾、挂、提、撩、採、拿等用法。

三十六、右拦腰掌

落脚横踩走中定，拦腰掌法软肋敌。
两掌分飞左右用，中定步在坐盘应。

身体重心前移，右脚落地，成右顺弓步的同时，上体右转90°，同时右掌心朝下，由前向右后下削抹而出，眼看右掌，谓之右拦腰掌势。（图195～图197）

【要领】劈掌时，臂掌旋转要圆活。步落时，掌到身攻全发劲。

图195

图195附图

图196

图197

三十七、左拦腰掌

落脚横踩走中定，拦腰掌法软肋敌。
两掌分飞左右用，中定步在坐盘应。

身体重心继续前移，左脚前上一步，成左顺弓步的同时，双掌心均朝下，一齐向左平腰削抹而出，此谓之左拦腰掌势。（图198）

图198

三十八、掩手肱捶

捶隐藏在掌肱后，故名捶称掩手肱。
掩而不露为藏真，欺身过步要用心。

两掌向上，再向左右，向下各划半圆的同时，身体重心稍抬起，且稍右倒；当两掌将要处于合抱状时，重心下沉，倒于左腿，成左顺弓步，右掌变拳由下向左，向上，高与腹平，使拳心朝上，置于左前臂内侧，并使右拳背与左前臂内沿轻贴，气沉丹田，此谓之掩手肱捶势。（图199～图201）

【**要领**】活腰圆裆胯松净，身正体松弓步用。

图199

图200

图201

【用法】

拦腰掌用手，在散手中主要是切、砍的用法，也是各种手法的组成部分，如在拐八字型的连环散打中配合运用较多。在推手中主要用在要接对方手或肘的过程或在空隙中下击小腹、撩裆，切砍对方双肋、脖颈的用法。

由旋脚蹬根的结束动作开始，右脚下落（横脚，脚尖向外，脚跟向内）有跐踩、踏、蹬、跺、踹、踢、点、撩、挂等，落地后有扣、跪、点、壁、摆、旋、缠、滚等用膝之法。右掌下落时有切、砍、採、拿、捋、挂、劈面、砍颈、抓脸、抹面、扯衣之法。左脚上前有头打头的用法，如对方拳冲来时，我右手抓住其手腕向右一带，或右掌向下拍压击之，顺势用前额点击对方鼻梁或撞击对方心脏，但撞时眼神须控制住对方的各个关节。

左脚上步是膝撞、肩靠、拳击、肘打、用头左侧点击之法。落脚有扣步法、膝点法、跪、壁、劈、旋、摆。双手向右后是一个捋带、採拿之法，与此同时左侧有肘打心、头击头、肩撞肘、身靠身，以及左膝的各种用法。在推手中这时也是一个挒其左臂之法，用在散手时左掌切肋、砍颈、劈面、抹、挂胸、面之法。

双手向右后除了捋、带、拿、挒、拧裹之外，也有击打右后冲来之敌，右肘可以打击敌人，双掌可以扑劈敌面。

双手向左时，是一个捋、带、捋挂、採拿、拧裹，同时左肘可顶击左方来敌，双手击打其面。左右之双手扑面（拦腰掌）在运用中均可一手扑面一手打心或一手打心一手击腹，或一手击腹一手打裆，或一手打裆一手切膝，总之可灵活运用，千变万化。

三十九、虎抱头

双臂绕举虎抱头，抱头技法推山求。

式成抱头推山就，推山亦可破抱头。

身体重心右倒至右腿的同时，左掌向左后下方旋转向上划圆；身体重心左倒至左腿的同时，右拳变掌，向右后下方旋转，向上划圆，身体向上展伸而立起；重心倒向右腿的同时，左脚向右回收半步，与肩同宽，与此同时，双掌由头后两侧经头的左右斜上方，向前划弧而下，此谓之虎抱头势。（图202～图205）

图202

图203

图204

图205

【要领】向后转臂用腰旋带，松肩沉肘，绕头平推，滚肘正身。

【用法】

虎抱头亦叫抱虎归山，主要用于散手，用于推手时，是七寸靠的打法。小架子、大架子用的是肘，身子压得很低，中架子用的是头、肘、臂。动作适中，灵活多变。

由拦腰掌的结束动作开始，左手向左下时有抓、捋、挂、带其手臂、衣襟之法，有切砍其大腿、裆、膝关节内侧，也可用臂外分、压，手外分、压对方左腿使其倒地之法。左手向下时，有左肘进击之法，与此同时可头点其胸，肩撞其肋，也可用于背折靠，左膝有扣、跪、摆、劈、旋、点的用法，左脚有挂、勾、旋、转之法。左臂向后上、向前时是一个摔法，意是挎住其右腿，向上一挎，向前（右前方）一个挑撩，将对方摔出丈外。上挑的过程中可用左肩靠，也可用左手挎开其右腿后（使其左腿变成实腿），推、按、击其左腿摔出。右手向肩上时，也是一个挒法，如对方用右臂搂抱我颈部时，我用左手或左前臂外侧切贴推按其右肘外，向左前挒之，其轻者可向前栽出，重者右肘关节折断。左手上举过肩时，也有如闪通臂势的挒摔法，如其右掌击来时，我顺左手抓其右腕向怀中一带，同时向右转身，使其肘关节垫于左肩上，左手向怀内猛带，使其向我脚前摔出，重者使右肘折断，轻者摔出丈外。

右侧的用法与左侧一模一样，也有挎有挂，有採有拿，有捋有带，有肘有靠，有点有撞，有挒有摔，有扣有摆，有跪有劈，有脚扣有脚分，有缠有崩，也是变化无穷。

双手向前时有合劲，当对方两人左右抓住我左右肩时，我双手左右向内（前）打合劲，以挒法将其打倒。

双手虎口相对落于胸前时，有扣夹其颈部的捏法、双切手，又有用肘打心、进怀挂面、点头、撩裆、进身靠等，随机而变将其打倒。

虎抱头实际上是从后抱对方之头，使之摔于我脚下。如对方从后抱住我腰时，我双手从上向后抱住对方之头，向前下摔之。对方如抱住我双臂时，我双手则在前抱其一臂，从一侧肩上向前摔之，使其仰面躺于我脚前。如此方法，一手从后抱头，一手从下向后挑撩之，则敌摔得更狠。

四十、单鞭

双钳臂肘拉单鞭，前后左右顾盼间。
上下绕打用不尽，鞭捶击根追人魂。

接上式。此单鞭方向和做法完全同第五式之单鞭势。（图206～图209）

图206

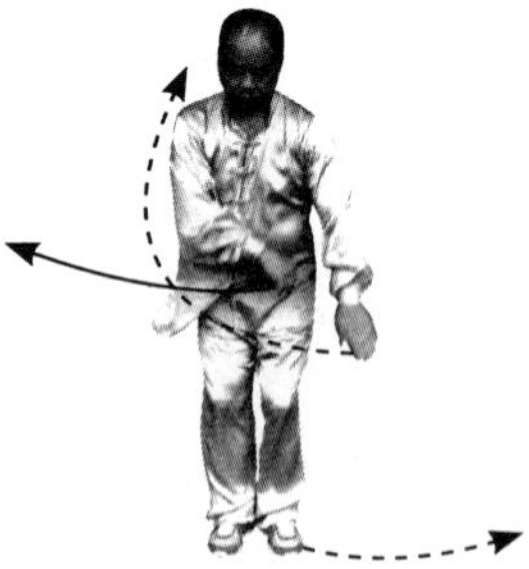
图207

图208

图209

【用法】此处单鞭和前面的单鞭用法一样，属于重复练习的动作。

四十一、前后照

前后照法拧裹精，引进敌来使落空。
转腰拧身旋挫劲，使敌栽跌狠又迅。

由单鞭之结束动作开始，右钩手变掌，使掌心朝左，横掌向左腋下横摆，谓之前照；身体右转90°，左掌心朝右，向右前方横摆，谓之后照。重心下沉于左腿，右脚回收半步成左虚步的同时，右掌由前向下，收至腹前，右掌由腹前同时往左臂内侧向前上方展伸，高不过头，右掌心向左，左掌心朝右，如手挥琵琶状（中琵琶势），前后照势此完成。（图210～图212）

【要领】引进落空用的妙，进来落空即栽倒。引进合出连贯用，四两千斤技法应。

图210

图211

图212

【用法】

前招：前招既可以用于推手，又可以用于散打，既可用左手又可用右手，左右手都有方法。一般来说左脚是个扣步管脚，左手是个抓捋，右手是个打耳八横劲。

在推手过程中，我左手抓捋带对方刚出之左手，向我右后方轻带，以引出其焦点，使其髋折叠，此时，右掌在其左肩外侧向我之左侧横向一掌，其可栽出丈外。

从单鞭的结束动作开始，左手向下时有捋、抓、挂、带、扯，与此同时有头打、左肩靠、身撞、膝扣、跪、点、摆、壁、劈，左髋有摆、撞，左脚有抹转、旋摆、勾挂。

右手向左可以是一个打耳光，也可以是单拳（掌）贯耳，也可以是切、砍、打头、打脸、切颈、打肩、敲肋、击髋、削膝等用法。

身体向左转身本身就是一个摔法，如当对方从后面抱住我臂膀时，我左脚向左侧迈的同时，向左转身，以旋劲将对方摔倒于我脚前。

向左转身时，右腿有个扣膝、扣脚及跪腿的用法。

后招：后招在推手当中用起来和左侧的掏腿按一样狠，用时也以掏腿后招用之为佳，对方一般难以逃掉。

在推手的过程当中，用右手领对方刚出之右手，悄悄使其向自己的左后方，这时使之出现焦点、髋折叠，这时我在掏右脚置于对方左脚后的同时，左掌向右，在其右肋或肩外侧一按或横向一掌，对方即可向我右侧倒地，一般情况下，其可栽出丈余外，甚者更远。

由前招的结束动作开始，身体右转有旋摔法，如对方后抱我时，我身体向右一转，可将其摔出。左手向右时谓之后招，左手可以是格、挡、拨、挂、採、拿，也可以是左耳光、打头、切砍颈、拍肩、击肋、打推髋、削膝等。右转时也有头打、右肩背折靠。左手向下时有捋、抓、带、挂、压手之法。与此同时，右手向上有反背盖脸、刺眼、锁喉、劈胸等，也有下抹、下带、捋挂之法，同时右腿膝有点、扣、跪、缠、挂、劈、壁、挑、撩、摆、旋之法；脚有脚跟的挂、带、撤；脚尖有点、踢、撩、挂、刺等用法。

后招的结束动作是中琵琶，中琵琶主要是合、挤、送、发之劲，打其肘臂很顺手。

四十二、野马分鬃

手挥琵琶当前站，脚手划弧齐向前。
手肘肩靠正横进，野马飞奔不停顿。

身体重心前移，右脚前上半步，右掌心朝斜上方滚分而出，高不过头；重心继续前移，前上左步，左掌向前上方分滚而出，依次左右各两次；仍成右脚在前，脚尖虚点地面，右掌在前，左脚在后，屈膝170° 左右之右虚步状，左手置于腹前之中琵琶式。至此完成野马分鬃势。（图213～图225）

图213

图214

图215

图216

图217

图218

图219

图220

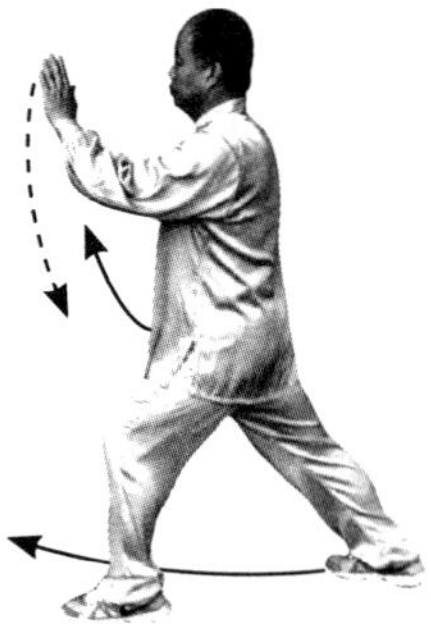

图221

图222

图223

图224

图225

【要领】 盘腿进步先松胯，松胯摆脚向外划。发劲在掌鼓掌心，要鼓掌心领指真。上下齐到八方照，协调一致方生效。

【用法】

野马分鬃在散手中属于进法，和云手是一个类型。做野马分鬃必须走中线，手臂及步法都要走弧形。野马分鬃势在散手和推手中的用法也是很普遍的，它变化无穷，劲法莫测。有伸、有展、有回旋、有夹挤；有崩、有弹、有戳、有点、有採、有抓、有拿、有发、有勾、有挂、有捋、有带、有肘、有肩、有身靠；

有膝、脚腿的各种用法，变化无穷。

其最基本的方法在推手时，对方刚前伸右臂，我不去理他，而是直接用左臂从其右臂下钻进，伸进其怀中，使左掌切按在其左颈或左肩锁处，同时进左步扣于其双脚后，利用身体向前的劲，左臂向左前方滚分，可将其打出。也可用右手抓住其右手，左臂向上、右手向下，以挒劲再向前打野马分鬃，或者左手下压其右肩，右手採住其右手，可使对方前跪于我脚前。

前伸之臂有滚分、回旋、夹击之劲。如推手时，对方右手前伸欲与我搭手，我可不去理他，而是直接右臂向前，用右肘外侧去接其右肘外侧，在对方一呆之际，我右臂向下滚压其臂，使我右臂抢占其中门，进入其怀中（可谓登堂入室），手掌正前按推其胸，可将其打出。

当对方打我高探马、白鹤亮翅或前按，挤我左（右）臂时，都可用野马分鬃破之。如当对方打我高位探马时，或打我高位白鹤亮翅时，我左臂稍一沉，接着向前一个滚撑分展劲，可将对方打个仰面朝天，对方中位或低位按推，或前挤我左（右）手臂时，我朝下一沉，向前上方一个滚分撑旋劲，也可将对方打出。

野马分鬃的步型是由内向外的弧形步，迈出之步有摆、扣、点、劈、壁、缠、跪等各种用法。步走弧形的过程是一个避实之法，步法前落是一个击虚之法，脚前落下的定势是一个内扣或外扣腿，也是一个内跪外跪腿，也可以是一个跪壁（摆旋）腿，也可以是一个挂勾、挑撩的实用腿法。

野马分鬃之步向前一上，就可以运用手、肘、肩、髋、膝、脚、头七个关节，谓之七星进打。“顾住三前盼七星”就是这个意思。

野马分鬃的结束动作仍然是中琵琶，和前面的用法一样，其合劲不能忘记。

四十三、玉女穿梭

穿梭双掌吞吐进，又似白蛇吐双信。

吐信之掌先刺喉，採住敌手双瞳求。

身体、双掌和右腿稍抬起，然后右脚落地，身体重心前移，左脚前上一步，并使重心落于左腿的同时，左掌前刺，身体以左腿为轴右转270°，右脚后插于左脚后一步，左掌心向下经胸前划至腹前的同时，右掌由下向上经左臂内侧向上，再向右前方以掌沿劈出；同时形成右顺弓步，右掌高不过头，如揽扎衣之结束动作，此谓之玉女穿梭势。（图226～图231）

【要领】穿梭向前迈左步时，似箭步穿跃而进，整个动作要急速连贯。穿掌有压臂、压手採、手刺喉、锁喉、刺面、取双瞳之意，要求一气呵成。

图226

图227

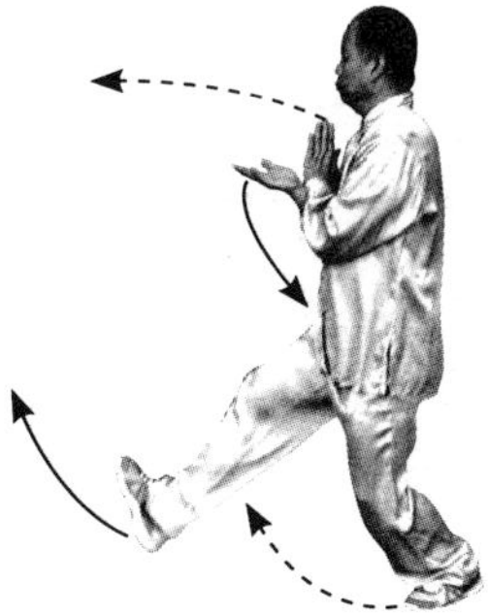

图228

图229

图229附图

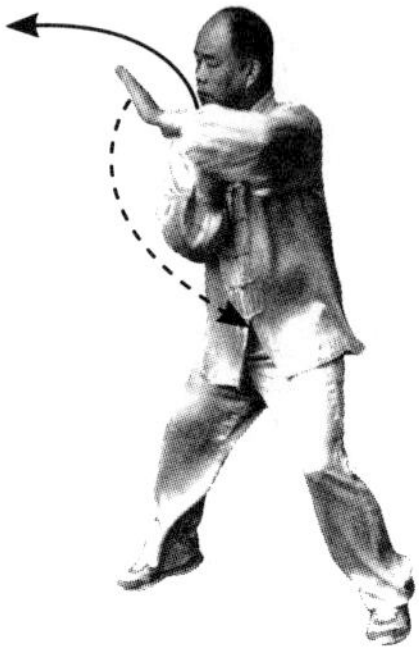

图230

图231

【用法】

穿梭也称玉女穿梭，其用法极多，在散手中是狠毒的招法，其肩、肘、膝、髋、头、手、足都有用场，变化无穷，奥妙莫测。不仅在散手，在推手中也是用法无量。

（1）与对方接上右手，用我右臂将其右臂朝下一压，继而向前上滚挤对方右臂、肩、胸，与此同时右脚（或左脚）上步壁于其右腿后，可将其击出数米。

（2）对方刚与我相接右手，我即上左步于其右脚外侧的同时，左拳击打其右肋（此时必须看住其右肘），继而以我之左肩臂贴紧其右肩臂后及背部，向我右后转身的同时（形成背贴背），右膝后击其左肋后，再以连珠炮用左肘击其右肘后。此一拳本来就可将对方打倒，如果悄悄转身再打连续两肘，一般情况下其难以逃掉。两肘后还可以头打、臀击和用倒挂金钩。

（3）转身左脚扣腿前按，刚与对方接手，即紧贴其右臂（须看住其肘）及右肩后，向右后转身，以左脚为轴转360°，变成面对其后背，双手前按其后背的同时，左脚前扣其双脚前，可使其前扑于地。

（4）转身换步壁腿按：此法的转身和前边一样，只是转身后不用左脚前扣其双脚，而是左脚落下倒换一次右脚，使右脚成为前扣（壁法）之脚（不管是用左或右脚前扣或壁，一律前扣或壁其左腿），双手同时推按。意想无限远时，其可扑出很远，意想前栽时，其可猛栽于地。也可用双手抖按，将其颈部打坏，以至破坏其小脑，使其丧命。

用于散手时，从中琵琶之结束动作开始，双手向下有压、捋、挂、带、贴、粘、滚、顺之之法；双手向上时，同时有依次取瞳、刺喉、锁喉、击心的打法。如对方一拳冲来时，我右掌向下用掌背稍压，继而顺贴其右臂（使其右臂无法抽回）向上取瞳、刺喉、打心等。也可以压其手臂后，先右拳击心，再向上击下颏，再用右肘穿心肘，再右拳背打面，再右肘顶心肘、抱心肘，连珠炮将其打毁。双臂沉肘向下，同时也是一个护心和守肋回旋进击之法。

右腿上抬有膝顶之法，同时也是防备或破解对方进击我右腿之法。脚有由下向前上方点其膝下的挫点法，有踢、踹、蹬、撩、挑闭之法；右腿下落时有蹬、踹、踏、踩、跐之法，脚尖朝外落地后是扣腿、跪腿、壁腿之法；同时右脚尖还有抹转、勾挂之法；右脚由其右脚外侧落于其右脚后时有壁腿之法，与此同时可身撞、肩靠、右肘击，形成“铁门栓”，打击对方则更狠。

左步向上有膝顶之法，左脚落地有扣、壁法，与此同时左拳（掌）击其右肋、后命门、脑后，可打死对方。转身时有摔法，如上步的同时用右臂搂抱住其腰，向右后旋转360°，以离心力将其摔出。转身后，可运用头后打击其脑窝、肘打其肾俞、臀打其髋、脚后跟打击其裆或尾骨，以制服对方。

穿梭下面的揽扎衣、白鹤亮翅、单鞭、云手，都属于重复练习的动作，其用法和前面讲过的一样。只是揽扎衣不要忘了左手勾挂，其右肘内（肘窝）的左挂带（内搬拦）的用法。

四十四、白鹤亮翅

白鹤亮翅打腾空，合手端肘倒栽葱。
含胸拔背立圆进，顾盼轻灵拳脚迅。

完全同第四式之白鹤亮翅。（图232～图234）

图232

图233

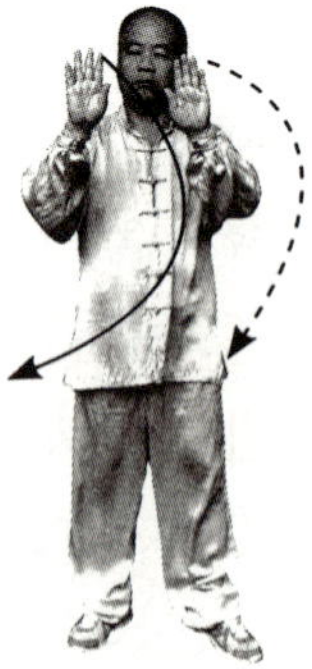
图234

四十五、单鞭

双钳臂肘拉单鞭，前后左右顾盼间。

上下绕打用不尽，鞭捶击根追人魂。

完全同第五式之单鞭。（图235～图240）

图235

图236

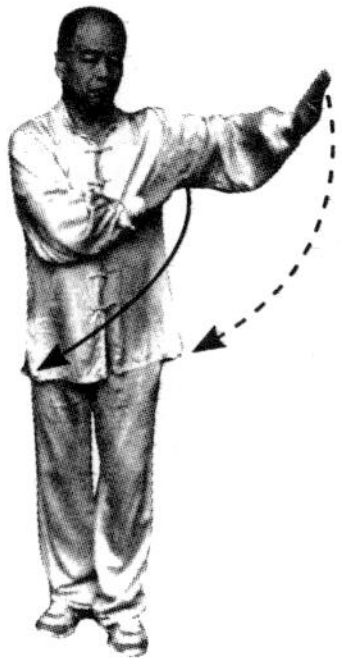

图237

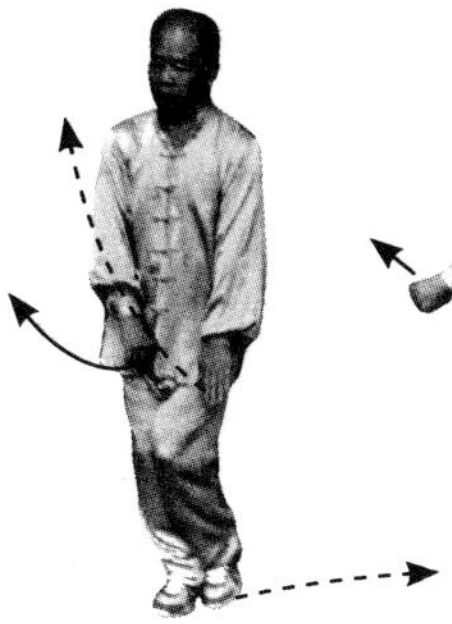

图238

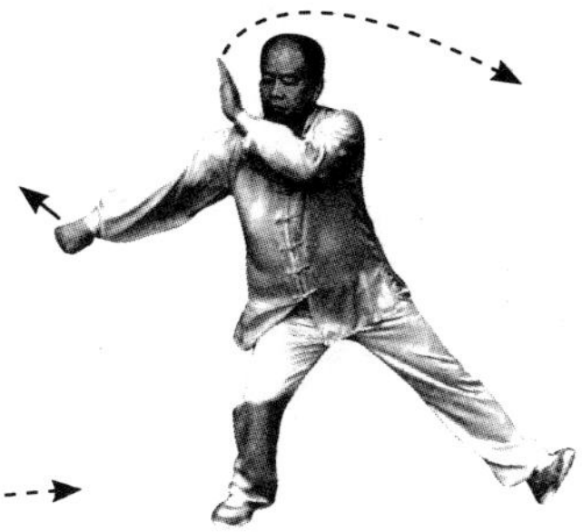

图239

图240

四十六、云手

云手三进顾盼间，两臂交叉成连环。
上手打头后打面，分进捋挒左右换。

完全同第二十四式之云手势。（图241～图249）

图241

图242

图243

图244

图245

图246

图247

图248

图249

四十七、跌岔

遇敌逼近勿须忙，童子拜祖功高强。

跌岔寓有踩臁意，紧跟扫蹚不留隙。

当第四个左侧云手结束以后，身体重心倒至左脚，身体向上伸展。右膝提起的同时，双掌分别由左右下方向上在腹下合掌后，又分别从提起的右膝两侧向左右分开，两掌心朝上，下落右脚的同时两掌变拳向内夹击（亦名贯耳捶）后，两拳变掌由上向下落，与肩平，成担担子状，这时右脚落地，身体下蹲（右膝全蹲），左腿向左侧仆腿伸出，同时，双掌由上向下，前后直臂而下，与胸腹齐平，此谓之跌岔轻。（图250～图256）

图250

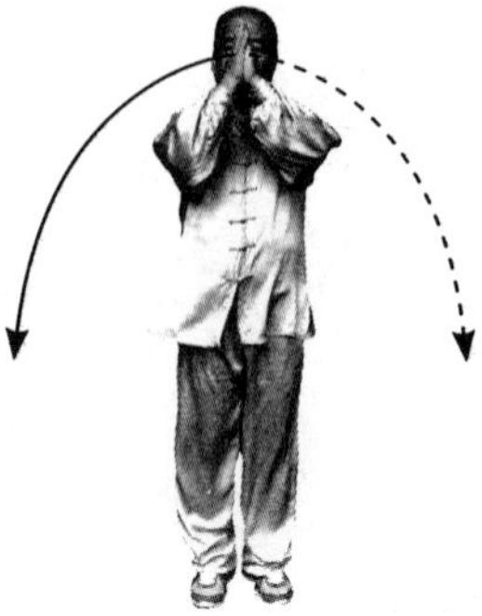

图251

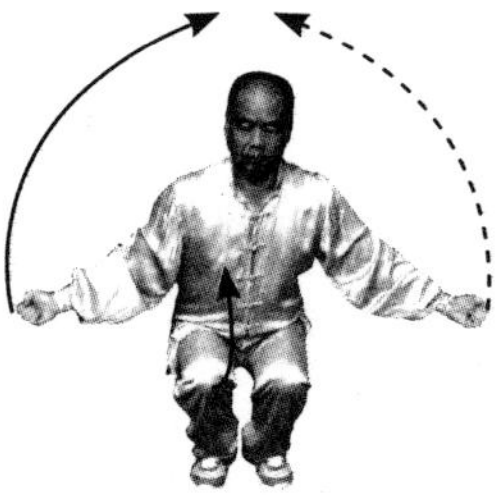

图252

图253

图254

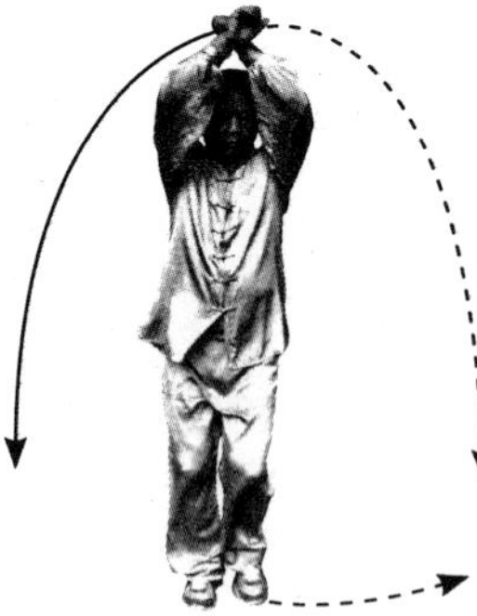

图255

图256

【要领】合步收臂里合圈，钻掌劈拳要沉肩。分臂“担山”要沉肘，沉肘松肩身正守。跌岔之时要单轻，劈臂下势胯要松。

【用法】

跌叉既可以用于散手又可以用于推手，也是狠毒的招法，主要用以破毁对方的前按（推）和前扑、採、抱头、抓肩等。

（1）推手时，对方双手正按我胸时，我双手合掌，由下向上从怀中挑开其双臂，顺势（不能使其双臂抽回的情况下）前按其胸，将其按出。

（2）对方前推我两上臂时，我双手向外一分，顺势进身进步，双手前按对方，将其按出。也可在分开其双手臂的同时，双手合掌或双手反掌合击其面，或以双风贯耳双打左右太阳穴。

（3）对方前按我双前臂时，我前臂向下稍沉，继而以崩劲将其弹出。

（4）对方前按我时，我双手向外分开其双臂的同时，双手向外、向下、向上卷抓其双臂，使其双手夹于我两腋下，其臂伸直，其肘窝向上，我两手心托住其左右肘关节，向前猛送，将其发出，也可双手向一抖抬，将其肘关节打坏。

（5）对方按我时，我双手由内向外一分，抓其双臂向下猛捋带的同时，抬膝顶裆或击面，将其打毁。也可双手外分其双臂的同时，用前额击其面门。

（6）对方前扑来时，我用臂膀将其双手掤起的同时，合掌以双手四指（八个手指）尖戳击其心脏，将其打倒。也可双手内挑其双臂的同时，双掌扑面，双肘穿心肘，压手左右太阳，以连珠炮式打毁对方。

（7）对方採我手时，我顺势向头后肩上一拉，以肩作支点拐断其臂。左右两敌抓我左右肩时，我双臂左右下劈可将其臂打断。

跌岔势用于散手时，七星进打，各种用法都有，双手有挑、分、抓、採、捋、带、拧、裹、拐、扑面、贯耳、击心等法；头有撞击之法；膝有抬顶、撞之法；脚有挑、跺、踢、踹、蹬、点、跐、踏之法；双臂向下时有劈法；左腿下仆有蹬跪之法，同时也是破对方劈、挂腿的防御之法。

四十八、扫蹚

遇敌逼近勿须忙，童子拜祖技高强。
跌岔寓有踩臁意，紧跟扫蹚不留隙。

身体重心倒至左脚，以左腿为轴，身体左转180°，右腿向左前扫180°的同时，双掌臂以合抱姿势由后向左前方，前摆于胸前，左掌置于腹前，右掌置于胸前，两掌均朝内，面北方向，此谓之扫堂。（图257～图259）

图257

图258

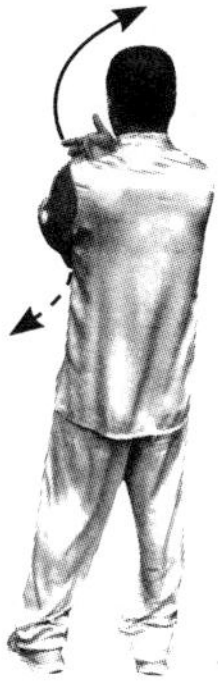

图259

图259附图

【要领】身体要正稳，旋转要圆活，动作要敏捷。

【用法】

扫蹚势既可以用于推手，也可以用于散打，多用于散打。扫蹚的用法，必须和上肢的打法配合运用。

（1）推手时，特别是散推时，对方右手推我左肩，我左手抓其右臂（手），向左后带的同时，右手推、横摆旋其左肩臂，使其向我左方飞出。

（2）推手时，左手抓其左手臂向上一领，左脚扫挑撩其左脚后懒筋处，可将其扫倒。

用于散打时，扫蹚的用法则比较多。从跌岔的结束动作开始，向左转身，有身体的旋摔法，如对方从后抱我时，身体向左转，以离心力将其摔出。转身左扫的同时，左手有抓、捋、带、採、格、拨、卸手之法，左掌也可是一个反掌耳光，也可以左掌外沿切、削耳左侧太阳、脖颈、肩、臂、肋、髋、膝、臁等。两手配合恰好是个卸手耳光。右手向左时，有拍、劈、切、砍、击。可拍其左肩、劈其面、切其颈、砍其肋、击其太阳穴、打其卸手耳光。也可推其髋、按其膝、砸其脚面。同时右手也可扫、撩、挑、拨、格其左膝、脚等，使其倒地后栽。

四十九、左金鸡独立

左右金鸡独立势，好似利剑冲天刺。
上擎掌托下敌膝，勾缠跪挑壁劈踢。

身体重心下沉，上体微展（有对拉拔长，稳定重心之意），右掌向上沿头顶方向如梳头状向后划弧；右腿抬起离地，左脚跟抬起，以左腿为轴，身体向右转90° 的同时，右掌由脑后经耳根处向前，再向上直托而上，以右臂微微伸直稍带弧形为度，右掌心朝前，面向正东；右脚自然落下的同时，右臂经体前沿右耳外，右乳而下，使右手臂自然垂下，右掌心向内，置于右锁窝处。此左金鸡独立势完成。（图260～图264）

图260

图260附图

图261

图261附图

图262

图262附图

图263

图263附图

图264

五十、右金鸡独立

左右金鸡独立势，好似利剑冲天刺。
上擎掌托下敌膝，勾缠跪挑壁劈踢。

身体重心倒至右腿，变右腿支撑，同时左掌上抬于头顶，如梳头状；同时左膝抬起，当左膝继续上抬接近小腹高度时，左掌由头后，经左耳根向前向上直托而上，左掌心朝上，此谓之右金鸡独立势。（图265～图268）

【**要领**】四十九、五十这两式身正肩平，独立步要稳，提膝松腰把胯顺，左右动作同样运。

图265

图266

图266附图

图267

图268

【用法】

金鸡独立势用于散打是很毒的招法，用于推手时则变化无穷。上肢在破採方面最妙，下肢配合缠腿，既轻巧，又灵活，打人则最狠。

由扫蹚的结束动作开始，右腿向回收有勾、挂、撤、带其脚腿，使其倒地之法；右手收在怀下时有抓、拿、捋、带其臂、身衣之法；左手稍向下移时有抓、捋、採、带、压之法，配合右手向上时恰好是个挒其臂的用法；右手向上时有挑裆、戳腹、点心、刺喉、击颏、打面、继而穿心肘、顶心肘、捣心肘、捣面肘。右手上挑时，有配合左手的搬挒其肘关节的用法；右手向后时，是用肘之法，同时也是破对方採拿我右手时的破解之法。如对方右手抓採我右手四指时，我右手向头后一带，将对方吊起，或向后带出，使其前扑于地；或引之使其右臂伸直时其肘关节垫于我左肩上，左肩猛上抬的同时，右手下搬其右手，以捌断其右臂；或后引的同时，顺势用右肘（屈肘）从下向左（在其右臂外侧）搬捌其右臂肘外侧，向右捌之，猛捌可捌断其右臂，顺势贴搬捌可使其向我右后方飞出。

右膝上提，有膝顶其裆和小腹的方法，同时也可抬膝顶击其大腿内侧、膝内侧，也有脚后跟挂提其脚后跟使其倒地的方法。身体右转，有身体的旋摔法，以离心力将对方（抱我时）摔出，也是右肘尖击其右侧太阳穴或面颊、或颈、或肩、或肋、或外搬捌其右臂的方法。右膝在提起的情况下右转，本身是一个缠腿的用法，也是破对手打我高探马时的一个摔法，是在对方左脚操于我右脚后欲打我时的勾挂、缠提、剪挫以打断其腿的用法，此外，下开门也是右膝右旋外分的实际应用。

对方刚要打我左手高探马，其右脚挂上我右腿时，我如火车碰钩一样缠挂住其右腿，同时顺势向右转身，右脚紧别其右脚跟，使其在难以逃掉的情况下，被我摔倒于我的右后方。此法破高探马最佳。

与对方推手时，右膝向外旋分其右膝（谓之下开门），使其右腿变空、左腿变实的情况下，打其进步内外壁腿白鹤亮翅，或打其插步、扭脸倒卷肱，恰是右膝在此的形式。

与对方推手时，对方右腿偷在我右脚后（欲打我）时，我立即上抬右膝顶击其裆，或顶扣其左腿大腿内侧或膝内侧。或用右腿缠挂其右腿，右脚面紧挂贴别其右脚面关节处，上提可使其立即倒于我右后，一般情况下，可使其坐断尾骨。或缠提其腿后，右脚后下落地，脚后跟向下一踏，可夹劈打断其腿，或使其直接下坐于地面而躺倒。或缠挂其右腿向我左腿前，使其右脚别在我左脚前面，同时我右腿稍后撤，后跟狠踏地时，可打断其右腿。此是剪、夹、崩劲，以我右膝窝做支点的打法，非常凶狠，在腿法的八法中属于暗法之一。

左右手的交替在怀中向上是进入其门内的用法，指或拳击其腹、心脏，掌跟或拳托击其下颏，继而顶、穿、捣用肘，反拳击面，下抹、上挑其正中线一条，可打毁对方。上肢左右手的用法基本一样。

左膝上抬也是一个顶裆法，也是一个外开门的缠腿法，如缠住其右腿，左脚外踝向左外上方一撩挑，可使其前栽于我右后方。这也是打其左掏腿倒卷肱的一个打法，如对方右腿在前按我时，我用右手抓其左肩向怀内拉带，左脚掏换入其右脚内，在身体右转的同时，左腿猛外劈其右腿，对方可仰面朝天躺于我脚下。此外，左盘肘的用法就在此处，如推手时，左手逼紧其左手于其右肩内侧的同时，我之左肘屈逼贴紧其右臂肘关节以上及肩外侧，右手向怀内抓引拉带其左肩的同时，左腿内掏于其右腿内打其劈腿，同时身体右转，左前臂推按其右肩外（必须贴紧其右臂，并控制好），三个动作同时进行，可使其身体向我右方旋转360°而仰面朝天地倒于我脚前。

左脚上抬有点法，同时也有一个跪腿法。如对方推手时，我左腿上提，用左脚后跟点击其右腿膝窝（腘窝），使其前扑于地。推手时对方若是右脚进在我左脚内时，我马上以膝关节下跪其右膝后腘窝处，使其前扑于地。左脚上提外分其右腿的同时，踹、蹬、踢点其左腿膝内、大腿内侧，可将其打倒。

五十一、双震脚

手绕头转解敌手，肘往外旋反捌肘，
两脚先后双震跺，跺踏脚面不为过。

身体重心微微下降，左脚和左肘同时向后、向外再向前划一碗口大小的平圆，随后左脚下踏地面，右脚抬起，不停顿，右脚下踏地面，不停顿，左脚二次抬起，这样依次震脚两次（左右脚各震一次），谓之双震脚。（图269～图274）

图269

图270

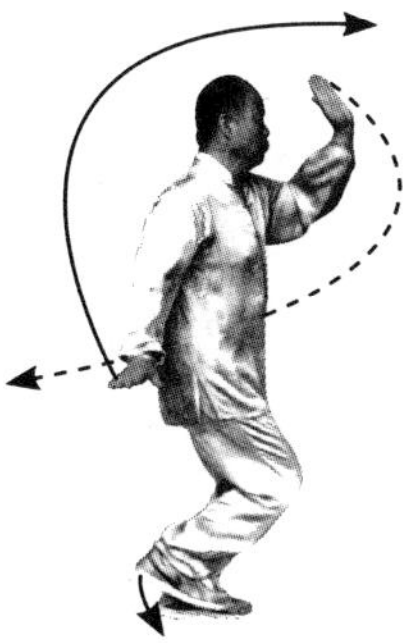

图271

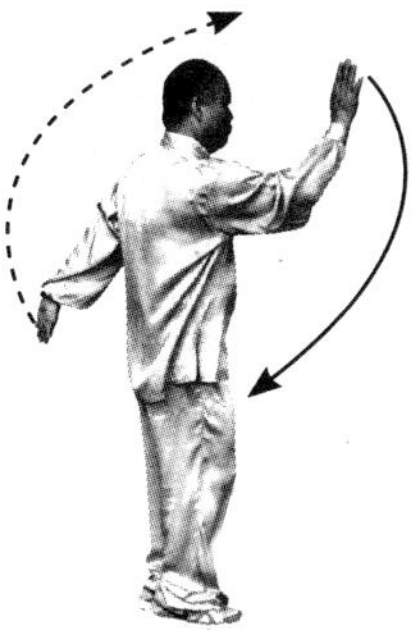

图272

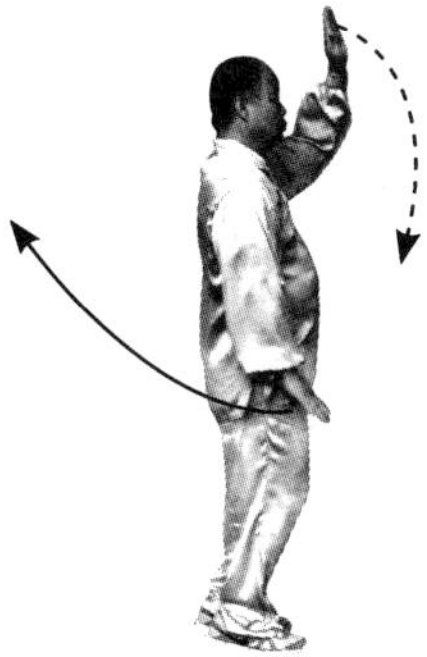

图273

图274

【要领】左肘、左腿上下同时绕一里合圆圈，在绕圈中把劲蓄足。展身下蹲双震脚时身要正，胸要含，胯要松，垂直下沉。左脚先落地，右脚紧连其后。双脚落地声音清脆，促短有力，紧密相连。

【用法】

双震脚，主要是用于破对方的扫蹚腿。左脚下落是个踏法，同时也有用膝窝的崩劈之法。左肘向下时有用肘的点、击、砸之法，如对方踢我左肘时，用左肘下点其脚面，可将其脚面骨砸碎。对方拳击我左肋时，我左肘向下可格、可击，化解其进攻。对方前扑来时，我右手抓其左臂向左一捋，顺势左肘击其后背、颈、后脑，可将其击毙。对方下抱我腿时，我除了上抬左膝击其面门外，左肘下砸用肘尖击打其脑后或背部、打毁对方或上下合而击之。

五十二、倒卷肱

退行三把倒卷肱，怎识退中有进攻。
进退顾盼都悟透，攻防防攻变化就。

重心稍前移的同时，左脚由提膝变直接后撤一步，同时左掌心朝前，由上向前按出。继而接做右侧倒卷肱，再做左侧倒卷肱，左右各两次，其做法同第十八式之倒卷肱。（图275～图281）

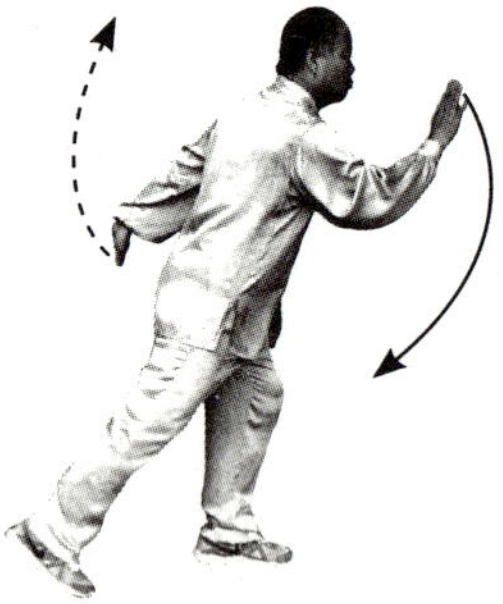

图275

图276

图277

图278

图279

图280

图281

【用法】

此处的倒卷肱也属重复动作，不同的是，此处是左脚先后撤，它有不同的特殊用法。左脚后撤是个挂带（用后跟），可使前抱我左腿之敌前扑于地；挂其右脚后跟大筋处，可使其仰面朝天倒地；若左脚回挂其右脚时，其要抬腿逃掉时，或用膝预顶我裆时，我右腿后挂撤的同时，用右膝内侧夹错其右腿，以剪刀腿将其打倒，或直接用右膝内扣，或顶击其右大腿髋端内侧，也可使其向我左侧倒地。上肢的动作主要是搂脚（腿）击面的打法，如对方向我下盘踢（踹、蹬）来时，我右手搂拘、挂带、挑撩、送摔的同时，左掌击其面门。

卸步白鹤亮翅、斜行、闪边臂、白鹤亮翅、单鞭、云手六式都属于重复练习的动作，这里则不复重述。

五十三、白鹤亮翅

白鹤亮翅打腾空，合手端肘倒栽葱。
含胸拔背立圆进，顾盼轻灵拳脚迅。

完全同第十九式之白鹤亮翅。（图282～图287）

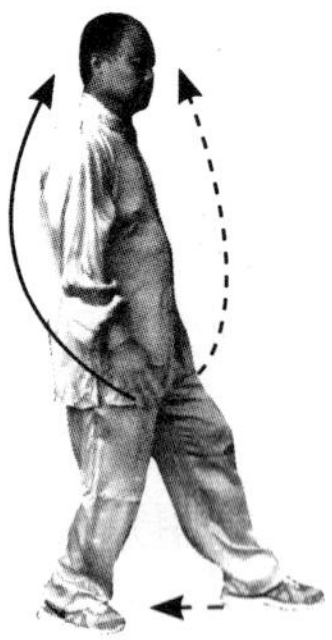

图282

图282附图

图283

图284

图284附图

图285

图285附图

图286

图287

五十四、斜行

避锋下势内掤撑，贴身扣腿弓膝崩。
十字手法变中论，肘靠膝胯顺势运。

完全同第二十式之斜行势。（图288～图293）

图288

图289

图290

图291

图292

图293

五十五、闪通臂

闪通臂式圈划圆，须知圆中有往返。
海底捞月单展翅，肘靠膝打不停止。

同第二十一式之闪通臂。（图294～图305）

图294

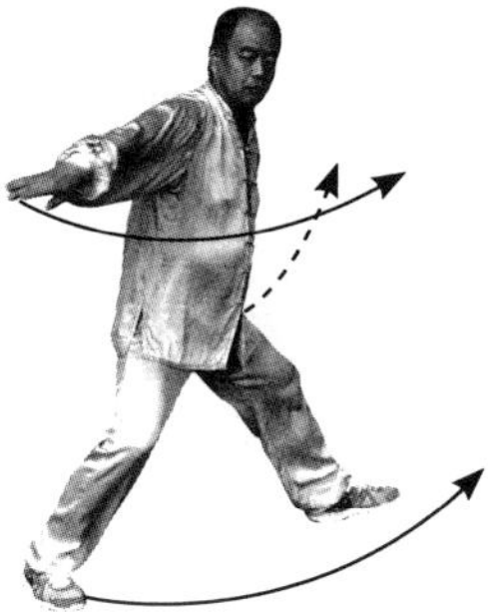

图295

图296

图297

图298

图299

图300

图301

图301附图

图302

图303

图304

图305

图305附图

五十六、白鹤亮翅

白鹤亮翅打腾空，合手端肘倒栽葱。
含胸拔背立圆进，顾盼轻灵拳脚迅。

完全同第二十二式之白鹤亮翅。（图306、图307）

图306

图307

五十七、单鞭

双钳臂肘拉单鞭，前后左右顾盼间。
上下绕打用不尽，鞭捶击根追人魂。

完全同第二十三式之单鞭。（图308～图312）

图308

图309

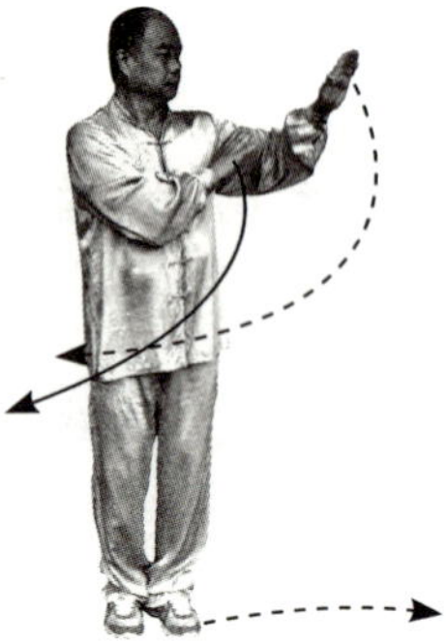
图310

图311

图312

五十八、云手

云手三进顾盼间，两臂交叉成连环。
上手打头后打面，分进捋挒左右换。

完全同第二十四式之云手。（图313～图316）

图313

图314

图315

图316

五十九、十字手

十字手法变不尽，连环用技不停顿。
正隅互变侧身进，壁腿进靠贴身运。

当第四个云手，即左云手向左侧时，身体重心左移于左腿，右脚向左收回半步，与此同时，左掌由外向下，掌心朝上置于腹前，右掌由外向下，向怀内、向上置于胸前，右掌心朝下；重心落于右腿，右膝屈曲170°，成右虚步如抱球势；身体重心前移，左脚向前移一脚许，成左顺弓步的同时，身体右转90°，同时右掌向上，向外划半圆形，掌心朝上落于腹前，左掌由下向左上、向内划半圆形，置于胸前，掌心朝下，此谓之十字手。（图317～图319）

【要领】肩活胯松身要正，十字环抱肘要沉，扣步弓蹬十字变。

图317

图318

图319

【用法】

“十字手法变不尽，肩肘膝髋贴身靠”，体现了十字手变化无穷的打法。实际上任何一种左右交替、相互配合的打法、捌手法、採拿法的实施，都是十字手法的变异或直接的出现形式。十字手不只是手法，而是全身整体配合运用的肩、肘、膝、髋、身、脚各种技击方法的实施。十字手法不但在推手中奥妙无穷，用法极多，既准又狠，在散打中更是千变万化，连环散打，两手配合细腻的打法都是十字手的运用。

（1）与对方搭手，左脚上步管于其双脚后的同时，左臂屈肘由怀中向右面稍下沉，手心朝上，肘沉下，就此一动，即可使对方后倒。特别是当对方前按我左臂时，用此法最好，可使对方腾空后落地。

（2）刚与对方搭手，身体、左臂向我右转的同时，左脚管于其双脚后，同时身体下沉，左手心朝上、肘下坠，顺势以左肩靠撞对方右侧肩臂及肋，可将对方打出。此法也可用头的左侧点摆，打击其面门或右侧太阳穴，将其打倒。或者肩也不用靠，头也不用点，只左腿后管其双脚后，身体前攻，将对方挤逼而倒，或者左腿直接用跪腿或点腿均可将其打倒。或者只以左肩靠其身，继而以第二个劲打十字手，将既脆又狠。

（3）推手中对方前按我左臂时，我左臂在胸前屈肘下沉，手心朝上，在身体下沉的同时，左臂稍向右一个顺势松引，使其彻底落空，继而向我左肩后方打十字手，可使其两脚朝天，头栽于地。或者左臂向右一松，继而向左往返以肘打其心窝。或者左臂向右松的同时，右拳（掌的四指尖）在左肘下藏花势的抖击其心脏，也可致对方毙命。或者左臂向右顺势带的同时，右手下抬摸其左肘（因为这时其左臂恰好伸直），或上捌抖击打断其左肘关节，或向前托送之，使其后跌。

（4）挒其左臂。与对方推手时，对方左手向前逼我，我身体下沉的同时，身体右侧，引其左臂恰好伸直，这时右手腕一转，使右手由其左手外由下向内抓採其左手四指（叫带手头），并使右手内卷，手心向上，使其左臂肘的内侧朝上，外侧朝下，同时左臂插入其左臂下，用手四指在其左肘臂外下向上勾挂而抬之；或用左臂肘窝挂在其左肘外，合而抱之，左臂猛抬的同时右手下压，此法可挒断其左臂。或两手抓挒而送之，或双臂合抱左臂上挒，前上而送之。

破法：当对方右手刚要带我左手头（抓握左手时），我马上左手四指勾挂抓握反採其四指，左手四指内扣，手腕内旋，将力点主要用在其四指之小指上，使其向我右方跪地；手外旋，以拇指向上外施力于其右手食指根处，则可使其后仰面倒地；左手反採其四指后，即刻上提其四指，目的是使其右臂放松落空，继而直接向下折叠，可打断其四指，或使其直接前跪于我脚前。此是左手反採后的三个劲法变化。也可不用此法，左手一松，顺其左手搂抱我左肘臂之势，用肘向我内下打击其心脏，可使对方向后跌出。

（5）挒其右臂：与对方推手时，本来是左手应该在其右肘上接其左手，但我这时却不去接，而是顺势偷偷钻入其右肘臂下，同时右手翻手向下採住其右手，这时形成两臂合抱其右臂（使其右肘心向上）于我面前，向上抖挒之可打断其右肘关节；左臂抱住向左外挂摆的同时，身体左转，可将对方向我左方摔出。

（6）高位的探马：对方打我白鹤亮翅，我向下一沉，左臂稍向右松，继而以第二个劲打对方高探马，以及中位的探马，均用十字手纵横交错劲。

打对方十字手必须切记，第一，身体要正，一点都不可侧身，若侧身，右脚跟必须前摆。前腿要虚，脚尖点地，后腿要屈曲。第二，左肘必须下沉坠，千万不可抬肘或亮肘，此法一定是左手心朝上。只要做好这两条，十字手一般百发百中，首先可防止其右手及前臂切滚我左上臂将我反打出，因为这时我左肘是沉坠的，可使其前按之双手摸空。第三，若不打十字手时，可变换第二个劲，以左腿之虚，用膝上抬，以滚衬腿打挑滚于其右大腿下，可使其向后腾空倒地。

破十字手的方法是，若发觉对方下沉右侧身打我十字手时，我右手看住其左肘，左手压住其左手头，我左手顺其右侧身下沉之势推按其左肩或左上臂，可使其向我前方跌出。此法也可以右掌跟切滚或右前臂切滚，也可以右肘切滚其左上臂，也可左手抓採下压其左手头的同时，右手前上搬其左肘，将其向前打出。

若是对方很内行，左肘下坠，右手心朝上打我十字手时，我还是有办法，即左手採、抓、下压其左手头的同时，右手虎口、四指在下，拇指在上，钳住其左肘关节，右手抓其左肘向我右后外带的同时，左手抓推其左手向其左肋下，使其左肩关节对死，这时我右手再对准其左肩窝向前推送入榫，将其向我前方打出。

（7）推手时，右手在左肘下採其上托我左肘之右手，或拨或压其右手，继而以左肘打击其肋下、心窝、下颏、太阳穴、面门等。

（8）推手时，左手在右肘下採其上托我右肘之左手，或拨或压其左手，继而以右肘进击其肋、胸、颈、下颏、面门、太阳穴等。

（9）推手时，我手心相对在上採其手，或两手心相叠在其手背外採其手，或金丝缠腕採其手等，两手臂配合的採拿法均是十字手的用法。

（10）推手时的左右拨、挑、卸肘耳光、叫门、开门，反掌、背劈砸拳、双手十字交叉反掌击面或反拳击其太阳穴、左右的两个捌臂等，都是十字手的用法。

（11）十字手是散手的基础，也是手法的核心，可以说没有十字手，就没有散手，不懂得十字手的妙用，就不懂得散手。

架子此处的十字手势，实际上是三个十字手、三个小擒拿。由云手的结束动作开始，左手在下、右手在上时，就是左边的一个十字手，是在左边用，打其右臂，我用的是左手，但必须掏右脚于其左脚后，左手可在右肘下打叶底藏花，可上捌或抱送其右臂，可左手抓、带、採其右手头，可右肩靠，可向上、向我右肩后打其左侧的右向十字手。左手上转，右手下转，同时稍上左步，身体稍右侧的动作是个小擒拿，其用法是当对方也打我右臂掏腿十字手时，以此小擒拿而破之。有三个妙法：①我右手抓带其右手头，顺左转身体下降之势，左掌推滚按其右肩臂，将其打倒。②我右手抓带其右手头的动作不变，左掌根、前臂、肘贴按推滚其右肩臂，可将其打倒。③我右手抓带其右手头后，向其右肘下后塞的同时，左手虎口钳住其肘关节，大拇指在上，四指在下，后外挂（向我之左前方带）之，这时已对死其右肩关节，继而两手控制其右臂，向前推塞其右肩窝，可使其倒地而受制。

身体右侧时，右手在下、左手在上的姿势就是一个右侧的十字手。左手向前下翻转，右手向怀上翻转，左脚虚步回收，脚尖点地做三个同时完成的动作，又是一个小摛拿，也是我们常打的十字手摔跌法。左脚尖点地，脚跟提起，是一个锁扣腿的妙法，千万不可忽视。

左手上翻，右手下翻，身体右转，左脚向前弓步的动作，又是一个左小擒拿。不过，这时的上弓步左脚一落地，就是一个扣步和跪腿，或膝打膝的点腿，可以定势直接将对方打出。在右侧转成右手在下、左手在上时，又成为一个十字手，其用法和前面一样。"十字手法变不尽"，意义就在于此。

六十、小擒拿

遇敌出手使擒拿，折叠反关把敌发。
分筋错骨制顽敌，切磋武艺技法奇。

身体重心右移至右腿，左脚收回一至两脚许成右虚步的同时，左掌由上向外、向下划半圆，掌心朝上置于腹前，右掌由腹前向外，向上、向胸前划半圆置于胸前，且掌心朝前，眼视正前方（南方）。此谓之小擒拿势。（图320、图321）

【要领】十字翻转用腰旋，上下相随劲使圆。完整劲发有交点，交点会在十字眼。

图320

图321

六十一、十字手

十字手法变不尽，连环用技不停顿。
正隅互变侧身进，壁腿进靠贴身运。

以原路线返回，还原成第五十九式之十字手势。（图322、图323）

图322

图323

六十二、单摆莲

十字摆莲腿法精，内撩外摆显神通。
连环臂绕扑面打，脑后一掌不要耍。

身体重心完全移至左腿，身体微向上展伸，右腿向左前上撩起的同时，左掌在齐胸的高度以掌面与右脚面拍击；右

脚击响后向右下方划弧落下，此谓之单摆莲势。（图324、图325）

图324

图325

【要领】十字摆莲体要松，松的重点左胯弓。膝胯松够即沉身，正身展起摆脚伸。摆脚踢前又打后，左掌摆拍脸面够。脚手齐到摆莲成，功力全在挟挫功。

【用法】

单摆莲是高腿的一种用法。太极拳本来是不允许使用高腿的，但单、双摆莲等却是个例外。但这种腿法的使用必须以完全控制对方为基础，即对方没有对我任何威胁的情况下，废其一侧手臂，控制其一侧手臂，打击对方后心或脑后致命穴。

由十字手的结束动作开始，两手十字（手心相对）上下相叠时，有左右抓、採、捋、带的劲法；也有抓握拉其左右手臂，使其双臂在其胸前交叉贴身对死，继而前按或推挤可使对方倒地。也有如右手外挑，拨其左臂，用右肩靠；拨右臂，左肩靠；左手外挑，拨其右臂，左肩靠；左手内拨其右臂，用右肩靠其胸的用法。

右手或双手抓其右臂腕向我右后方捋带的同时，右脚绊其双腿，可使其前扑于地。或右手捋的同时，左手掌削其面门，或反掌或成反拳击面打肋均可。此劲是一个十字交叉劲，如右脚绊其双脚的同时，双掌向右拍击其后背、颈、后脑勺，或用右肘则更狠。或者右手抓捋其右臂后，继而在右脚壁在其右脚跟后的同时，右屈肘横击对方胸部或面门，可将其打倒。或在右手捋的同时，左手给其后脑一掌，轻者使其前栽于地，重者致其死亡。

右脚（腿）起来时有挑、撩、点、踢、蹬、踹之法，如挑其裆、撩其阴、点其膝、踢其腿、蹬其腹、踹其胸。近则用膝，顶抬、滚衬，落下时壁、劈、跪、点、摆、扣均可得法。右脚向右摆莲时，是用脚尖点其肾俞或命门，摆其背，打其后脑勺；左掌向前斜左上方时，可削其膝，打其心，切颈或喉头，削其面门。

摆莲腿在散手中用得比较多，推手中用得较少，但也是相当厉害的招法。

六十三、指裆捶

落掌攥拳破採拿，正身旋转把肘发。
左右旋打连环肘，右肘旋内指裆手。

右脚落地，重心倒于右腿，成右顺弓步；左掌收至左侧腰间变成握拳，使拳面抵于腹侧，与此同时，右掌变拳，由后向前下方栽拳，此谓指裆捶势。（图326、图327）

图326

图327

【要领】打罢摆莲收左肘，正身旋腰右握手。右拳指裆前下打，击裆捣腹不是要。

【用法】

指当捶是太极八捶之一，主要用于散手。名为指裆，实际是打面、打心、打裆、敲膝、砸脚面的一条串线式的打法。

单摆莲做完之后，左拳收回肋下时，手上有抓、捋、採、带、卸手的用法，也是一个顶心肘的用法。做成左拳插肋时，是左肩有背折靠，向下一沉有用肘夹挒、採拿之法。右手向下时，右肩有背折靠，右手向右时有抓、捋、採、拿之法，右拳向上时有上挑、上冲天炮的打法。可挑其裆、击其腹、打其心、冲其下颏。右拳向下时可击其面、打其心、击其腹、打其裆、敲其膝、砸其脚面，同时也有用肘法、头打法、手掌中的採拿法。右拳指裆的同时，有右肩的靠撞法，同时也有左拳上冲其下颏的打法。右拳若再向上时有击心、插腭、穿心肘、顶心肘、捣心肘、反拳劈面、双手拳背砸面、双拳翻杆向下打心，乃至七星进打贴身靠的方法。

六十四、金刚

上步出手金刚掌，捌臂掤捋敌地躺。
连环玄肘扣搬拦，捣心顶裆跺脚面。

重心左移于左脚，成左顺弓步的同时，身体左转90°，双拳变掌一齐向左前方伸出。其金刚式完全同第二式之金刚势。（图328～图335）

图328

图329

图330

图331

图332

图333

图334

图335

六十五、揽扎衣

太极绝技妙无穷，採捌跌打扎衣生。

掤捋挤按连珠用，钳手管肘呈英雄。

完全同第三式之揽扎衣势。（图336～图339）

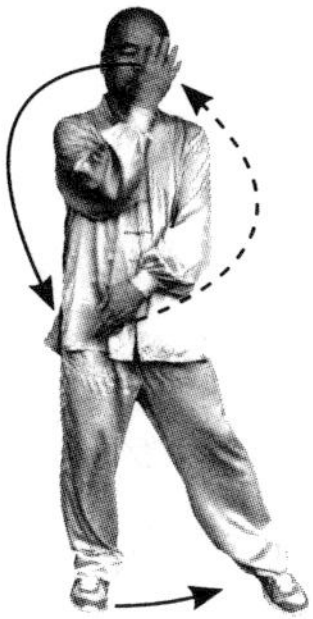

图336

图337

图338

图339

注：

金刚、揽扎衣均为重复练习动作，此不再重述。

切记指裆捶的定势动作之左腿屈曲，有用左膝跪其右腘窝，或跪其右膝外侧，或左脚在其右脚内用膝向内的摆、扣、旋、跪、摔其右膝的方法。

六十六、砸七星

下势号称弓头蛇，又施一技寻花着。
反捋带捌扑地步，下砸七星把头护。

身体重心后移于左腿，左腿向下全蹲，右腿仆地的同时，左掌下切于右小腿内侧，左掌向后、向上划半圆置于脑后，左掌心朝内；身体重心前移于右腿，左腿前跟半步，同时左掌向前托起，左掌由脑后向后、向下、向前上方经腹前右掌外前撩托而出，掌心朝上；身体重心后移至左腿的同时，右腿上前一步，双掌变拳，左拳在上收回到胸前，拳心朝下，右拳经左前

臂下向前冲出，拳心朝下，眼看右拳，此谓之右砸七星势。（图340～图346）

图340

图341

图342

图343

图344

图345

图346

【要领】下势时要体松身正，不能努气用力。

【用法】

砸七星是专门破对方打我跪、劈二腿的。既可以用于推手，又可以用于散打。

由揽扎衣的结束动作开始，左腿下蹲有跪坐法，左手向下有捋法，向后有挑、撩阴之法，也有手中的各种採指法。如左手抓住其四指后，用大拇指採、折其大拇指，用小指和无名指内扣折叠、採其小指或掌外侧，手抓其四指上提下折叠，採其指头，手腕朝下一转，手心朝上时，再向上折叠其手背，可以使对方直接腾空而起。右手向上时，有挂背前摔或捌打其伸向我左侧之手臂的方法，同时也有肩靠、肘打、髋打。左手划向头上时，有抓其由右侧肩后伸来后抱我颈部之手，向左（后）一拉使其臂伸直时，左手下压，右肩或颈后上抬，将其臂捌断之法。当然，左手上举过肩时，也有一个下捣肘的用法。

右手臂向下时，有抓、握、带、挂、捋之法，继而向上时，有弹、崩、贯、送、挑、撩、冲天炮的方法。如对方刚抓住我右手腕时，我右臂以挂带之势，向我裆下捋挂之，而使其前栽，此法也可抓、拿、採、捋而带之。如果我带下时对方还不松手，而且还想后抽其臂，以维持自己的平衡时，我右臂反而向上，顺其回抽之臂，向前以长劲贯而送之，可使其后倒躺地。用于散手时，右臂向上可以挑、撩其裆，推按其膝关节，冲打其腹、胸、喉、头，继而肘打、肩靠、身撞。

右腿下落时，是个破其打我右腿之跪腿。对方或从我右脚后跟处打我劈腿时，我右腿伸直仆地，其跪和劈都可化解。右腿起来前弓时有点腿、跪腿（内外）、扣腿、旋摆腿的用法。

连环捶

此处的连环捶是砸七星的一个组成部分。连环捶是武当太极八捶之一，是相当厉害的连环双打心的用法，可上挑其双臂（开门），双拳连续不停地打击其心脏，这里是上挑的反立圈。继而可正立圈（向下），压手臂双打心；也可连环打面，连环打腹，也可一个打上一个打下，可同时打，可依次打；同时可用头点、肩靠、身撞、膝点、膝跪、壁腿、摆旋腿等贴近身体的各种打法。如果说三步捶是正圈，那么连环捶就是反圈。正反互用之法，组成了太极散手拳法的核心，其相当厉害。

由砸七星仆腿向前起，左手划向右手前下时，有个㧐臂、採手、擒拿之法，当然，右手再由下向前时也是又一个㧐臂、採拿之法。接着就是双挑、连环打心。右脚向前，是个跟步进身之法。

六十七、回头看画

撩腿回头把画看，说来此画不景然。

腿起脚落挑撩端，已是来敌躺平川。

身体重心移至右腿，身体左转90°，左肘后挂，左拳由上向后、向下、再向上划一圆圈上挑，同时左膝抬起，眼看左前方。此式谓之回头看画势。（图347～图350）

图347

图348

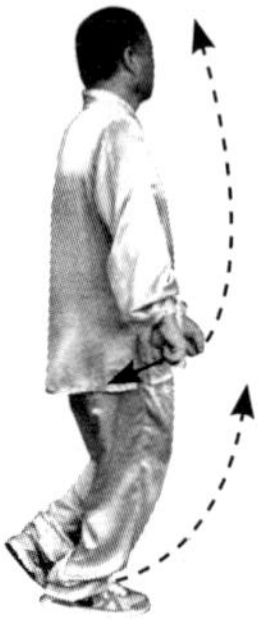

图349

图350

【要领】左臂、左腿撩击上下要一致。

【用法】

回头看画是回转身躯的打法，既可用于推手，又可用于散手。在推手中，当对方右脚进入我左脚内（裆下）时，左臂由左向下、向内、向上挑其右臂，同时左腿挑撩（由左向右、由外向内、由下向上）其右腿，同时以左拳背或左前臂下砸其胸，可使其直接仰面朝天。或左腿挑撩的同时，以滚衬腿将其打出。或挑撩起后，右手抓脚扭、拧、采、拿、搬、卸或上抬前送，使其倒地。或挑撩其腿后，以左脚点、踢、蹬、踹或壁、扣、跪其左腿（实腿），可使其倒地。

由砸七星连环捶式的结束动作开始，重心左移时，有左肘后击之法，头有后侧的点法，肩有折靠，身有撞法，髋有摆法，膝有跪坐、旋摆之法，脚有踏踩之法。右脚稍左上时，有扣腿、跪腿、点腿、跪摆腿之用法。右拳有在我正中的守护以待击或在胸前的採拿之法。重心右移时，有用右肘顶击、摆击、头点、身靠、肩打、髋撞、跪摆、旋扣腿等技击方法。

左手向左前上时，有抓、握、採、拿；向前下时有捋、带之法；向怀内回时，有抓、握、转旋、拧翻、採带之法；向上时，有领、托、挑、撩、冲膀、击肘之法。左腿向上时首先是个抬膝顶击之法，其次是一个滚衬分摆的腿法，然后就是挑、撩、蹬、踹、点、击、扣、跪、劈、壁等的用法。

六十八、指裆捶

撩腿进步紧着追，箭步蹬催指裆捶。
全神贯注捶裆挥，敌人缴械显神威。

身体重心左移，左腿随之直接前上一步落下，右脚跟着前上半步，右拳向左膝内前方栽下；身体重心继续左移，上体左转90°，右脚前上半步，与左脚平行开立，与肩同宽，同时右拳由下向上冲于胸前，与左拳齐平，两拳均拳心朝怀内，此谓之指裆捶势。（图351～图353）

【要领】撩左进右指裆捶，箭步一蹬正腰椎。松腰坐胯蓄足劲，指裆捶发劲要迅。

图351

图352

图352附图

图353

图353附图

【用法】

此处的指裆捶和前面的指裆捶没有多大的区别。名为指裆，实为进中门后打中线一条，从头到脚，任何一个部位都可打之。

从回头看画的结束动作开始，左拳在上，是一个上开门，内挑、外拨，上冲其胸、下颏、面门的同时，左脚落地，以跐、踩、踏之法打其下盘。同时上右步，右拳打面、打喉、打心、打腹、指裆、打膝、砸脚面，反而向上再打裆、打腹、打心、冲腭、肘打心、穿心时、反拳打面，顶心肘、捣心肘或双拳双击面、双肘双捣心、双掌双切肩井穴、双风贯耳、双打紫金关。翻转拳向下双拳捣毁其内脏，击胸、双手下抹面，双手挑裆、胸、面一条线，头点、肩靠、身撞、肘击、髋摆、膝顶、腿壁等八面出击，连环散打，连珠炮动，一招紧似一招，一环紧扣一环，招招相连，法法相变，环环相套，使对方无法招架。

六十九、单鞭

双钳臂肘拉单鞭，前后左右顾盼间。
上下绕打用不尽，鞭捶击根追人魂。

双拳变掌，做法如同第五式之单鞭势，唯方向转180°，由面向南转而面向北。（图354～图358）

图354

图354附图

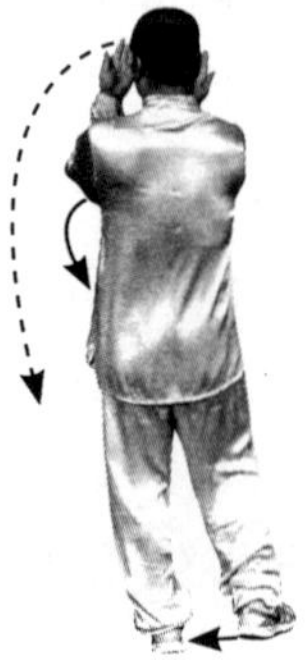

图355

图355附图

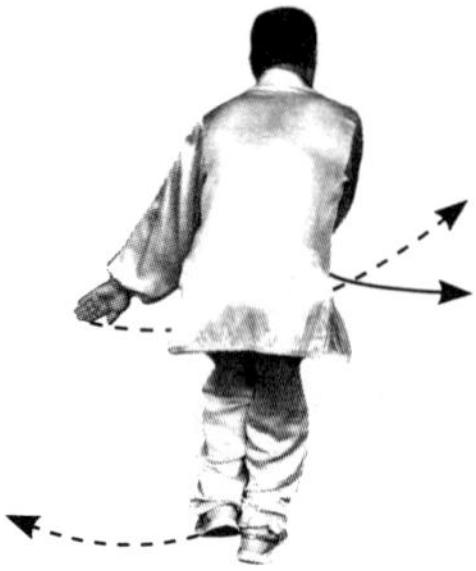

图356

图356附图

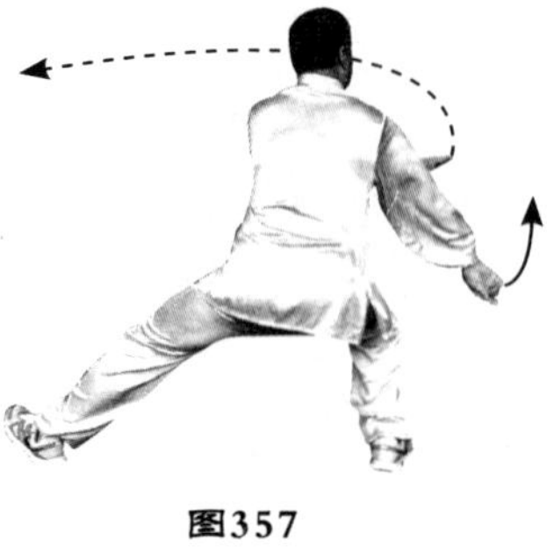

图357

图357附图

图358

【用法】

单鞭是重复动作，砸七星也是重复动作，不同的是方向不同，采、带、抓、拿对方手臂的左右不同（只是指方便而言），如前一个主要是在右面，而这一个主要是在左面。

七十、砸七星

下势号称弓头蛇，又施一技寻花着。
反捋带捌扑地步，下砸七星把头护。

右钩手变掌，由右经头上向左下抡一周至脑后的同时，身体重心移至右腿，右腿全蹲，左腿直仆于地，左掌收至腹前；身体重心左移的同时，左掌前插，右掌由脑后向下经左臂外向前撩托而出，掌心朝上；身体重心移至正中部位时，右臂回抽与左臂在胸前，右外左内交叉；身体重心移至左腿，右脚虚点地面的同时，双掌变拳向下、向外至左右侧平举位，两拳心朝下，目视正前方（北方）。此谓之左砸七星势。（图359 ~ 图364）

图359

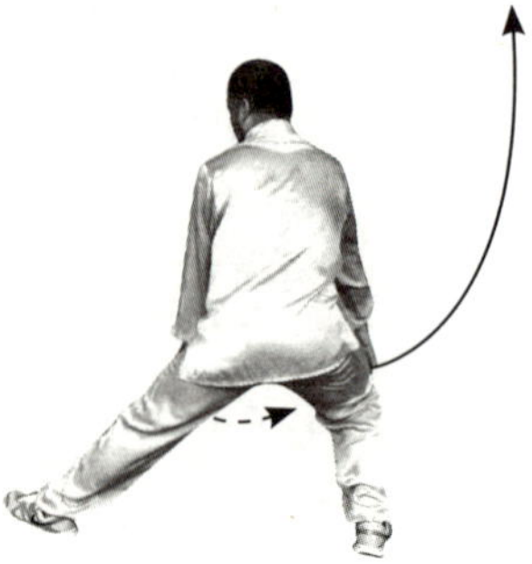

图360

图360附图

图361

图361附图

图362

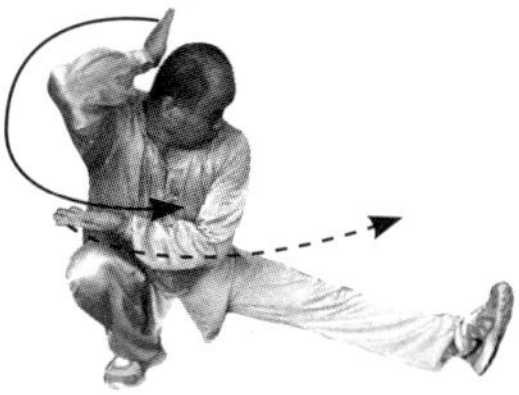

图362附图

图363

图363附图

图364

【要领】下势时要体松身正，不能努气用力。

七十一、跨虎

惊上取下随机变，忽然撤步正身换。
势成跨虎身中正，蹲身稳盘龙门弄。

身体重心下沉，双拳变掌，由左右侧向上、向胸前合掌后，如斜行结束动作之左右手，即右掌向前按出，左掌向身体底腰处成钩手；下肢重心落于右腿，左腿屈曲170° 左右，左脚尖虚点地面成龙门步；身体重心右移至右腿并以右腿为轴，身体向右（后）转180°，左腿随之提起，当面向正南方向时，左脚落于前上方，脚尖内扣，两臂展开，左手由钩手变掌置于左侧平举位，掌心朝下，右掌平举位，掌心朝下，置于右后；身体再转90°，面向正西，此谓之跨虎势。（图365～图371）

【要领】在转身之前先松沉，以弹劲带动右脚跟和左脚尖旋转而过。左腿向前跨步提腿不宜过高，两肩松沉，两臂松松甩开随身而转。顶劲领起，旋转时平稳轻灵而落。

图365

图366

图366附图

图367

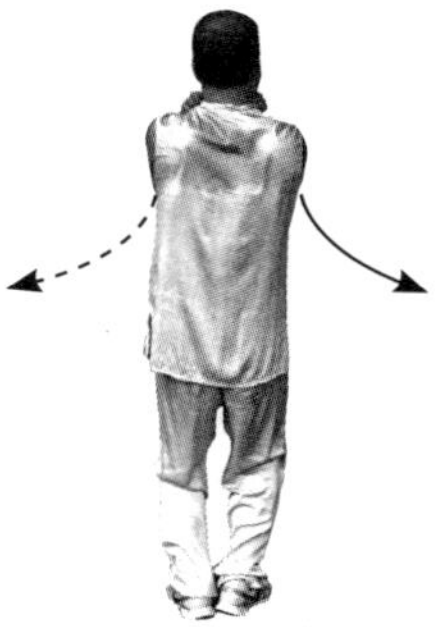

图368

图368附图

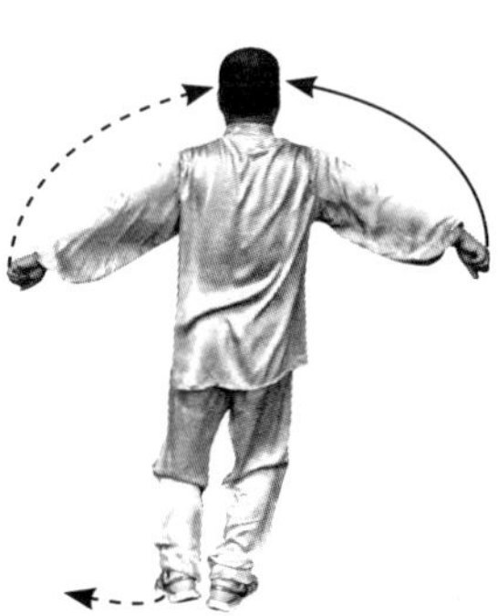

图369

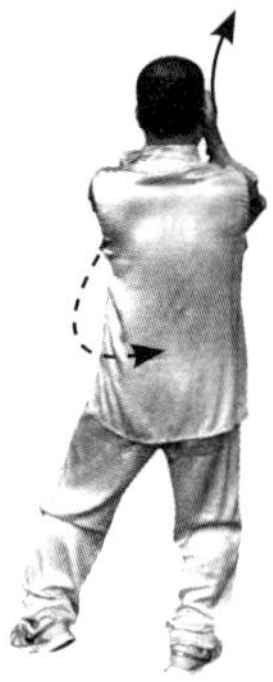

图370

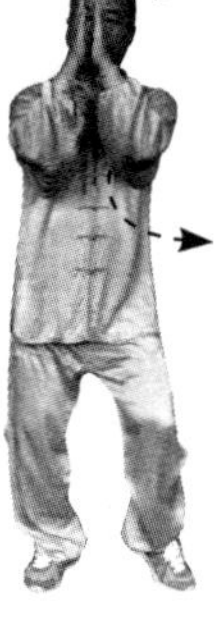

图370附图

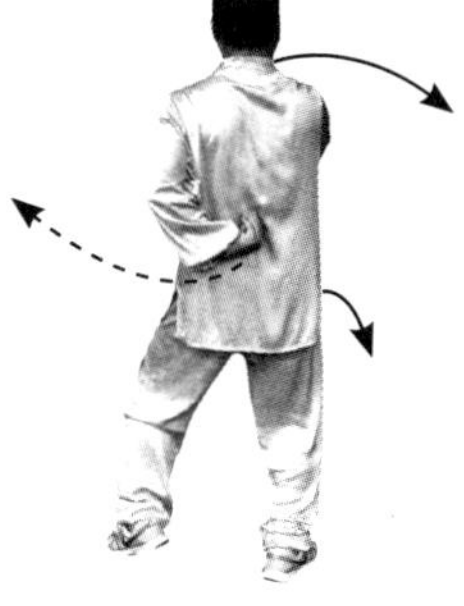

图371

图371附图

【用法】

跨虎也可以说是骑虎，动作似乎是骑在虎背上一样。其步型是一个龙门步，两脚平行开立，两腿屈曲，左脚以脚尖点地，两脚距约一肩之宽，两手胸前合掌或一前一后如斜行上肢动作的结束姿势。此太极拳架子中跨虎一式很长，实际上它包含了七星势的动作，只是在这里我们不讲七星势，是杨式把它分细了，分出一个上步七星、退步跨虎。跨虎势的用法很多，既可以用于散打，又可以用于推手，但散打的用法用之较多。

由左砸七星之仆步下式开始，起身时，右肩有靠，身有逼和攻，左腿有壁、劈、点、扣、跪、旋劈之法，左掌有挑阴、撩裆、切其两膝内侧、拳打小腹、心脏、下颏。用时还有採、抓、握、拿、捋带之法，同时还有用肘顶、穿、捣心、顶颚、打面的用法，头也有点和摆击之法。右掌向左侧肘下时，有叶底藏花的打法，用指、掌、拳都行，同时还有採、拿、捋、带之法。同时右手还有回拉其手臂，用肩作支点，打对方捌臂或闪通臂的摔法。左手向下时有掌（拳）击肋、掌撩阴、击腹、打面、抹、挑其衣襟等的用法。这里很主要的一点，右手向上、向后，经我头后向我右肩上拉其右臂的同时，左臂操于其裆中，以扛口袋方式将对方头朝下、脚朝上摔在我右侧后，此法在推手中用之最好。如当对方欲採我右手时，我趁机抓住其手臂，往回带的同时蹲身挑裆，起身倒口袋、狠摔对方。

右手向右时有拉、抓、带、拧、採法，也是用肘后击、手后挑、撩（向右方），向右肩上划圆时，有卷臂、缠肘、抱摔、捌臂、打面、击膝、挑裆、击腹、掏心、刺喉、抓面、肩靠、身撞、头打、髋摆的各种用法。在右手右拉的同时，左手向左是个反掌击面，如对方左拳（掌）击来时，右手抓、採回带的同时，左手以合劲反掌或拳击其面门。对方左拳（掌）击来时，此法也可运用。不过要防住其右拳（掌）击我左侧，如果我右手抓带其左手时，对方进右拳（掌）击我左侧肋、面时，必须先用左臂外开，继而滚进，再打击对方，不让对方有任何缝隙可利用。当然，左手向左时挑、撩、刺、点、抓、拿、肘、肩、头、髋的用法都可与右手之法相同，双手可左右同时或依次使用，也可以同时打击两边来敌。双手向胸前合掌时，有夹、压、合、挤、推、送、抓、拿、捋、带、双风贯耳、双打紫金冠。双手合掌，以指尖刺、戳击眼、面，刺心脏、腹、裆，上挑下抹，左右反掌，左右肩撞，身靠，头打，用膝，用脚，用髋，跪腿，点腿，摆旋腿等的用法。如二敌从左右两侧向我扑来时，我双手向左右刺击其心脏，挑撩其裆，击其面门或太阳穴，或抓住对方的衣襟向中间一合，使其自身相撞。敌人从前面向我扑来时，双前臂合截对方肘窝的同时，双掌击面、刺喉、打心，击腹、挑裆、抹面、挑襟、头打、肩靠。如果对方从前面双手抓住我双肩时，我用臂夹抱于其两肘外，向前挤推送之，使其向后倒地。

右掌向前，左钩手向后之动作和斜行的上肢结束动作的用法完全相同。下盘的龙门步，有骑坐下跪之法。

身体右转时，是一个旋摔法。如当对方后抱我腰时，我向右一个转身，以离心力将对方摔出。右肩是个背折靠，头向右有点法，髋有摆法，膝有旋劈、外开门之法。右脚跟抹转时，其脚尖有摆、挂、勾、拨、下开门的用法。右肘有后击、挂、点、捣之法。右手有抓、採、捋、带之法，也有向后的反掌、反拳、横击的打法。

身体右转用右侧手臂的同时，左侧也有配合得相当多的用法，如右手捋带其右臂的同时，用左钩手之背面推、撑、提、拔其右腋外侧，使其倒地更狠。或掌击后脑勺、后背等，或用拳击其太阳穴、右肋下等要害部位，致对方伤残。

左脚跟提起，用脚尖向内抹转，有扣、跪、旋劈、夹剪腿的用法。如推手时，我左脚在其右脚后时，以膝盖下跪其右膝后腘窝，使其前扑于地。如果我脚在其右脚内侧，则做成内跪腿，对方松抽时，我膝向左一旋，使我之膝内侧紧贴对方右膝外侧，此时我用左膝一个旋劈扣腿可将对方打出。如果对方将腿伸进我裆中时，此时又是一个夹剪腿的打法，可将其腿打断。

转身后左脚一落时，有踏、踩、跐的用法。定势时有扣、跪、壁、点的用法。如直接扣脚落于对方脚后跟后，膝朝前一弓，即可将对方打出。或点、或壁、或跪均可收到同样的效果。

七十二、双摆莲

转身摆莲步扣定，提腿横扫脚来敌。
平撩扫摆敌倾倒，双掌扑击敌难跑。

身体重心左移于左腿，右腿抬起，右脚前上撩起，高与胸齐时，双掌一齐由右向左上拍击右脚面，左右掌依次拍击，连着两响，此谓之双摆莲势。（图372～图375）

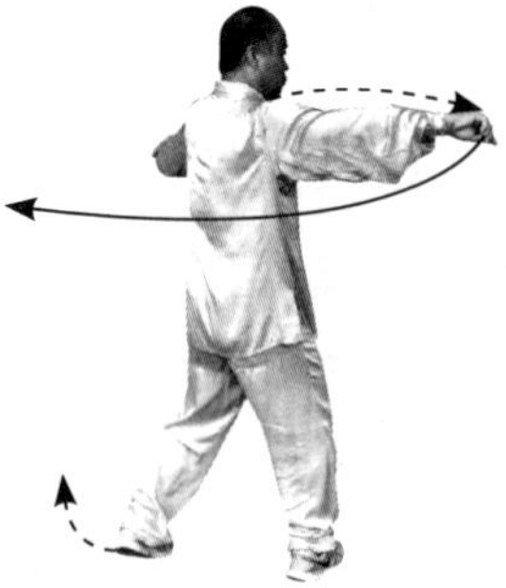
图372

图372附图

图373

图374

图375

【要领】跨虎之后，两臂斜伸右后侧，阴掌，不能失中。摆脚时右腿放松，先提伸与右后之双臂成十字交叉状，然后右脚上提回旋向右后摆踢。在脚向后摆时，两臂向前迎脚而拍击。

【用法】

双摆莲的用法和单摆莲的用法基本相同。不同的是双摆莲时用脚击其后心的同时，双掌扑面，或右腿前绊其双腿的同时，双掌或双肘拍击其后背，使对方后倒或前扑于地。

双掌扑面，可以同时，也可以依次，可以一掌击面，一掌击心；可以一掌切颈，一掌击肘；可以一掌击心、一掌击腹；一掌击腹，一掌击裆；一掌推髋，一掌切或推打其膝关节使其倒地。可以依次打击，也可以同时打击，可以用掌，也可以用拳。但也可以抓、採、拿、带、摔、打，头、手、肩、肘、膝、髋、脚配合应用，均无不可。

七十三、弯弓射虎

敌人如把臂擒拿，转身还击双拳打。
左捌右扣採制敌，连环捶肘戏中戏。

双击响后，右脚落于右前方成右顺弓步的同肘，双掌一齐向右前上方按出，掌心均朝下；身体重心左移成左顺弓步的同时，双掌变拳，双腕均旋内，经胸前随身体左转90°，向左前上方冲出，形若射箭，左拳在前，右拳在后，两拳心均朝下，目视左前方，故此谓之弯弓射虎势。（图376～图379）

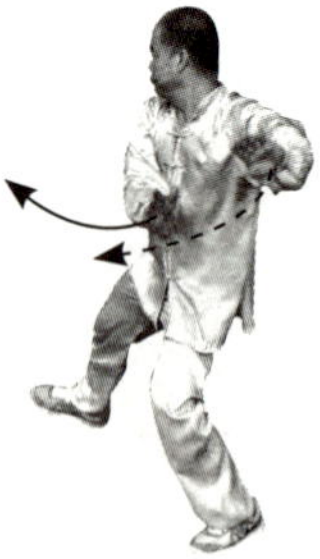

图376

图377

图378

图379

【要领】环绕两臂要挪圆，牢记意在顶头悬。劲要浑整神贯顶，双拳架冲前上敬。

【用法】

弯弓射虎主要用于散打，其用法狠毒，变化无穷。

右脚双摆莲后的落脚，有踏、踩之法，落成弓步时，有点、扣、跪、壁之法。双手臂向右下划弧时，有抓、拿、捋、带、拍、劈、抹打之法。向右侧时头有摆点之法，肩有靠法，身有靠法，髋有摆击之法，肘有击、点、顶、穿、捣心之法。双掌向右上时，是一个双掌扑面的打法。和双摆莲的双掌打法一样，也可变化，可依次打、可同时打。可打一个部位，可打几个部位、可格可挡，可挑可拨，既是打又是化，既是守又是攻，变化莫测。

双拳向左弯射虎时，身体向左，变左弓步，这时的用法也很多。左腿用膝有点、壁、劈、跪的用法，身有逼、攻之法，肩有靠法，髋有摆法，头有点法，脚尖有踩其脚尖、壁其脚尖的用法。左肘有点、挂、击、穿、捣、贯打之法。身体向左稍转和左前臂配合时，是个开门的用法，特别是用左前臂外开，双拳进门直接打面、打喉、打心、打腹、打裆。可同时上下打，也可依次上下打，也可双拳同时上、中、下三点打。也可在前臂开其右臂进打，右前开其左臂进打，连续一次上、中、下三点，迎上又上、中、下三点，抹、挂、挑、劈连珠炮动，全身各个关节出击，打毁对方。

七十四、金刚

上步出手金刚掌，捌臂掤捋敌地躺。
连环玄肘扣搬拦，捣心顶裆踩脚面。

身体重心右移，上体右转90°的同时，双拳回撤于腹前变掌，右掌在后，左掌在前，右掌心朝下，左掌心朝上，左右与肩同宽。身体重心左移至左腿成左顺弓步的同时，身体左转90°（朝南），双掌向前插托而出。接做与第二式完全相同之金刚势。（图380～图389）

图380

图381

图382

图383

图384

图385

图386

图387

图388

图389

【用法】

此处的金刚，也属于重复动作。不同的是在金刚之前、弯弓射虎之后，双拳（前臂）向外上、向怀下划一个小圈后再做金刚一式。实际上这个小圈的用法，也是无穷的，小圈比大圈打人更狠。

弯弓射虎的双拳击出后，向回收时有用右肘后打之法，双前臂有格、拨、滚打之法，同时双拳也可变掌，有抓、拿、采、捋、带、合、挤之法。向下、向前时右手有採拧其手指、左手管其肘关节的採拿之法。同时双拳也是一个双蛇入洞，向前钻打对方肋下或心窝。也是一个从对方前击之右臂外，抓、採、带、拿其臂以打对方金刚的用法。

其他用法和前面的金刚势完全相同。

七十五、收势（合太极）

太极无始亦无终，阴阳相济总相同。
走即粘来粘即走，动静相宜攻为守。
以柔克刚含不露，刚柔虚实要悟透。
知己知彼练绝技，后发先至巧应敌。
任他狡敌多机变，怎能逃出太极圈。
太极以寡能御众，赵堡承架为正宗。

右拳变掌的同肘，左脚向后撤半步；双掌由两侧向后撤于身后时，右脚后撤一步；双掌由后向上举至头顶上方两侧时，左脚后撤半步；两掌下落于两髋窝处时，两脚成平行自然开立；两臂自然垂下于两侧裤缝的同时，左脚向右脚并拢，成立正姿势还原收势，合太极即收势完成。（图390～图398）

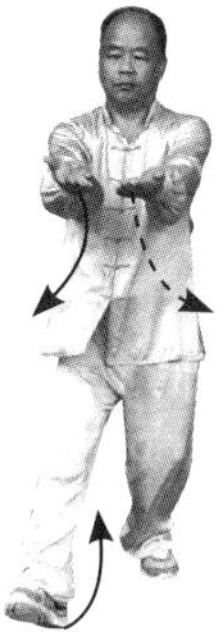

图390

图391

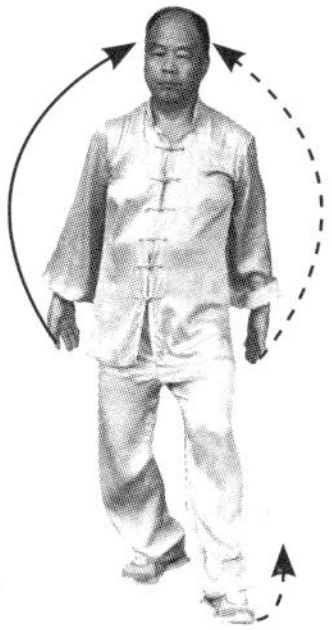

图392

图393

图394

图395

图396

图397

图398

【要领】与起势相同，仅方向相反。

【用法】

合太极是本套赵堡承架七十五式太极拳的收势动作，其用法也很多。但它两手向外、向前的许多打法和起势都是一样的，也是打两侧、打后来之敌。有打法，有採法，有拿法，可用肘，可用肩，可用头，可用髋，可用膝，可用臀，可用脚后跟，可壁逼攻欺，可撞靠撞滚，可缠可锁可发，全身各个地方均可出击。

合太极和起势唯一不同的是起势是上步，合太极是退步。退是十三势的一法，上步打人，退步则更不含糊。退实则为进，是为了在某种特殊的情况下更好地打人，使自己处于更有利的位置，使自己势顺而对方势背。如二敌从我两侧欲夹击我时，我就不能上步，因为上步后就是背势，对方则是顺势，他打我方便，而我往往易受他制。可我要退步时就完全不一样了，我处顺势而他处背势，我想怎样打都很容易。我后退的同时，双手合抱于左右二敌背后，顺势用力向胸前一合，可使其二人相撞，甚至撞坏对方，而我一根汗毛也不会有损。这就是此处合太极的特殊用法。

武当赵堡承架太极推手及技法图示

单推手（平圆立圆）→			
			双推手（上下步推手）→

	劲法简图·按→		劲法简图·捋→

	劲法简图·壁→		劲法简图·缠→
		劲法简图·撩→	
劲法简图·挂→		劲法简图·蹬→	
	劲法简图·肘→		
	劲法简图·挤→		

劲法简图·劈→

劲法简图·採→

劲法简图·挒→

劲法简图·採拿→

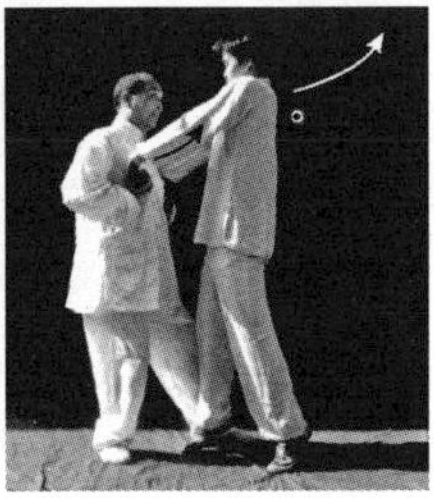

	推手技法图示·高探马→		
推手技法图示·野马分鬃→			推手技法图示·十字手→
		推手技法图示·白鹤亮翅→	
	推手技法图示·三步捶→		
推手技法图示·揽扎衣→			推手技法图示·金鸡独立→

		推手技法图示·倒卷肱→	
	推手技法图示·闪通臂→		
推手技法图示·起势→			
	推手技法图示·左白鹤亮翅→	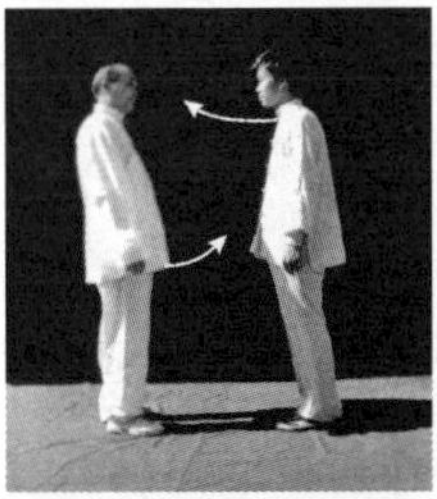	
	推手技法图示·金刚→		

推手技法图示·单鞭→

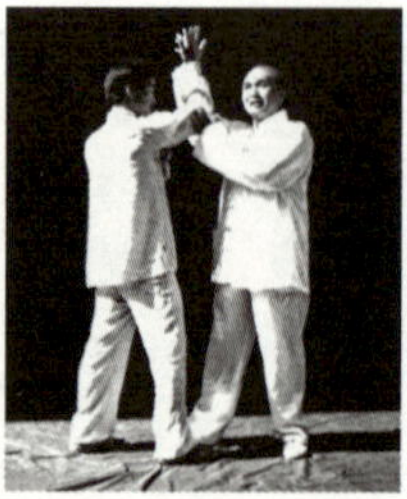

推手技法图示·视频截图→

图书在版编目(CIP)数据

武当赵堡承架太极拳阐秘.上 / 李万斌，罗名花著.
- 北京：人民体育出版社，2019
ISBN 978-7-5009-5208-4

Ⅰ.①武…　Ⅱ.①李…　Ⅲ.①太极拳-研究
Ⅳ.①G852.11

中国版本图书馆 CIP 数据核字（2017）第 180352 号

*

人民体育出版社出版发行
三河紫恒印装有限公司印刷
新　华　书　店　经　销

*

880×1230　32 开本　13.75 印张　327 千字
2019 年 1 月第 1 版　2019 年 1 月第 1 次印刷
印数：1—3,000 册

*

ISBN 978-7-5009-5208-4
定价：48.00 元

社址：北京市东城区体育馆路 8 号（天坛公园东门）
电话：67151482（发行部）　邮编：100061
传真：67151483　邮购：67118491
网址：www.sportspublish.cn
（购买本社图书，如遇有缺损页可与邮购部联系）